KOSOVO Informieren – Reisen - Erinnern

*Wieviel Male kam die Maus des Hasses aus ihrem Loch heraus
um das Brot meines Daseins zu vergiften –
      vermag ich mich nicht zu erinnern*

*wieviel Male kam die Schlange der Eroberung aus ihrem Versteck heraus
um das Blut meiner Existenz zu vergiften –
      vermag ich mich nicht zu erinnern.*

*wieviel Male versuchte die Spinne der Unterdrückung
in ihrem Netz meine Hoffnung zu ersticken –
      vermag ich mich nicht zu erinnern*

*ihr könnt aber meine Heimat fragen
da wir beide das gleiche Schicksal haben.*

Rizah Sheqiri

Susanne Dell

Kosovo

Informieren - Reisen - Erinnern

Dieser Reiseführer einschließlich aller seiner Teile ist urheberrechtlich geschützt. Nachahmungen, Vervielfältigungen, Mikroverfilmungen, Übersetzungen sowie Einspeicherung und Verarbeitung in elektronischen Systemen bedürfen der schriftlichen Zustimmung des Verlages

Alle Angaben dieses Reiseführers wurden sorgfältig recherchiert und überprüft. Trotzdem kann keine Garantie für die Richtigkeit übernommen werden. Gewährleistungsansprüche werden ausdrücklich ausgeschlossen. Entsprechende Informationen und Hinweise nimmt gern entgegen: zugvogelverlag@yahoo.de

Bibliografische Information der Deutschen Nationalbibliothek:
Die Deutsche Nationalbibliothek verzeichnet diese Publikation in der Deutschen Nationalbibliografie; detaillierte bibliografische Daten sind im Internet über http://dnb.dnb.de abrufbar.

© 2017 bei Zugvogel Verlag Wenzel, Neualbenreuth
www.zugvogelverlag.de

Fotos: Susanne Dell, Bundeswehr (S. 39 rechts oben), Loyola-Gymnasium (S. 64) und Luan Krasniqi (S. 91)
Karten: Stefan Beckmann

Herstellung und Verlag: BoD – Books on Demand, Norderstedt
ISBN: 9783743196285

Inhalt:

Vorwort	7
Reisevorbereitungen	9
Praktische Reisetipps von A – Z	10
Die geografische Lage	20
Das Klima	20
Flora und Fauna	22
Umwelt	22
Geschichtlicher Überblick	23
Die Staatsform und gegenwärtige Lage	34
Die Internationale Friedens- und Sicherheitstruppe KOSOVO FORCE (KFOR) und der Einsatz der Bundeswehr	38
Die Bevölkerung, ihre Sprachen und Religionen	41
Die Wirtschaft	57
Gesundheitswesen und Soziales	61
Schule, Ausbildung und Studium	65
Der Kanun des Leke Dukagjini – das albanische Gewohnheitsrecht	67
Die Bedeutung der Familien und ihre Traditionen	70
Deutsche Spuren im Kosovo	76
Die Bedeutung der Republik Ragusa (heute Dubrovnik) für Kosovo	80
Die Janitscharen – Eliteeinheit des osmanischen Heeres	81
Die albanische Kulla	83
Essen und Trinken	84
Kultur und Kunst	85
Literatur	86
Die bildende Kunst	87
Das Handwerk	88

Sport	90
Persönlichkeiten, die mit Kosovo/Albanien verbunden sind	92
Reisen durch das Land	106
Kleiner Sprachführer	173
Register	177
Nützliche Adressen	181
Reiseveranstalter, die Reisen in das Kosovo anbieten	184
Weiterführende Literatur	184

Vorwort

Dieses Standardwerk der Autorin zu Kosovo, das bereits in mehreren Auflagen erschienen ist, liegt nun in einer aktualisierten Ausgabe vor. Die Autorin ist seit Jahren mit Kosovo und seinen Menschen eng verbunden und schrieb den ersten deutschsprachigen Reiseführer überhaupt. Sie hat die Informationen, die hier weitergegeben werden, in vielen Jahren zusammen getragen.

Das Buch soll eine herzliche Einladung sein, dieses faszinierende Land, das bei uns weitgehend unbekannt und mit Vorurteilen behaftet ist, zu besuchen! Es ist spannend, auf kleinstem Raum so viele unterschiedliche ethnische Gruppen, Sprachen, Kulturen und Religionen kennenzulernen.

Man kann Kosovo ungehindert bereisen und sich im Land frei und ohne Angst bewegen. Es gibt im Kosovo durch die traditionelle Gastfreundschaft weder Übergriffe auf Ausländer noch Belästigungen. Will man den serbisch besiedelten Norden besuchen, sollten aktuelle Reisehinweise beachtet werden, da es immer wieder zu Unruhen gekommen ist.

Mit diesem Buch erhalten Sie aktuelle, kompetente und umfangreiche, weit über das Maß eines Reiseführers hinausgehende Informationen über das Land, seine Traditionen und Schwierigkeiten sowie die gegenwärtige Situation. Das Verhältnis zwischen Albanern und Serben ist immer noch mit Spannung geladen, aber gegenwärtig eher als unterkühlt zu bezeichnen.

Es werden hier viele Seiten des kleinen Landes, das am 17. Februar 2008 seine Unabhängigkeit erklärte, gezeigt. Kosovo besitzt neben großen Vorkommen an Bodenschätzen einen Reichtum, der nicht in materiellen Werten auszudrücken ist: Dazu gehören überaus gastfreundliche Menschen, zahlreiche Naturschönheiten, eine vielfältige und alte Kultur sowie der spirituelle Reichtum von Derwisch-Tekken und orthodoxen Klöstern.

Dieser Reiseführer weist Ihnen den Weg zu den Sehenswürdigkeiten, die ausführlich beschrieben werden, zu Landschaften und zu den Menschen des Landes. Er gibt Ihnen Tipps für die Vorbereitung und die Reise mit auf den Weg. Der praktische Reiseteil mit Unterkünften und Restaurants wurde erweitert. Dazu gibt es viele nützliche Internetadressen. Der Reiseführer wird durch einen kleinen deutsch-albanischen Sprachführer ergänzt.

Für alle, die sich für den jüngsten Staat Europas und seine Menschen interessieren, ihn besuchen oder beruflich dort zu tun haben, ist dieses Buch ein unentbehrlicher Ratgeber.

Für viele interessante Informationen gilt ein besonderer Dank dem Albanischen Institut, St. Gallen, Prof. Dr. Peter Bartl, München, der Bundeswehr, Prof. Dr. Dr. Ludolf Müller (†), Tübingen und Prof. Dr. Dietrich Wörn, Tübingen

Reisevorbereitungen

Wenn Sie eine Reise in das Kosovo planen, ist eine gute Vorbereitung nützlich:

- Informieren Sie sich über die aktuellen Sicherheitshinweise beim Auswärtigen Amt unter Länderinformationen (www. auswaertiges Amt.de)

- Überprüfen Sie Ihre Reisedokumente (Reisepass noch 90 Tage ab Einreise gültig oder biometrischer Personalausweis im Scheckkartenformat)

- Überprüfen Sie Ihre Impfungen

- Schließen Sie eine Auslands-Krankenversicherung mit Rückholservice ab

- Sorgen Sie für ausreichend Bargeld in kleineren Scheinen (s. Reisetipps)

- Sollten Sie mit dem Auto anreisen wollen, informieren Sie sich beim ADAC über die aktuellen Mautgebühren und Wartezeiten an den Grenzen

- Der Kauf einer Autokarte ist empfehlenswert

- Adressen für eine Flugbuchung oder Anmietung eines Autos finden Sie in den praktischen Reisetipps unter „Anreise" und „Mietwagen"

Da in diesem Reiseführer nur eine Auswahl aufgeführt werden kann, können Sie vorab eine **Unterkunft** unter **www.booking.com** buchen. Dort werden zahlreiche Hotels, Ferienwohnungen u.a. im ganzen Land angeboten (in der Regel Kreditkarte erforderlich, einige auch ohne buchbar). Ebenso bietet **www.tripadvisor.de** verschiedene Unterkünfte an. Hier findet man auch viele gastronomische Angebote mit Bewertungen.

Privatzimmer, Appartements und Ferienhäuser in ganz Kosovo gibt es bei **www.airbnb.de**

Die in diesem Reiseführer angeführten Preise für Unterkünfte sind:

€ = bis 40 Euro, €€ = 45 – 80 Euro, €€€ über 80 Euro

Hinweis: Die aufgeführten Hotels haben in der Regel auch gute Restaurants!

Praktische Reisetipps von A – Z

Angeln

Die Flüsse und Seen sind sehr fischreich. Gute Angelmöglichkeiten findet man am Beli Drim mit seinen Nebenflüssen. In seinem Oberlauf gibt es besonders viele Forellen und auch Huchen. Sonst leben außerdem Aal, Döbel, Barben, Karpfen, Schollen und Ukeleien in den Gewässern.

In der Batllava und im Batllava Stausee sowie den Nebenflüssen gibt es hauptsächlich Ukeleien, Karpfen, Hechte, Schollen, Döbel, Forellen und Barben.

Im Fluss Ibar mit seinen Nebenflüssen findet man darüber hinaus auch Welse und Weißfische.

Einen ähnlichen Fischbestand haben auch die anderen Stauseen wie Radoniqit und Vërmëce.

Die Angellizenz kostet ca. 20 Euro jährlich, für Kinder 10 Euro. Sie ist in lokalen Angelgeschäften erhältlich (z.B. Fa. FAN, Prishtina, hekuradha neben dem Hammam)

Anreise

Mit dem Flugzeug

Der einzige Flughafen Kosovos befindet sich in Prishtina. Direktflüge gibt es von Berlin, Bremen, Hamburg, Hannover, Düsseldorf, Dresden, Frankfurt, Leipzig, Stuttgart und München. Ebenso gibt es Direktflüge von Wien, Genf, Zürich, Budapest und Ljubljana mit Anschlussflügen von und nach Deutschland. Vor allem für die Hauptsaison empfiehlt sich eine rechtzeitige Reservierung!

Will man in den Süden Kosovos, kommt auch eine Anreise über Skopje/Mazedonien in Frage. Buchungen kann man in jedem Reisebüro sowie im Internet vornehmen. Günstige Flüge erhalten Sie u.a. bei www.iliria-Agentur.com, bei Kosova Airlines (www.flyksa.com), www.eurowings.com., www.fluege.de, www.billigfluege.de

Mit dem Bus

Mehrere Busunternehmen bieten regelmäßige Verbindungen nach Prishtina und in andere Städte Kosovos an. Eine Übersicht erhalten Sie bei www.iliria-agentur.de

Mit dem Auto

Für die Anreise mit dem Auto wird von den meisten die Route über Österreich (Tauernautobahn) – Slowenien – Kroatien – Serbien gewählt. Die Nebenkosten dafür sind in vergangener Zeit erheblich gestiegen: Neben Mautgebühren fallen z.B. noch Gebühren für den Tauerntunnel und den Karawankentunnel an.

Wählt man die Route über Ungarn (besonders empfehlenswert, wenn man aus dem Osten oder Norden Deutschlands kommt und dann die Autobahn Nürnberg – Passau – Linz – Wien – Budapest – Szeged – Beograd nimmt), spart man erhebliche Mautgebühren, da nur Vignetten für Österreich und Ungarn notwendig sind. Sie gelten dann auch für die Rückfahrt. Es fallen so lediglich die Mautgebühren in Serbien an. Auch von München aus ist diese Route keine 100 km weiter, man spart erhebliche Mautgebühren und entgeht den vielen Staus während der Hauptreisezeit. Die aktuellen Mautgebühren erfahren Sie beim ADAC. **Bitte beachten Sie, dass es bei der Ein- und Ausreise nach/von Serbien zu langen Wartezeiten kommen kann. Das gilt für beide Fahrtrouten!** Um nach Prishtina zu gelangen, verlässt man die Autobahn eine Ausfahrt nach Niš und fährt über Prokuplje – Podujevo nach Prishtina. Außerdem empfehle ich, in Serbien Geld zu tauschen, um Mautgebühren, evtl. Tanken sowie Kaffeetrinken in Landeswährung zu zahlen. Allerdings ist jetzt als Verbesserung an jeder Mautstelle der Preis auch in Euro angeführt, so dass die früher üblichen Fantasie-Gebühren entfallen.

Will man in den Süden des Kosovo, bleibt man auf der Autobahn Richtung Skopje bis zur Ausfahrt Bujanovac und fährt dann Richtung Gjilan. Dieser Grenzübergang ist nicht so stark frequentiert wie der vorher erwähnte. **Bei jedem Unfall in Serbien muss die Polizei gerufen werden.**

Apotheken
findet man mit einem Grundsortiment in allen größeren Orten. Spezialpräparate sollte man in jedem Fall ausreichend mitbringen.

Ärztliche und zahnärztliche Hilfe
Eine Grundversorgung wird durch die Krankenhäuser der größeren Städte und private Arzt- und Zahnarztpraxen gewährleistet. Es kann aber nicht mit einer medizinischen Versorgung nach unserem Standard gerechnet werden. Ausländer müssen bar bezahlen. Es wird daher dringend zum Abschluss einer Auslands-Krankenversicherung mit Rückholservice geraten.

Autofahren
Die grüne Versicherungskarte wird im Kosovo noch nicht anerkannt. Deshalb muss an der Grenze bei der Einreise eine Kfz-Haftpflichtversicherung abgeschlossen werden, die sich nach der Dauer des Aufenthaltes richtet. Die Gebühr beträgt ca. 50 € pro Woche..
Es gibt ein Straßennetz (Haupt- und Landstraßen) von ca. 1.925 km, das in letzter Zeit kontinuierlich ausgebaut wurde und noch wird, so dass die Hauptstraßen normalerweise gut befahrbar sind. Die Autobahn, die Prishtina mit dem Grenzübergang nach Albanien und der dortigen Autobahn verbindet, ist nur teilweise fertiggestellt. Eine Gebühr wird hier nicht erhoben. Weiterhin sind viele kleinere Dörfer nur auf schlechten Schotterstraßen oder Feldwegen erreichbar.

Zahlreiche Ortschaften, besonders entlang der Hauptstraßen, haben in den letzten Jahren Ortseingangs- und –Ausgangsschilder erhalten. Diese sind in der Regel zweisprachig (Albanisch/Serbisch – oder in serbischen Dörfern Serbisch/Albanisch). Ebenso wurden Wegweiser angebracht. Die Orientierung ist dadurch in vielen Fällen erleichtert. Aber leider ist noch nicht das ganze Land damit ausgestattet, so dass man häufig dennoch nur durch Fragen weiterkommt.
Interessant ist, dass die Hauptstraßen nicht durch Nummern, sondern häufig durch Tiere gekennzeich-

Der Verkehr ist oft chaotisch

net sind. Bitte wundern Sie sich nicht, wenn Sie einer Katzen-, Schlangen-, Vogel- oder Löwenstraße folgen.
Der Straßenverkehr ist oft sehr chaotisch und den Straßen- und Verkehrsverhältnissen nicht angepasst. Bitte halten Sie sich an Geschwindigkeitsbegrenzungen, da oft Verkehrskontrollen durchgeführt werden.(Auf Landstraßen 60 kmh). Es gilt in etwa der deutsche Bußgeldkatalog oder noch strenger!!! Bitte beachten Sie, dass auch tagsüber mit Licht gefahren werden muss, und in der Zeit vom 15. 11. – 15. 3. viele Straßen nur mit Schneeketten befahren werden dürfen. Von Nachtfahrten durch das Kosovo wird abgeraten, da Schlaglöcher sowie unbeleuchtete und langsam fahrende Fahrzeuge eine Gefahr darstellen.

Autoservice
Einen organisierten Pannendienst gibt es im Kosovo nicht. Es findet sich aber nahezu in jeder größeren Ortschaft eine Autowerkstatt. Sie können sicher sein, immer auf freundliche Menschen zu treffen, die Ihnen weiterhelfen. Für einige im Kosovo nicht so beliebte Automarken (z.b. Toyota) gibt es allerdings nur wenige Spezialwerkstätten.

Baden
Neben den Bademöglichkeiten in den Stauseen Radoniqit, Batllava, Vërmicë und Gazivoda gibt es jetzt zahlreiche neue Schwimmbäder, die zum Baden einladen.

Bahnreisen
Im Kosovo beträgt das Streckennetz nur 437 km, davon 333 km für den Personenverkehr. Es gibt eine Verbindung vom Bahnhof Fushë Kosova (7 km außerhalb von Prishtina) nach Peja, wo 2 x täglich ein Zugpaar verkehrt. Außerdem gibt es eine Verbindung von Fushë Kosova nach Hani i Elezit (Grenze zu Mazedonien) und weiter nach Skopje.

Busverbindungen
Kosovo verfügt über ein dichtes Netz an Busverbindungen. Das Fahren mit dem Bus ist eine preiswerte Möglichkeit, durch das Land zu reisen, denn die Preise liegen auch bei längeren Strecken nur zwischen 2 und 5 Euro. Die Busse verkehren in alle Richtungen in der Regel zwischen 7 und 18 – 19 Uhr im Abstand von mindestens 20 bis 30 Minuten ab Prishtina. Zwischen kleineren Städten kann die Verbindung seltener sein.

Camping
Es gibt bisher nur sehr wenige Campingplätze im Kosovo: Im Rugova Tal, beim Motel in Brod (Dragash) und bei Brezovica (Prevelac). Die Campingplätze sind allerdings meist nicht gut ausgestattet.

Einkaufen
Im Kosovo gibt es ein breites Angebot aller Waren. Es existieren einige Supermarkt-Ketten (z.B. Albi, Era und Maxi), deren Geschäfte aber in der Regel nicht so groß sind wie bei uns. Dennoch ist das Angebot reichlich. Zahlreiche kleine Geschäfte machen das Einkaufen interessant. Außerdem ist in allen größeren Städten mindestens einmal wöchentlich Markttag. Die Geschäfte haben in Prishtina gewöhnlich von 8.30 – 18

Uhr geöffnet, einige auch bis 19 Uhr. In der Provinz sind die Öffnungszeiten 9 – 17.30 Uhr. In der Dukagjini-Buchhandlung in Prishtina in der Rr. Nëna Tereza gibt es auch deutsch- und englischsprachige Bücher.

Ein- und Ausreise
Einreisebestimmungen für **deutsche Staatsangehörige:**
Für die Einreise in das Kosovo benötigt man einen **Reisepass,** der mindestens noch 90 Tage (max. visumsfreier Aufenthalt) gültig sein muss oder einen **biometrischer Personalausweis im Scheckkartenformat.** Eine Verlängerung des Aufenthaltes ist mindestens 15 Tage vor Ablauf der 90-Tage-Frist beim Polizei-Hauptquartier in Prishtina zu stellen. Kinder unter zwölf Jahren, die noch keinen biometrischen Personalausweis haben, benötigen einen Kinderreisepass mit Lichtbild! Jedes Kind benötigt ein eigenes Ausweisdokument. Einträge im Reisepass eines Elternteils sind nicht mehr gültig. Eine Ausreise aus Kosovo nach Serbien ist nur möglich, wenn die Einreise ebenfalls auf dem Landweg über Serbien erfolgte!! Bei Zuwiderhandlungen kann wegen Verstoßes gegen das serbische Ausländerrecht Festnahme erfolgen - oder es wird die Einreise verweigert, z.B. wenn man bei Einreise über den Flughafen Prishtina oder einen Grenzübergang aus anderen Ländern nur einen kosovarischen Stempel hat. Der serbische Einreisestempel wird auch vor Ablauf der Drei-Monats-Frist ungültig, wenn zwischenzeitlich die Ausreise in einen Drittstaat erfolgt und die Rückreise aus diesem Drittstaat über Kosovo und nicht unmittelbar über Serbien erfolgte. Auch nach Serbien kann man mit einem Personalausweis einreisen. An der Grenze erfolgt eine Registrierung.

Elektrizität
Im Kosovo beträgt die Spannung 200 V. Allerdings stellt die Stromversorgung immer noch ein Problem dar. Häufig kommt es zu Stromausfällen, wenn auch viel seltener als früher. Hotels, Restaurants, Geschäfte und viele Privathaushalte besitzen deshalb Stromgeneratoren.

Feiertage
Das Parlament von Kosovo hat in einem eigenen Gesetz nach der Unabhängigkeitserklärung folgende Tage zu Feiertagen erklärt:
Fixe Feiertag: 1. Januar (Neujahr), 17. Februar (Tag der Unabhängigkeitserklärung), 9. April (Tag der Verfassung), 1. Mai (Tag der Arbeit), 9. Mai (Tag Europas), 12. 6. Tag des Friedens, 15. Juni (Tag der Verfassung)
Variable Feiertage: Das Ende des Ramadans Ramazan Bajrami, das Opferfest Kurban Bajrami sowie das katholische und orthodoxe Weihnachts- und Osterfest.
Darüber hinaus wurden Feiertage für jede Volksgruppe festgelegt:
15. 2. Tag der Ashkali, 6.3. Tag der Veteranen, 8. 4. Tag der Roma, 23. 4. Tag der Türken, 6. 5. Tag der Goranen, 28. 9. Tag der Bosniaken, 28. 11. Tag der Albaner.

Fotografieren
Grundsätzliches Fotografierverbot besteht für militärische Anlagen wie Kasernen, Sicherheitsanlagen, Checkpoints und Beobachtungsposten. Will man Menschen fotografieren, sollte man vorher fragen, denn häufig möchten gerade muslimische Frauen nicht fotografiert werden. Andererseits kann man auch die Erfahrung machen, dass es als Ehre empfunden wird, fotografiert zu werden. In einigen serbisch-orthodoxen Klöstern und Kirchen darf man im Inneren nicht fotografieren! Dort gibt es entsprechende Hinweisschilder.

Geld
Offizielles Zahlungsmittel ist der Euro. Zahlungen mit EC- oder Kreditkarten sind nur vereinzelt möglich. Kreditkarten werden jetzt in größeren Hotels und auch an manchen Tankstellen akzeptiert. Geldautomaten sind in allen größeren Orten zu finden. Es wird aber dringend empfohlen, ausreichend Bargeld mitzunehmen und aus Sicherheitsgründen nur bar zu zahlen. Da oft nicht genügend Wechselgeld vorhanden ist, sollte man auch möglichst ausreichend kleine Geldscheine mit sich führen. Geldtransfers über WESTERN UNION sind problemlos möglich. Entsprechende Filialen gibt es in allen größeren Orten.
Die großen Banken haben montags – freitags von 8 – 19 Uhr und samstags von 8 – 12 Uhr geöffnet.

Gesundheitsvorsorge
Allgemein sind die hygienischen Bedingungen nicht so gut wie bei uns. Deshalb sollte man kein Leitungswasser trinken und im Sommer kein Speiseeis, Getränke mit Eiswürfeln, Tiramisu, Gerichte mit Mayonnaise o. ä. zu sich nehmen. Die beste Vorsorge sind häufiges Händewaschen und ab und zu ein Raki rrushi (Weinschnaps). Für eine Reise in das Kosovo werden folgende **Impfungen** empfohlen:
Tetanus, Diphtherie, Hepatitis A und FSME, bei Langzeitaufenthalten über 4 Wochen auch gegen Hepatitis B und Tollwut.
Vereinzelt sind im Kosovo in den letzten Jahren das hämorrhagische Kongo-Krim-Fieber sowie die Vogelgrippe aufgetreten. Bei letzterer sind Übertragungen auf den Menschen hier nicht bekannt.
Bitte beachten Sie auch die Warnung vor den im Kapitel „Flora und Fauna" genannten Gifttieren.
Sollten Sie notfallmedizinische Hilfe benötigen, sind das American Hospital und die Universitätsklinik Prishtina zu empfehlen. Unbedingt eine Reise-Krankenversicherung mit Rückholservice abschließen!

Internet
Internetzugang findet man in vielen Hotels. In allen größeren Orten gibt es Internet-Cafes o. ä. Durch viele Stromausfälle kann es aber auch hier zeitweise zu Einschränkungen kommen.

Karten
Von Kosovo gibt es gute Landkarten zu kaufen. Allerdings haben die vor Ort erhältlichen kein Ortsverzeichnis, und auch die Ortsnamen stimmen nicht immer mit den Ortseingangs-

schildern überein (z.B. von Suhareka, das in den Karten oft als „Theranda" angegeben ist oder Kamenica, das in den Karten als „Dardane" verzeichnet ist). Von Prishtina ist ein Stadtplan erhältlich. Da aber noch nicht alle Straßen auch Schilder erhalten haben und zudem die Straßennamen in letzter Zeit mehrfach geändert wurden, ist die Orientierung nicht immer einfach.

Kleidung
Man sollte nicht zu freizügige Kleidung wählen, insbesondere wenn man Moscheen und orthodoxe Kirchen besuchen möchte. In orthodoxen Kirchen sind kurze Hosen, ärmellose Tops o.ä. unerwünscht!!! Ein Kopftuch wird von Ausländerinnen nicht erwartet. Außerdem wird dringend angeraten, festes Schuhwerk anzuziehen, da man auch auf städtischen Gehsteigen durch Löcher u. ä. leicht stolpern kann. Das Mitnehmen von wetterfester Kleidung ist empfehlenswert.

Mietwagen
Folgende Firmen bieten Mietwagen im Kosovo an: Europcar (www.europcar.de) SIXT (www.sixt.de) und-Sunny Cars (www.sunnycars.de). Sowohl Europcar als auch SIXT haben am Flughafen (Prishtina Airport) und in der Stadt (Lagjina e Emshirit P.N.) Niederlassungen. Reservierungen sind am besten über das Internet vorzunehmen.
Eine Übersicht aller Anbieter bietet die Seite www.happycar.de/ mietwagen-kosovo

Notrufe
Polizei 92 (aus dem Festnetz) 112 (aus Mobilfunk)
Feuerwehr 93
Ambulanz 94
Sperrung von deutschen EC- und Kreditkarten sowie Handys: 0049-11 61 16 (www.sperr-notruf.de)

Zentrale Notrufnummer für Deutsche im Ausland:
0049-30-5000-2000

Post und Kurierdienste
Der Postverkehr hat sich normalisiert. Briefe und Postkarten aus und ins Kosovo sind ca. eine Woche unterwegs.
Folgende Kurierdienste sind im Kosovo tätig:
DHL Ahmed Krasniqi pn, Prishtina, Tel. 038–248 548, Öffnungszeiten Mo–Fr 8–17 Uhr, Sa 9–13 Uhr, www.dhl.com
TNT Rr.Garibalid1/6, Prishtina , Tel. 0371-38-222290
UPS A.L. Dushi Sh.p.k., Kosta Novakoviq Llamella C4/2, Perdhese Nr. 5, 10000 Prishtina, Tel. 038–242 222, www.ups.com

Restaurants
Überall im Land gibt es zahlreiche Restaurants, und es entstehen ständig neue. Besonders beliebt wurde in den letzten Jahren die „Erlebnisgastronomie". Hier gibt es auf großzügigen Flächen neben Restaurant und Gastgarten oft eine eigene Forellenzucht, Kinderspielplätze und manchmal auch Sportmöglichkeiten sowie Wasserspiele aller Art.
Das Essen und der Service sind in der Regel gut.

Sicherheit

Allgemein ist die Lage ruhig, bleibt aber hinsichtlich zahlreicher Probleme angespannt. Deshalb sollten Menschenansammlungen gemieden werden. Allerdings gelten für Nordkosovo (Nord-Mitrovica, Kommunen Zvečan, Zubin Potok und Leposavic) Einschränkungen. Hier kam es in der Vergangenheit zu spontanen Gewaltausbrüchen unter Anwendung von Schusswaffen. Man sollte sich tagesaktuell informieren und die Region unter lokaler Begleitung besuchen. Weiterhin stellen immer noch Landminen abseits oder auch unmittelbar neben ständig befahrenen Straßen und Wegen eine Gefahr dar. Sie werden durch Schneeschmelze und Regen immer wieder an die Oberfläche gespült. Unbedingt auf dem rechten Pfad bleiben und nur sichtbar viel genutzte Wege betreten! Lt. Information der Deutschen Botschaft befinden sich noch mehrere hunderttausend illegale Schusswaffen im Privatbesitz, und die Hemmschwelle zu deren Einsatz ist vergleichsweise gering. Allerdings werden sie in der Regel nur eingesetzt, um Auseinandersetzungen untereinander oder mit anderen Bevölkerungsgruppen auszutragen.

Allgemein kann man sich als Ausländer im Land sicher fühlen. Es gibt auf sie weder Übergriffe oder sonstige kriminelle Akte noch Belästigungen, was besonders für Frauen wichtig sein dürfte! (s. auch das Kapitel „Kanun" und „Gastfreundschaft"). Das trifft eingeschränkt auch auf den serbisch besiedelten Norden zu, wo ich persönlich nie Probleme hatte.

Skifahren

Neben dem Skigebiet in Brezovica gibt es jetzt auch neue Regionen mit Skilift, Abfahrten und Skiverleih bei Brod im Dragash-Gebiet und in der Rugova-Region in Bogë.

Souvenirs

Als Souvenir sind vor allem die Filigranarbeiten der Silberschmiede zu empfehlen, aber auch Musikinstrumente, traditionelle Handarbeiten oder Trachten, Wein, Schnitzarbeiten und Messing- oder Kupfergeräte.

Die Klöster haben die Besucher als wichtige Einnahmequelle entdeckt und bieten – manchmal sogar in speziellen Klosterläden – viele ihrer eigenen Erzeugnisse und mehr an. Man erhält dort also nicht nur Postkarten und Informationsbroschüren, sondern auch filigrane religiöse Schnitzkunst, Wein, Honig, Käse, Cremes gegen Hauterkrankungen und mehr. Unbedingt hereinschauen!

Sprache und Verständigung

Albanisch und Serbisch sind offizielle Sprachen, in Prizren auch Türkisch. Durch die internationale Präsenz wird Englisch fast überall gesprochen, aber auch in deutscher Sprache kann man sich meist gut verständigen, da man selbst im entferntesten Dorf jemanden findet, der etwas Deutsch spricht. Wer eine slawische Sprache beherrscht, wird mit der Verständigung in den serbischen Gebieten keine Probleme haben.

Tankstellen

Kosovo dürfte über das dichteste Tankstellennetz Europas verfügen.

Hier gibt es überall Super bleifrei und Diesel. Daneben findet man zahlreiche Autowäschen „Autolarje", die Umweltschützern durch ihre Achtlosigkeit ein Dorn im Auge sein dürften.

Taxi
Überall im Land gibt es zahlreiche Taxis. In der Regel sollte man den Preis vor Antritt der Fahrt verhandeln. Viele Taxis haben auch ein Taxameter. Die Taxifahrer sind freundlich und hilfsbereit.

Telefonieren
Das Mobilfunknetz ist jetzt gut ausgebaut, so dass man nahezu überall Netzanschluss hat.
Kosovo hat kürzlich eine eigene Telefonvorwahl-Nummer erhalten. Es ist die 383. Sie muss aber noch offiziell durch die internationale Fernmeldeunion registriert werden. Bis dahin gilt die alte Vorwahl für das Festnetz 0381 (von Deutschland 00381).
Es gibt mehrere Mobilfunkanbieter: 0377 ist die Vorwahl für das Mobilfunknetz über Monaco. 044 oder 037744 sind weitere Anbieter. UNMIK, KFOR und internationale Organisationen sind oft über eigene Netze zu erreichen.

Toiletten
Öffentliche Toiletten sind nur sehr selten anzutreffen, z.B. an Busbahnhöfen, manchmal auch auf Märkten. Sie sind aber nicht empfehlenswert! Häufig trifft man noch auf „Französische Toiletten", die für uns etwas gewöhnungsbedürftig sind. Manchmal haben Gaststätten auch keine getrennten Damen- und Herrentoiletten. Das ist aber bei den vielen neu eröffneten Restaurants nicht mehr der Fall.

Trinkgeld
In Gaststätten und bei weiteren Dienstleistungen ist es üblich, ein Trinkgeld zu geben. Etwa 10 % sind angemessen.

Unterkunft
Im Kosovo gibt es zahlreiche Unterkunftsmöglichkeiten. Einige Hotels sind besonders an Wochenenden durch Hochzeitsfeiern stark frequentiert. In diesem Fall muss man mit lauter Musik rechnen.
Außer den hier genannten Hotels und Motels (es kann nur eine Auswahl angeführt werden) gibt es entlang der Straßen noch weitere zahlreiche Motels. Von ihnen stehen einige in dem Ruf, auch stundenweise tagsüber Zimmer anzubieten oder mit Prostitution in Verbindung zu stehen.

Verhaltensregeln
Ein Privatgrundstück darf man nur nach Aufforderung betreten. Da die Häuser meist keine Klingel haben, sollte man sich irgendwie bemerkbar machen. Man kann auch ein Kind aus der Nachbarschaft, das die Familie kennt, schicken.
Es bringt Unglück, auf die Türschwelle zu treten oder den Herd des Hauses zu berühren.
Beim Betreten des Hauses oder einer Wohnung sollte man die Schuhe ausziehen. Ebenso zieht man unbedingt beim Besuch einer Moschee, einer Tekke oder einer Türbe die Schuhe aus! Eine Kopfbedeckung wird von

einer ausländischen Besucherin dagegen nicht erwartet. Bei einer Einladung sollte man ein Geschenk mitbringen. Als Gast darf man nicht den Teller auskratzen oder mit Brot auswischen.

Wasser
Immer noch kommt es gelegentlich zu Wasserausfällen, besonders im Sommer. Die neuen Hotels haben für diesen Fall eigene Wasservorräte. Das Leitungswasser sollte nicht getrunken werden.

Zeit
Im Kosovo gilt Mitteleuropäische Zeit und im Sommer die Sommerzeit.

Zollbestimmungen
Die Einfuhr von Bargeld ist in unbeschränkter Höhe möglich. Allerdings müssen Beträge über 10.000 Euro bei der Einfuhr deklariert werden. Bei Nichtbeachtung droht ein Strafzoll in Höhe von 25 % der nicht deklarierten Summe.
Höherwertige Gegenstände, z.B. Notebooks und Filmausrüstungen, sollte man bei der Einreise anmelden, um sie problemlos wieder ausführen zu können.
Folgende Waren unterliegen Beschränkungen bei der Ein- und Ausfuhr:
Spirituosen 1 l, Wein- oder Schaumwein 2 l, Tabakwaren max. 200 Zigaretten oder 50 Zigarren oder 250 g Tabak, Parfum 60 ml, Eau de Toilette 250 ml, Geschenke und Souvenirs im Wert von max. 175 Euro.

Personen unter 17 Jahren dürfen weder Alkohol noch Tabakwaren ein- oder ausführen.
Humanitäre Güter, die eingeführt werden sollen, benötigen eine vorherige Genehmigung, sonst sind die regulären Zollabgaben zu entrichten.
Das Zollamt in Prishtina ist unter der Telefonnummer 381 (038) 540-350 oder per E-Mail HQ@dogana-ks.org zu erreichen. Dort ist zu erfahren, welche Unterlagen benötigt werden und wo diese Unterlagen/Bestätigungen erhältlich sind.
Für die Einfuhr von Fahrzeugen gelten gesonderte Zollvorschriften. Grundsätzlich dürfen Fahrzeuge, die älter sind als acht Jahre (nach Erstzulassung) nicht eingeführt werden. Besondere Zollvorschriften sind unter der Zollbehörde Kosovos **www.-dogana-rks.org** in englischer Sprache abrufbar.

Allgemeine Informationen

Die Geografische Lage

Das Kosovo, im Zentrum der Balkanhalbinsel gelegen, hat eine Fläche von 10.887 Quadratkilometern. Es ist in 30 Großgemeinden aufgeteilt. Im Norden und Osten grenzt es an Serbien, im Süden an Mazedonien, im Westen an Albanien und im Nordwesten an Montenegro. Schon immer war es Schnittpunkt wichtiger Handelsstraßen und verschiedener Kulturen. Etwa 53% der Gesamtfläche sind Gebirge, die von zwei Ebenen durchzogen werden, dem Amselfeld (albanisch Fush Kosova, serbisch Kosovo polje) zwischen Mitrovica und Pristhina bis Kaçanik und der Ebene von Dukagjin (albanisch Rrafshi i Dukagjinit – von den Serben wegen der vielen Klöster und ihrer Besitzungen „Metohija"=Klostergut genannt) - zwischen Peja (Peć) und Prizren. Die Ebenen sind an den Grenzen zu den Nachbarländern von Hochgebirgen umgeben.
Zwischen ihnen liegt ein bis auf weit über 1000 m ansteigendes Mittelgebirge: Rushica, Mali i Thatë (1750m), Carraleva und Jezerca (Drenica-Bergland). Im Norden und Osten finden wir das Kopaonik- und Rogozna Gebirge. Hier ist der höchste Berg der Mali i Madh mit 1260 m. Im Süden bildet das Malet e Sharrit (Šar-Planina–Gebirge) die Grenze zu Mazedonien, und im Westen liegen das Pashtrik-Gebirge und die Albanischen Alpen. Hier ist der höchste Berg der Gjeravica mit 2656 m in der Nähe von Deçani. Er ist zugleich der höchste Berg Kosovos. Im ganzen Land findet man bis zu 1000 m hohe Vulkankuppeln. In den Bergen gibt es zahlreiche Gletscherseen.
Der längste Fluss ist der Drini e Bardhë mit 122 km, dann folgen Sitnica mit 90 km und Bistrica e Pejës mit 62 km.

Das Klima

Im Kosovo herrscht gemäßigtes kontinentales Klima und gleicht in der Regel den Durchschnittswerten Mitteleuropas. Es kann zu jahreszeitlich bedingten größeren Temperaturschwankungen kommen. Mit starken Schneefällen muss man besonders in den Bergregionen zwischen November und März rechnen, die häufig den Verkehr lahm legen. Ebenso kann dichter Nebel in den Monaten Dezember und Januar zu größeren Problemen im Straßen- und Flugverkehr führen. Die Ebene zwischen Mitrovica und Kaçanik gehört durch ihre höhere Lage (Prishtina liegt 633 m ü. NN.) zu den niederschlagsarmen und trockenen Gebieten des Landes, da sie stärkeren kontinentalen Einflüssen ausgesetzt ist, während die fruchtbare Ebene von Dukagjjn zwischenPeja und Prizren niederschlagsreicher ist. Hier wirken von der Adria kommende Wetter-Strömungen.

Im Malet e Sharrit (Šar Planina) - Gebirge
Bildmitte: Im Kopaonik-Gebirge

Flora und Fauna

Kosovo verfügt über eine reiche Flora und Fauna. Ca. 41% der Gesamtfläche sind bewaldet. Die Wälder bestehen hauptsächlich aus Eichen, Buchen, verschiedenen Nadelhölzern, Kastanien u. a. Es gibt seltene Pflanzen wie Päonien, Alpenveilchen und Edelweiß. In den Bergregionen findet man zahlreiche fruchtbare Hochweiden.

In Flüssen und Seen gibt es neben Forellen, Karpfen, Döbel, Aal, Wels, Hecht, Schollen, Weißfischen, Barben und Huchen auch Ukeleien (s. auch unter „Angeln" in den Reisetipps).

Kosovo verfügt über reichen Wildbestand an Gemsen, Hirschen, Rehen, Wildschweinen, Hasen, Rebhühnern, Fasan und Wildente. Aber auch in Mitteleuropa selten gewordene Tierarten wie Auerhuhn, Luchs, Bär, Feuersalamander, Steinadler, Habichtsadler und Schildkröte sind anzutreffen. In den Bergregionen nahe Prizren gibt es sogar eine Herde von ca. 15 Wildpferden.

Vor folgenden Gifttieren im Kosovo wird gewarnt: Sandviper (Hornotter), Kreuzotter, Wiesenotter (Feldviper), Eidechsennatter, Schwarze Witwe, Skorpion, Tarantel und Gürtelskolopender.

Umwelt

Im Kosovo gibt es große Defizite im Umgang mit der Natur und im Umweltbewusstsein der Bevölkerung. Obwohl es in den Städten inzwischen eine funktionierende Müllabfuhr gibt, finden sich zahlreiche wilde Müllkippen, besonders in der Nähe kleinerer Orte. Auch am Straßenrand oder in den Ortschaften wird häufig Müll einfach achtlos weggeworfen, und es fehlt an entsprechenden Behältern.

Weiterhin ist ein großes Problem die fehlende Abwasser-Aufbereitung. Nur 56 % der Haushalte sind derzeit an der Kanalisation angeschlossen. Kläranlagen müssen noch gebaut werden. Bisher wird an vielen Stellen das Abwasser ungeklärt in Bäche, Flüsse und Seen geleitet. Da im ländlichen Bereich weitgehend mit Holz geheizt und gekocht wird, kommt es immer wieder zu illegalem Holzeinschlag. Der große Bauboom bringt mit sich, dass Berge zur Gewinnung von Baumaterial abgetragen werden, manchmal auch illegal, und der natürliche Lauf der Flüsse zur Gewinnung von Kies verändert wird.

Geschichtlicher Überblick

Die Geschichte Kosovos wird von Albanern und Serben unterschiedlich interpretiert. Beide Seiten bemühen die Wissenschaft, um jeweils ihren historischen Anspruch auf das Land geltend zu machen. Dabei sehen sich die Albaner als Nachfahren der Illyrer und somit als „Ureinwohner" Kosovos. Die Serben hingegen sehen Kosovo als die „Wiege Serbiens", da hier das Zentrum des mittelalterlichen Serbien lag, und behaupten, die Albaner seien erst später ins Land gekommen.
Die endlosen polemischen Diskussionen darüber vernebeln häufig den Blick der Menschen in Richtung Zukunft und lösen keineswegs die anstehenden zahlreichen Probleme.

Frühgeschichte und die Zeit der Illyrer

Schon in prähistorischer Zeit war das Gebiet des heutigen Kosovo besiedelt, und zahlreiche archäologische Funde beweisen eine entwickelte Kultur im Neolithikum (Jungsteinzeit, ca. 5000–2500 v. Chr.)
Die ältesten Funde stammen aus dem vorkeramischen Neolithikum. Es handelt sich um drei Steinbeile, die in der Nähe von Gračanica beim Bau eines Staudammes entdeckt wurden. Aus der Zeit etwa 3500 v. Chr. stammen interessante Terracottafiguren, die bei Ausgrabungen in der Umgebung von Prishtina und Mitrovica entdeckt wurden. Solche naturgetreuen Darstellungen mit herausgearbeiteten Details kommen so nur im Kosovo vor.
Etwa 3000 v. Chr. begannen die indoeuropäischen Völkerstämme der nördlichen Alpen sich auszudehnen. Die so genannte Aunjetizer Kultur, aus der die Illyrer, Italiker, Veneter und die Kelten hervorgingen, entstand etwa 1800 v. Chr. und ist eine Kultur der frühen Bronzezeit. Benannt wurde sie nach der mährischen Ortschaft Aunjetitz (tschechisch Unjetice), woher die ältesten Funde stammen. Auffallend ähnliche Gegenstände wurden in Mitteldeutschland, Nordthüringen und in Ungarn entdeckt.
Auf der Wanderung Richtung Süden führt die Spur der Aunjetizer und Lausitzer Kultur in verschiedene Richtungen über Österreich und den ganzen Balkan bis nach Nordgriechenland. Im Raum Kosovo und Albanien sind erste Spuren der Illyrer auf etwa 1100 v. Chr. zu datieren. Im Raum Kosovo ließ sich der illyrische Stamm der Dardaner nieder, als deren Nachfahren sich die Kosovo-Albaner betrachten. Illyrische Stämme schlossen sich im 4. Jahrhundert v. Chr. zu einem Königreich zusammen. Es gab zahlreiche kriegerische Auseinandersetzungen mit den Griechen und Mazedoniern sowie mit durchziehenden keltischen Stämmen. Im 3. Jahrhundert v. Chr. erneuerten Königin Teuta und König Agron das illyrische Königreich.
229 v. Chr. begann der erste Feldzug der Römer gegen die Region. Ihm folgten zahlreiche weitere, aber erst 33 v. Chr. gelang es den Römern endgültig,hier ihre römische Provinz Illyricum einzurichten. Die römischen Kaiser

Das Kosovo-Museum in Prishtina

Claudius, Aurelius, Probus, Diokletian und Maximilian gingen aus ihr hervor. Am Ende des 4. Jahrhunderts zogen Westgoten durch das Gebiet von Kosovo, 440-446 Hunnen und Ostgoten.

Slawische Besiedlung

Mit dem beginnenden Zerfall des Römischen Reiches drängten Südslawen aus dem Karpatenraum ab Anfang des 6. Jahrhunderts Richtung Westen vor. Slawische Stämme konnten sich dauerhaft in und um das Gebiet des heutigen Kosovo Ende des 7. Jahrhunderts niederlassen. Fürst Vlastimir gründete 830 das erste serbische Staatsgebilde Raška, das allerdings nördlich von Kosovo lag. Die Kosovo-Region gehörte von der Mitte des 9. Jahrhunderts bis 1019 zum 1. Bulgarischen Reich, dann ab 1180 wieder zum Oströmischen Reich (Byzanz).
Bela Uroš, Stammvater der Nemanjiden, einigte Anfang des 12. Jahrhunderts die serbischen Stämme. Seine größte Blüte erlebte Serbien ab 1169 unter der Herrschaft der Nemanjiden. Stefan Nemanja eroberte nach 1180 Teile des Kosovo und weitere byzantinische Gebiete bis Niš. Der wirtschaftliche, politische und kirchliche Schwerpunkt Serbiens lag aber nach wie vor nördlich von Kosovo. Die Unabhängigkeit von Byzanz konnte 1180 erreicht werden. Erst mit der Expansion nach Süden rückte das Kosovo-Gebiet ins Zentrum des serbischen Reiches.
Zwischen 1331 und 1355 besetzte Zar Dušan aus dem Haus der Nemanjiden ganz Serbien, Süd-Makedonien, Thessalien, Albanien und Epirus. Er ließ sich 1346 in Skopje zum Zaren der Serben, Griechen, Bulgaren und Albaner krönen.
Im Übergang vom Mittelalter zur Neuzeit lassen sich zahlreiche ethnische und kulturelle serbisch-albanische Symbiosen nachweisen.

Die Schlacht auf dem Amselfeld und die Zeit der osmanische Herrschaft

Die Osmanen drängten ab 1387 weiter Richtung Norden vor und wurden zunächst durch das serbische Heer und seine Verbündeten geschlagen. Unter persönlicher Anwesenheit von Sultan Murad I. formierten sich daraufhin die osmanischen Truppen neu.
Die legendäre Schlacht auf dem Amselfeld, die nicht nur Kosovo, sondern weite Teile Osteuropas nachhaltig veränderte, fand nach dem alten julianischen Kalender am St. Veitstag (15. Juni) 1389 statt. Die serbischen Truppen unter Fürst Lazar, unterstützt von albanischen, kroatischen, bulgarischen und walachischen Hilfstruppen, erlitten eine vernichtende Niederlage.
Siegern und Besiegten bot diese Schlacht Stoff für zahlreiche Legenden. Nach türkischer Darstellung soll der Sultan im Kampf gefallen sein. Die Gegenseite wiederum behauptet, dass sich Miloš Obilić in das Zelt des Sultans schlich und ihn ermordete.

Im Kosovo dauerte die osmanische Herrschaft bis 1912. Unterbrochen wurde sie nur durch mehrmalige Vorstöße des österreichischen Heeres nach der Niederlage der Türken vor Wien. So drangen die Truppen unter General Piccolomini zwischen 1689 und 1690 bis Skopje vor. Diese Truppen wurden von den Serben massiv unterstützt, und Aufständische schlossen sich den Österreichern an. Doch nach dem Tod Piccolominis 1689 in Prizren und wegen des Vorgehens Ludwigs XIV. am Rhein zogen die Österreicher einen Teil ihrer Truppen zurück und verließen Kosovo wieder. Aus Furcht vor türkischer Vergeltung durch Halil Pascha zogen 40.000 bis 80.000 Serben (die Zahlenangaben schwanken erheblich) unter Führung des Patriarchen von Peć Arsenije III. Čarnojević in die Vojvodina und weiter nach Ungarn. Szentendre nördlich von Budapest ist immer noch serbisch-orthodoxe Eparchie. Es gibt dort vier serbisch-orthodoxe Kirchen sowie ein Museum (serbisch-orthodoxe Kirchenkunstsammlung). Dort befinden sich noch einige Ausstellungsstücke aus dieser Zeit.

Eine weitere Abwanderung von Serben aus dem Kosovo Richtung Norden erfolgte 1716-1718 nach dem zweiten Krieg der Österreicher gegen die Türken. Während des österreichisch-russischen Türkenkrieges 1735–1739 beteiligten sich sowohl Serben als auch Albaner am Aufstand gegen die Türken. Ihnen hatte man versprochen, auf kaiserliches (österreichisches) Herrschaftsgebiet übersiedeln zu können, falls eine Befreiung von der Türkenherrschaft misslingen sollte. 1737 begann die Ansiedlung dieser Freiwilligen an der Militärgrenze. Die Albaner wurden wie die Serben nach dem Frieden von Belgrad 1739 als Grenzhüter eingesetzt. Sie erhielten eigene Siedlungen zugeteilt.

Die in der Folgezeit zahlreich unternommenen Versuche, sich von osmanischer Fremdherrschaft zu befreien, schlugen im Kosovo alle fehl.
Im 19. Jahrhundert griffen mit zunehmender Schwäche des osmanischen Reiches auch albanische Intellektuelle die sich in ganz Europa ausbreitende Idee vom Nationalstaat auf. Es begann ab 1830 die Zeit der Rilindja (Nationale Wiedergeburt). Die Albaner fanden aber – im Gegensatz zu ihren Nachbarn – keinerlei Unterstützung im Ausland. Selbst Friedrich Engels hielt sie – dem allgemeinen Denken in Europa folgend – in seinem Anfang April 1853 veröffentlichten Aufsatz „Was soll aus der europäischen Türkei werden?" als „Arnautische Barbaren" für Türken.
1877 gründeten in Istanbul u. a. die Brüder Frashëri das „Zentralkomitee zur Verteidigung der Rechte des albanischen Volkes". Ihm gehörten – neben weiteren – aus Kosovo Ymer Prizreni und Zija Prishtina an.
Nach Ende des Russisch-Türkischen Krieges 1877-1878 setzte Russland im Vorfrieden von San Stefano die Abtretung türkischer Gebiete zugunsten der Balkanstaaten durch. Albanisch besiedelte Gebiete sollten Serbien, Montenegro und Bulgarien, das besonders reich bedacht wurde, zugeschlagen wer-

den. Das rief vor allem Österreich und England auf den Plan, die einen so großen Einfluss Russlands auf dem Balkan verhindern wollten. Ihr massiver Widerstand bewog den deutschen Reichskanzler Bismarck eine Vermittlerrolle einzunehmen. Unter seiner Führung begann am 13. Juni 1878 der „Berliner Kongress". Er beschloss am 13. Juli 1878 im „Berliner Vertrag" die Neuregelung der territorialen Verhältnisse auf dem Balkan, in dem albanische Interessen keinerlei Berücksichtigung fanden. Der Berliner Vertrag sprach Rumänien, Serbien und Montenegro Selbständigkeit zu, wobei albanisch besiedeltes Gebiet den christlichen Ländern Serbien und Montenegro zugesprochen wurde. Das seit 1815 praktisch als Staat existierende Serbien wurde international anerkannt und ab 1882 Königreich. Damit erstarkte ein serbischer Nationalismus, und im Zuge einer „Serbischen Wiedergeburt" im 19. Jahrhundert griff man das Thema eines großserbischen Anspruches und eines „Sammelns der serbischen Länder", also einer „Rückgewinnung" u.a. Kosovos und einer serbisch-albanischen Erbfeindschaft auf. 1844 entwarf der führende Politiker Ilija Garašanin in seinem berühmten „Nečertanie" die geopolitischen Ansprüche Serbiens. Nachdem Serbien und Montenegro 1876-1878 gegen die Türken Krieg geführt und Gebiete der Region Niš und Toplica östlich des Kosovo erobert hatten, begann dort sofort die Politik der ethnischen Säuberung. Nach einem Massaker an der albanischen Bevölkerung, wurde zur Jahreswende 1877/78 etwa 80.000 Muslime, meist Albaner, vertrieben. Etwa 50.000 von ihnen flohen in das östliche Kosovo. Das schürte den Hass auf die Serben und stärkte die nationale Wiedergeburt der Albaner.

Die Liga von Prizren

Am 10. Juni 1878, drei Tage vor Beginn des Berliner Kongresses, trafen sich Delegierte aller albanischen Gebiete in der Medresse von Prizren, um über ein gemeinsames Vorgehen zu beraten. Es wurde die „Albanische Liga" gegründet, nach dem Ort der Gründung auch „Liga von Prizren" benannt, deren Programm am 27. November 1878 während einer erneuten Zusammenkunft beschlossen wurde. Das Programm sah vor, sich gegen die Gebietsabtretungen zu wehren und eine Selbstverwaltung der gesamten von Albanern bewohnten Gebiete sowie die Einführung des Albanischen als Amts- und Unterrichtssprache zu fordern. 1879 besuchten Abdyl Frashëri und Mehmed Ali Vrioni die europäischen Hauptstädte Berlin, Paris, Wien und Rom, um die Großmächte für eine Unterstützung der albanischen Anliegen zu gewinnen. Offene Ohren fanden sie nicht.
Daraufhin sammelten sich in der Folgezeit Tausende von Freiwilligen, um Gebietsabtretungen an Montenegro zu verhindern. Zunächst erzielten diese Ligatruppen Erfolge. Jedoch wurde mit Hilfe der britischen Flotte und türkischer Truppen das Gebiet um Ulqin im September 1880 an Montenegro übergeben.

Museum der Liga von Prizren

Abdyl Frashëri bildete im Januar 1881 eine provisorische Regierung. Das gesamte Gebiet Kosovos einschließlich der albanisch besiedelten Gebiete in Mazedonien bis Skopje wurde der Liga unterstellt. Im April und Mai 1881 gingen die Türken militärisch gegen die Liga vor und zerschlugen sie. Noch einmal versuchten die Albaner 1895 mit der Gründung der „Liga von Peja" unter Vorsitz von Haxhi Zeka ihre Interessen durchzusetzen. Aber auch diese Liga wurde von türkischen Truppen niedergeschlagen.

Vom Balkankrieg bis 1945
Mit Beginn des Balkankrieges 1912 gelang es den Truppen des Balkanbundes, die türkischen Truppen rasch zurückzudrängen. Serbien versuchte schnell, Teile seines großserbischen Programms durchzusetzen.
Um nicht mit der Türkei unterzugehen und endgültig unter fremden Mächten aufgeteilt zu werden, proklamierte am 28. November 1912 ein albanischer Nationalkongress in Valona (Vlore) die Unabhängigkeit. Man benannte eine provisorische Regierung unter Leitung von Ismail Kemal Bey Vlora, der im türkischen Staatsdienst hohe Posten bekleidet hatte. Durch das Ausland wurde diese Regierung nicht anerkannt.

Erst auf der Botschafterkonferenz in London 1913 befassten sich die Großmächte wieder mit der albanischen Frage. Es wurde beschlossen, in Albanien ein Fürstentum einzurichten, dessen erster Fürst der Deutsche Prinz Wilhelm zu Wied wurde. Das Fürstentum umfasste aber nur einen Teil des geschlossenen albanischen Siedlungsgebietes, das durch die ebenfalls auf der

Botschafterkonferenz festgelegten neuen Grenzen zerteilt wurde. Kosovo wurde Serbien zugesprochen.

Von nun an genossen die Albaner keine Minderheitenrechte mehr, öffentliche und private Schulen mit albanischer Unterrichtssprache wurden geschlossen, Amtssprache wurde Serbokroatisch. In der Zwischenkriegszeit betrug die Analphabetenquote im Kosovo 90 %.
Es kam 1912/13 zu zahlreichen Massakern an der albanischen Bevölkerung, von dem u. a. Leo Trotzki berichtete. Von dem ab 1918 regierenden jugoslawischen Ministerpräsidenten Nikola Pašić ist folgender Spruch überliefert: „Wir werden sie (d.h. die Albaner) serbisieren, und wenn sie sich nicht serbisieren lassen, werden wir sie vertreiben, und wenn sie sich nicht vertreiben lassen, werden wir sie umbringen."
Bei Kriegsende 1918 versuchten die Kosovo-Albaner um Hasan Prishtina und Bajram Curri Widerstand gegen die Serben zu organisieren, um einen Anschluss an Albanien zu erreichen. Als Abgeordneter im albanischen Parlament, befürwortete Hasan Prishtina die Unterstützung albanischer Aufständischer im Kosovo. Ahmet Zogu hingegen, der spätere selbsternannte König von Albanien, nutzte die jugoslawische Regierung für seinen eigenen politischen Aufstieg und verzichtete dafür auf Kosovo. Er entfernte alle Mitglieder des Parlaments in Tirana aus dem Kosovo und drängte sie später, Albanien zu verlassen.

Um die ethnische Bevölkerungsstruktur im Kosovo zu verändern, begann die serbische Regierung nach einer Agrarreform Serben und Montenegriner anzusiedeln. Mit verschiedenen Mitteln versuchte man weiterhin, ein Umsiedlungsprogramm der muslimischen Bevölkerung nach Albanien und in die Türkei durchzusetzen. Albanische Kultur konnte sich öffentlich nicht mehr entwickeln. Der albanische Widerstand dagegen formierte sich bald auch in Form militanter Gruppen. Zu den führenden Kämpfern gehörte – für albanische Verhältnisse ganz untypisch – auch eine Frau: Shote Galica.

Während des zweiten Weltkrieges wurde nach der Kapitulation Jugoslawiens im April 1941 Kosovo in eine italienische, eine deutsche und eine bulgarische Besatzungszone aufgeteilt. Da die Italiener auch Albanien beherrschten, vereinten sie beide Besatzungszonen. Die erste albanische Partisaneneinheit „Zejnel Ajdini" gegen die Besatzer wurde im September 1942 gegründet.

Nach der Kapitulation Italiens 1943 rückten deutsche Truppen in das von den Italienern geschaffene Groß-Albanien ein. Auf Grund der Entwicklung seit 1912 hatten die deutschen Besatzer leichtes Spiel, im März 1944 im Kosovo etwa 8.500 albanische Soldaten für ihre Waffen-Gebirgs-Division der SS „Skanderbeg" zu rekrutieren, die vor allem die deutsche Wehrmacht im

Kampf gegen die Partisanen entlasten sollte. Große militärische Erfolge konnte die Division allerdings nicht erringen, da die Partisanen schon weite Teile des Kosovo kontrollierten und auf Seite der Partisanen ebenfalls eine nicht unerhebliche Zahl von Albanern kämpfte. So verfügten Ende 1944 die Partisanen im Kosovo über 8 Brigaden mit 50.000 Kämpfern. Die Division „Skanderbeg" wurde wegen der hohen Desertationsrate im September 1944 aufgelöst. 12 Albaner wurden wegen ihrer Verdienste bei den Partisanen in Jugoslawien zu „Volkshelden" erklärt.

Der Widerstand gegen die Besatzer in Albanien formierte sich zum einen unter Leitung der kommunistischen Partei in der „Nationalen Befreiungsbewegung", zum anderen in der bürgerlich-nationalen Widerstandsorganisation „Balli Kombëtar" (Nationale Front). Gemeinsam gründeten sie ein „Komitee zur Rettung Albaniens". Auch dieses Komitee hatte das Ziel der Vereinigung aller albanisch besiedelten Gebiete, vertagte aber auf Drängen der jugoslawischen kommunistischen Partei konkrete Beschlüsse. Die albanischen Kommunisten Kosovos sahen in einem gemeinsamen Kampf mit der Nationalen Befreiungsarmee Jugoslawiens gegen die Besatzer die beste Möglichkeit für ein Albanien, das auch Kosovo einschloss. Die kommunistische Partei Jugoslawiens sicherte ihrerseits zu, die Frage der Grenzziehung nach Beendigung der Kämpfe in brüderlichem Einvernehmen regeln zu wollen.

Kosovo von 1945 bis zur Aufhebung der Autonomie 1989

Kosovo wurde nach Ende des Zweiten Weltkrieges unter jugoslawische Militärverwaltung gestellt. Es folgte wieder eine Welle der Verfolgung, in der man zahlreiche Albaner hinrichtete, denen man Zusammenarbeit mit den italienischen und deutschen Besatzungstruppen vorwarf. Im Juli 1945 beschloss man auf einer Konferenz des Nationalen Befreiungskomitees in Prizren, Kosovo wieder Serbien anzuschließen. Es wurde eine autonome Region mit gewissen Autonomierechten eingerichtet, die Albanisch als gleichberechtigte Amtssprache, albanischsprachige Schulen und eine eigene Presse beinhaltete. Politische Rechte bestanden allerdings nur in Form einer lokalen Selbstverwaltung. Zu Albanien bestanden enge Beziehungen Jugoslawiens. Im Juli 1946 soll Tito nach einer späten Aussage Enver Hoxhas zu ihm gesagt haben: "Kosovo und die anderen von Albanern bewohnten Gebiete gehören Albanien; wir werden sie ihm zurückgeben, doch jetzt noch nicht, denn jetzt dürfte die großserbische Reaktion dies kaum akzeptieren." Auch stand die Lösung der albanischen Frage im Rahmen einer Balkanförderation im Raum, wenn sich Bulgarien und Albanien ebenfalls mit Jugoslawien zusammenschlössen. Doch alle diese Pläne mussten 1948 begraben werden, als Tito mit Stalin brach und in der Folge ein Bruch der Kommunisten Albaniens unter Enver Hoxha mit den Kommunisten Jugoslawiens erfolgte. Nun waren beide Länder erbitterte Gegner, und die Albaner Kosovos gerieten unter den Verdacht staatsfeindlicher Aktivitäten. Willkürlicher Polizeiterror machte sie zu Staatsbürgern zweiter Klasse. Das ganze Ausmaß der geheimpolizeilichen Aktionen kam erst ans Licht der Öffentlichkeit, als der dafür zuständige Innenminister entmachtet wurde. Erste Autonomierechte wurden Kosovo 1963 zugestanden. 1967 besuchte Tito das Kosovo, der eine Verbesserung des Status der Region zur Folge hatte. Nach zahlreichen Demonstrationen bekam es 1969 den Status einer „Sozialistischen Autonomen Provinz Kosovo". Nach weiteren Verfassungsergänzungen war es ab 1974 den anderen Teilrepubliken Jugoslawiens nahezu gleichgestellt und hatte umfangreiche politische, wirtschaftliche und kulturelle Autonomierechte. Der langjährige jugoslawische Präsident Josip Broz Tito taktierte geschickt zwischen allen Interessengruppen und war so Garant für die Einheit Jugoslawiens. Mit seinem Tod am 4. Mai 1980 kam es zu einer Wende. Im Kosovo fanden zahlreiche Massendemonstrationen statt, bei denen immer lauter eine Republik Kosova gefordert wurde. Als Folge säuberte man den Partei- und Regierungsapparat von „großalbanischen Separatisten" und entließ zahlreiche Mitglieder des Lehrkörpers der Universität Prishtina als der „Brutstätte des albanischen Nationalismus". Die Spannungen unter den Volksgruppen nahmen zu, und Ende Juni 1986 beschloss die serbische Regierung, die Autonomie der Provinz Kosovo einzuschränken. Der damalige Parteichef Slobodan Milošević, dem es gelang, die von Serben dominierte jugoslawische Armee und serbische Freischärler-Verbände auf seine Seite zu ziehen, sah seine Stunde des politischen Aufstiegs gekommen, indem er eine Änderung der serbischen Verfassung von 1974 forderte und die Autonomie Kosovos 1989 aufhob. Dies bedeutete, dass Serbien die gesamte Kontrolle über Polizei, Gerichte, Zivilverteidigung und über die Besetzung öffentlicher Ämter hatte. Alle wichtigen Posten wurden mit Serben besetzt, ob in Krankenhäusern, der staatlichen Verwaltung oder Lehranstalten. Damit begann eine Zeit der Berufsverbote und Verhaftungen, die eine Abwanderungswelle der Albaner - vor allem nach Deutschland und in die Schweiz - auslöste. Davon war in großem Maße die Akademiker-Schicht betroffen, deren Fehlen bis heute Auswirkungen hat. Dabei sei darauf hingewiesen, dass Kosovo die größte Anzahl Studenten – gemessen an seiner Bevölkerungsdichte - in ganz Jugoslawien hatte. 1981/82 kamen auf 1000 Einwohner 26 Studenten – im entwickelten Slowenien waren es nur 14.

Auf dem Weg in die Unabhängigkeit

Die albanischen Abgeordneten des Kosovo-Parlaments riefen am 2. Juli 1990 die „Republik Kosova" aus und beschlossen kurz darauf eine neue Verfassung. Am 4. Juli 1990 wurde Kosovos Parlament und Regierung durch das serbische Parlament aufgelöst. In einem Referendum sprachen sich die Menschen 1991 erneut für die Unabhängigkeit aus. Zum Präsidenten der neuen „Republik Kosova" wählte man 1992 Ibrahim Rugova. Von der internationalen Gemeinschaft wurde die „Republik Kosova" nicht anerkannt, und die Serben erklärten das gesamte Vorgehen für illegal.
Eine zunehmende Auseinandersetzung mit den serbischen Sicherheitskräf-

ten, die stetig durch jugoslawische Streitkräfte verstärkt wurden, führte zu intensiven diplomatischen Bemühungen. Mitte 1998 erreichten die Auseinandersetzungen ihren vorläufigen Höhepunkt mit der Flucht und Vertreibung zahlreicher Albaner aus ihren Dörfern und deren Zerstörung. Am 17. 6. 1998 gelang es dem russischen Präsidenten Boris Jelzin, Slobodan Milošević auf einen Kompromisskurs zu bringen. Milošević sicherte zu, dass es keine Gewalt mehr gegen Zivilisten geben würde und die Flüchtlinge zurückkehren könnten. Weiterhin sollten das Internationale Rote Kreuz, das UN Flüchtlingshilfswerk sowie Diplomaten volle Bewegungsfreiheit im Kosovo erhalten, letzteres in der so genannten KDOM (Kosovo DiplOmatic Mission), in deren Rahmen sich Diplomaten u. a. aus den USA, England und Frankreich vor Ort unterrichteten, um ihren Regierungen zu berichten. Dennoch kam es zu weiteren Auseinandersetzungen zwischen den serbischen Sondereinheiten von Polizei und Armee und den sich zunehmend in der Befreiungsarmee UÇK organisierenden Albanern.

Zur Lösung der Kosovo-Krise verabschiedete die UN am 23. 9. 1998 die Resolution 1199, in der von Jugoslawien der Abzug von Polizei und Militär sowie Einstellung der Kämpfe gegen die UÇK gefordert wurden. Weiterhin wollte man unbeschränkten Zugang der Hilfsorganisationen zu den Flüchtlingen sowie Verhandlungen über eine erneute Selbstverwaltung der Kosovo-Albaner. Allerdings verweigerte Milošević die Erfüllung dieser Bedingungen. Daraufhin wurde der militärische Druck auf Serbien erhöht. Schließlich konnte der US-Vermittler Holbrook erreichen, dass internationale Beobachter der OSZE in der so genannten Kosovo Verification Mission (KVM) im Kosovo den Kontakt zur Bevölkerung halten konnten, um Informationen über Menschenrechtsverletzungen zu gewinnen und zu untersuchen. Dennoch gingen die Auseinandersetzungen weiter, und es kam zu Massakern.

Im Februar/März 1999 sollte auf der Friedenskonferenz in Rambouillet/ Frankreich noch eine friedliche Lösung des Kosovo-Konflikts erreicht werden. Ein Friedensplan wurde ausgearbeitet, der schließlich am 18. 3. 1999 von der Delegation der Kosovo-Albaner unterschrieben wurde. Alle Bemühungen, auch die serbische Seite zu einer Unterschrift zu bewegen, blieben erfolglos. Deshalb zog man ab dem 20. März 1999 alle Beobachter und Botschaftsangehörigen aus Jugoslawien ab. Die Serben intensivierten ihren Truppenaufmarsch im Kosovo. Es kam zu massiven Übergriffen auf die Zivilbevölkerung, zu ethnischen Säuberungen und Plünderungen. Zahlreiche Häuser wurden in Brand gesteckt.

Nach Ablauf mehrerer Ultimaten begann die NATO am Abend des 24. März 1999 mit Luftangriffen gegen militärische Ziele im gesamten Gebiet Jugoslawiens. Die Serben reagierten darauf mit der massenhaften Vertreibung der albanischen Bevölkerung aus dem Kosovo. Davon waren über eine Million Menschen betroffen. Dramatische Szenen spielten sich ab. So saßen an der Grenze zu Mazedonien Tausende Flüchtlinge unter katastrophalen

Bedingungen fest.

Am 10. Juni 1999 wurden gemäß einem Abkommen mit der jugoslawischen Führung und der Verabschiedung einer UN-Resolution die Luftangriffe beendet, und ein militärtechnisches Abkommen zwischen der NATO und der Bundesrepublik Jugoslawien trat in Kraft. Am 12. Juni 1999 besetzten die ersten KFOR-Truppen Kosovo. Gemäß der UN-Resolution 1244 wurde das Land unter UN-Protektorat gestellt und erhielt somit einen besonderen Status, blieb aber auch weiterhin völkerrechtlich Teil Jugoslawiens bzw. nunmehr dessen, was davon übrig geblieben war: Serbiens.

Die Übergangsverwaltung der UN war die UNMIK (United Nations Interim Administration Mission in Kosovo) mit Hauptsitz Prishtina. Diese baute eine riesige Bürokratie mit wenig Effizienz auf, die das Land zwar verwaltete, aber den Menschen kaum Chancen für eine bessere Zukunft bieten konnte.

Wie schnell der mühsam errungene Frieden im Land in Rauch aufgehen kann, haben deutlich die Unruhen vom März 2004 gezeigt. Vom 17. – 19. März 2004 wurden 19 Menschen getötet und mehr als 900 verletzt, darunter KFOR-Soldaten sowie Beamte der internationalen und örtlichen Polizei. Mehr als 500 Häuser sowie 27 religiöse und kulturelle Stätten wurden niedergebrannt. Daneben gab es zahlreiche kleinere Zwischenfälle, die immer wieder zeigten, wie schnell ein Funke zu einem Flächenbrand werden kann.

2006 begannen unter Leitung des UN-Vermittlers, dem Finnen Martti Ahtisaari, die Verhandlungen zwischen der serbischen Regierung und den Verantwortlichen des Kosovo über den zukünftigen Status.

Da beide Seiten aber auf ihren Standpunkten beharrten, kam es nicht zu einer Einigung, sondern zur Unabhängigkeitserklärung des Kosovo am 17. 2. 2008. Serbien hat beim Internationalen Gerichtshof Klage dagegen eingereicht. In einem Rechtsgutachten vom 22. 7. 2010 erklärte der IGH, dass die Unabhängigkeit des Kosovo nicht gegen internationales Recht verstößt. In Serbien werden die Stimmen für ein Kosovo-Referendum lauter, da auch dort immer mehr Menschen der Realität ins Auge sehen und nicht einem Mythos anhängen möchten.

Ursprünglich sollten mit Verkündung der Verfassung am 15. Juni 2008 die Verwaltungsbefugnisse der UNMIK schrittweise an die Regierung des Kosovo und an die EULEX übergeben werden. Da aber einige Länder, am vehementesten Russland, darin einen Verstoß gegen die UN-Resolution 1244 sehen, bleibt die UNMIK vorläufig weiterhin im Lande, hat aber zwischenzeitlich ihre Aufgaben weitgehend - wie vorgesehen - abgegeben und beschränkt sich nunmehr auf sog. Residual-Zuständigkeiten.

In der EULEX-Mission mit noch etwa 800 internationalen Polizisten, Richtern, Staatsanwälten und Zollbeamten sowie 1.100 einheimischen Mitarbeitern soll der Aufbau rechtsstaatlicher Strukturen sowie der Dialog mit Serbien vorangetrieben werden.

Serbien hat einen Gebietsaustausch vorgeschlagen: Der von 90 % Serben bewohnte Norden Kosovos soll Serbien zugeschlagen werden, dafür soll Kosovo Teile des von 90 % Albanern bewohnten Presevo-Tales im Süden Serbiens erhalten. Als Gegenleistung will Serbien Kosovo eine Mitgliedschaft in der UN ermöglichen. Das lehnt aber bisher die Regierung Kosovos ab und will endlich die „Herstellung der staatlichen Autorität auf dem ganzen Territorium des Kosovo", d. h. die de facto existierende serbische Kontrolle in den drei serbischen Gemeinden Nordkosovos aufheben. Dazu wurde ein Verbindungsbüro eröffnet und auch mit Stationierung von Militär gedroht. Das stieß auf wenig Gegenliebe bei den Serben, die schon einmal Grenz- und Zollstationen zerstörten.
Die EU strebt eine Lösung des Konfliktes durch Annäherung Serbiens an die Europäische Union an.

Die Staatsform und gegenwärtige Situation

Kosovo ist eine **Republik (Republika e Kosevës)** und hat eine parlamentarische Demokratie. Am 17. 2. 2008 wurde die Unabhängigkeit erklärt. Deutschland erkannte diese am 21. 2. 2008 an. Da aber viele Staaten, darunter Russland, Serbien, China, Indien, Spanien, Rumänien und Griechenland die Unabhängigkeit als Verstoß gegen das Völkerrecht ablehnen, ist noch manches im Schwebezustand. Besonders Russland ist entschieden gegen die Unabhängigkeit. Derzeit wird das Land von 110 Mitgliedsstaaten der Vereinten Nationen anerkannt.
Amtssprachen sind Albanisch und Serbisch, in Prizren auch Türkisch. Die neue **Flagge** zeigt die Umrisse des Kosovo in gelb auf blauem Grund, darüber befinden sich 6 weiße Sterne. Sie symbolisieren die größten ethnischeGrupen. Das **Wappen** des Landes zeigt ebenfalls die Umrisse des Landes in Gold auf blauem Grund und die 6 weißen Sterne. Es hat eine goldfarbene Umrandung. Die **Nationalhymne** des Komponisten Mendi Mengjiqi hat keinen Text und trägt den Titel „Europa".
Das **Parlament** hat 120 Sitze. Davon sind 10 Sitze für serbische Abgeordnete und 10 weitere für die anderen Minderheiten festgelegt. Parlamentspräsident ist Kadri Veseli von der PDK.
Die Parteienlandschaft ist sehr vielfältig, und es gibt viele kleine Splitterparteien. Lt. Internet-Seite des Parlaments ergibt sich folgende Sitzverteilung (bis 2018): Mit 34 Sitzen ist die PDK (Demokratische Partei Kosovos) unter Adem Grabovci stärkste Partei, gefolgt von der LDK (Demokratische Liga Kosovo, Liberale Ägyptische Partei, Partei der Aschkali für Integration) des ehemaligen Präsidenten Rugova unter jetzigem Vorsitz von Ismet Beqiri mit 33 Sitzen. Die linke Oppositionspartei Vetëvendosje! unter Glauk Konjufca hat

*Der Stausee Gazivoda,
In der Rugova-Schlucht, Wasserfälle von Mirusha, Wasserfall des Drin*

16 Sitze. Das albanische Bündnis für die Zukunft Kosovos (AAK) hat 8 Sitze, die Initiative für Kosovo verfügt über 6 Sitze. Die Koalition Vakat, Demokratische Türkische Partei des Kosovo hat 6 Sitze und die „Vereinigte serbische Liste, Progressive Demokratische Partei und die Bürgerinitiative Gora haben zusammen 11 Sitze im Parlament. Fraktionslose Splittergruppen haben 6 Sitze.

Die kosovarische Regierung hat mit dem serbischen Staat ein Abkommen unterzeichnet, das dem Verband serbischer Kommunen weitgehende autonome Rechte zubilligt.

Kadri Veseli (LDK) wurde vom Parlament zum Parlaments-Präsidenten gewählt. Staatspräsident der Republik Kosovo ist Hashim Thaçi (PDK), Premierminister ist Isa Mustafa. Außenminister ist Enver Hoxhaj (PDK). Es gibt zwei serbische Minister im Parlament: Lubomir Mariç (Ministerium für Lokalverwaltung) und Aleksandar Jablanovic (Ministerium für Rückkehr und Ethnien). Von der Türkischen Partei steht Mahir Yağcılar dem Ministerium der Öffentlichen Verwaltung vor. Zum Minister der Sicherheitskräfte im Kosovo (Verteidigungsministerium) wurde Haki Demolli berufen. Insgesamt verfügen die Streitkräfte über etwa 5000 Angehörige des aktiven Dienstes und 2500 Reservisten. Sie sind mit leichten Schusswaffen ausgerüstet und auf schnelle Einsätze (Krisenreaktion, Zivilschutz, Bombenentschärfung) spezialisiert. Serbien hat bereits scharf gegen die neue Sicherheitstruppe protestiert. Unverändert soll die KFOR auch weiterhin durch ihre Präsenz ein friedliches Umfeld sichern .

Darüber hinaus gibt es 16 Minister in der Regierung.

Zu den tragenden Säulen des kosovarischen Regierungsprogramms gehören Wirtschaftsentwicklung, Beschäftigungsförderung und soziales Wohlergehen, Rechtsstaatlichkeit, die europäische Agenda und Außenpolitik, Bildung, Wissenschaft, Kultur, Jugend und Sport.

Die UNMIK–Verwaltung hat weitgehend ihre Aufgaben an die kosovarischen Behörden und die EULEX abgegeben.

Die 2008 ins Leben gerufene **EULEX–Mission**(Chef der Mission ist Alexandra Papadopoulou) unterstützt die kosovarischen Behörden beim Aufbau von nachhaltigen rechtsstaatlichen Strukturen im Bereich Polizei, Justiz und Verwaltung. Weiterhin soll sie bei der Bekämpfung Organisierter Kriminalität und Korruption sowie bei der Aufklärung von Kriegsverbrechen helfen.

EULEX besitzt in einigen Bereichen auch exekutive Befugnisse im justiziellen und polizeilichen Bereich. Dennoch liegt in allen Bereichen noch vieles im Argen.

Die Serben erkennen weiterhin strikt nur die UNMIK und nicht die EULEX-Mission an. Das bedeutet in der Praxis, dass die EU für die Albaner und die UNMIK für die Serben zuständig ist. Auch dürften das Selbstverständnis der Albaner und ihre überlieferte Programmatik mit so einer Mission nicht immer konform gehen.

Ein großes Problem sind die langen und engen Beziehungen der politischen Kräfte zur organisierten Kriminalität, was den Vorsitzenden der Neuen Partei Kosovos Bujar Bukowski zu der Äußerung veranlasste „Unsere Regierung beruht de facto auf Mafiastrukturen". „Die Internationale Gemeinschaft sowie ihre Vertreter im Kosovo tragen maßgebliche Mitverantwortung für die alarmierende Ausbreitung mafiöser Strukturen im Kosovo und haben durch die offene Unterstützung politisch-krimineller Kuppelakteure in vielfältiger Weise die Glaubwürdigkeit internationaler Institutionen beschädigt." (Aus einer Studie des Instituts für Europäische Politik in Berlin im Auftrag der Bundeswehr 2007).

Eine nicht zu unterschätzende Kraft ist die **LPV** (Bewegung für Selbstbestimmung – Vetëvendosje), die 2011 erstmals als Partei in das Parlament einzog. Sie hat 13.000 Mitglieder, davon 1000 Aktivisten. Von ihr wird die Arbeit der UNMIK als Kolonialterror bezeichnet. Aber auch die jetzige Regierung des Kosovo muss harsche Kritik hinnehmen. Eine der Bewegung nahe stehende deutsche Internet-Adresse mit vielen polemischen, aber auch einigen interessanten Beiträgen ist www.kosova-aktuell.de

Die Gewerkschaften sind unter im Dachverband BSPK organisiert. Erstmals seit 1999 fand im Jahre 2008 wieder eine gewerkschaftlich organisierte Maidemonstration statt.

Die Verfassung der Republik Kosovo wurde am 15. Juni 2008 verkündet. Sie lehnt sich weitgehend an die Vorschläge des UNO-Kosovo-Vermittlers Martti Ahtisaari an und soll allen – auch den Frauen – umfangreiche Rechte garantieren. Allerdings ist es noch ein weiter Weg, bis die verfassungsmäßigen Rechte für die Menschen auch durchsetzbar sind.

Seit dem 1. August 2008 werden die in Deutschland hergestellten Reisepässe der Republik Kosovo ausgegeben. Zahlreiche Länder erkennen sie aber nicht an. Die UNMIK hat die Ausgabe ihrer Pässe eingestellt.

In Länder, die das Kosovo nicht anerkannt haben, können die Kosovaren nur mit einem serbischen Pass einreisen.

Aus einer Anfang des Jahres 2010 durchgeführten Befragung ergibt sich, dass nur 36 % der Bevölkerung mit ihrer Regierung zufrieden sind. Mit der Arbeit der Sicherheitskräfte und der KFOR sind ¾ der Bevölkerung zufrieden. Die Arbeit der EULEX hingegen finden nur 30 % zufriedenstellend.

Die Internationale Friedens- und Sicherheitstruppe KOSOVO FORCE (KFOR) und der Einsatz der Bundeswehr

Auch weiterhin ist nur durch die Anwesenheit der KFOR-Truppen eine friedliche Entwicklung im Kosovo denkbar. Immer noch kann schnell aus einem Funken Hass, der sowohl bei Albanern als auch bei Serben vorhanden ist, ein Flächenbrand werden. Von den anfänglich an der KFOR beteiligten Ländern haben viele das Kosovo wieder verlassen, so u. a. Großbritannien, Kanada, Spanien und Russland.
Die Truppenstärke konnte in den letzten Jahren wesentlich verringert werden.
Der Einsatz von derzeit ca. 4600 Soldaten aus 30 Nationen findet auf der Grundlage der UN-Resolution 1244 vom 10. Juni 1999 und des am gleichen Tag in Kraft getretenen militärtechnischen Abkommens zwischen der NATO und der Bundesrepublik Jugoslawien statt. Eingebunden in diesen Einsatz sind derzeit knapp 700 Angehörige der Bundeswehr.
Zu ihrem Auftrag gehören
- Aufrechterhaltung eines sicheren Umfeldes
- Unterstützung der Kosovarischen Sicherheitskräfte
- Kontrolle der Bewegungen
- Schutz der Siedlungen von Minderheiten durch Verhindern und Unterbinden jeglicher Gewalt

Der Kosovo ist in Verantwortungsbereiche gegliedert. Derzeit haben drei Joint Regional Detachments (JRD) die Funktion als Mittler zwischen der kosovarischen Bevölkerung und KFOR übernommen. Dem KFOR-Befehlshaber bleiben zwei multinationale Verbände, die MNBG West und East, mit kosovoweit flexibel einsetzbaren Kräften unterstellt.

Es wurde ein operatives Reservebataillon (Opperational Reserve Force ORF) gegründet, das sich in den Heimatländern auf Abruf bereit hält. So konnten bei Unruhen in der Nordregion ab Juli 2011 bis zu 700 Soldaten in das Einsatzgebiet berufen werden. Zuletzt wurde es im Jahr 2012 eingesetzt.

Das deutsche Einsatzkontingent der KFOR ist zum Teil im Hauptquartier in Prishtina eingesetzt. Im Feldlager in Prizren betreibt der deutsche Sanitätseinsatzverband ein sehr gut ausgestattetes Einsatzlazarett, das die Qualität eines deutschen Kreiskrankenhauses besitzt. Eine Einheit dieses Verbandes ist speziell auf Hubschrauberrettung in Notfällen trainiert. Die Verpflegung erfolgt nach deutschem Standard. Deshalb werden nahezu alle Lebensmittel aus Deutschland eingeflogen. Ein eigenes lebensmittelchemisches Labor führt ständige Hygiene-Kontrollen durch, vor allem auch hinsichtlich der Din-

Bei ihrer Ankunft in Prizren 1999 wurden die deutschen Soldaten euphorisch gefeiert (Foto rechts oben)

ge, die vor Ort bezogen werden müssen (z.B. Brot).

Im Feldlager gibt es zahlreiche Freizeitmöglichkeiten (Sauna, Fitnesszentrum, Kino- und sonstige Veranstaltungen, Gaststätten), eine Wetterstation und einen Radiosender.

Eine Einsatzkompanie ist in Novo Selo in der Nähe von Mitrovica stationiert. Sie ist der US-geführten MNBG East unterstellt. Das Hauptquartier der US-Truppen befindet sich im Camp Bondsteel in der Nähe von Ferizaj, das ein riesiges Areal von 360 000 Quadratmetern umfasst. Benannt wurde es nach Staff Sergeant James Leroy Bondsteel, der in seinem Auto im April 1987 in Alaska erschossen wurde. Das Camp gehört mit zu den größten Arbeitgebern im Kosovo. Besonders begehrt bei der einheimischen Bevölkerung ist die Ausbildung zum Feuerwehrmann. Im Camp gibt es ein Hospital, drei Gaststätten, einen Speisesaal, eine Bibliothek, zwei Schulungszentren, ein Theater, zwei Kirchen, drei Fitnesscenter, mehrere Sportplätze, zwei Poststellen, eine Feuerwehr und ein Gefängnis. Jeglicher Standard entspricht den Vorschriften in den Vereinigten Staaten.

Auch nach Jahren des Einsatzes und so mancherlei Konflikten genießen die Soldaten der Bundeswehr, des Österreichischen Bundesheeres und der Schweizer Armee ein überaus hohes Ansehen bei der gesamten Bevölkerung Kosovos.

Die Bevölkerung, ihre Sprachen und Religionen

Im Kosovo leben nach der Volkszählung von 2011 rund 1,80 Millionen Menschen, das sind ca. 165,3 Einwohner pro Quadratkilometer. Davon ist über die Hälfte jünger als 25 Jahre, 33% sind sogar unter 16 Jahre, nur 6 % der Bevölkerung ist über 65 Jahre alt. 60 – 65 % leben auf dem Lande, etwa 420.000 im Ausland. Die Bevölkerungszahl hat sich seit 1982 verdoppelt.

Nach den kriegerischen Auseinandersetzungen von 1999 werden immer noch ca.1700 Personen im Kosovo vermisst, davon ca. 80% Albaner, ca. 16% Serben und 4% Angehörige anderer ethnischer Gruppen.
Die meisten Menschen leben traditionell in Großfamilien zusammen. Durchschnittlich gehören 6,5 Menschen zu einem Haushalt. Auf dem Lande ist die Zahl der zu einem Haushalt gehörenden Personen oft erheblich größer.

99 % der Bewohner leben im Eigentum, nur 1 % lebt zur Miete.

Die Albaner

bilden mit ca. 90 % der Bevölkerung (lt. Schätzung der Weltbank 88 %) die große Mehrheit. Sie bezeichnen sich selbst als „Shqiptare". Auch heute noch leben sie überwiegend in einer traditionellen Werte- und Sozialordnung.
Sie sind eines der ältesten Völker Europas und sehen sich als Nachfahren der Illyrer. „Die Albaner stammen von den Illyrern ab, und unsere archäologischen Ausgrabungen belegen und offenbaren unsere vielhundertjährige Geschichte, die uralte und reiche Kultur eines tapferen, fleißigen und unbeugsamen Volkes" (Enver Hoxha an Nikita Chruschtschow im Streit um die Notwendigkeit der Archäologie 1959). Schon bei Ptolomäus wird im 2. Jahrhundert der illyrische Stamm der Albanoi genannt.

Das kollektive Gedächtnis der Albaner ist geprägt vom langen Kampf ihres Überlebens unter fremden Mächten, von endlosen Fehden ihrer Familienstämme sowie daraus entwickelten Überlebens-Strategien. Bei den Fehden der Stämme ging es überwiegend um Landbesitz. Die fruchtbaren Täler waren frühzeitig zwischen Kirche und lokalen Feudalherren aufgeteilt. Um das karge Land in den Bergen wurde erbittert gerungen, da jeder Quadratmeter notwendig für das Überleben des jeweiligen Stammes war.
Wie kleine Völker allgemein, sind auch die Albaner leicht zu verletzen. Kritik wird nur indirekt ausgesprochen. Um nichts falsch zu machen, bestätigt man sich gern gegenseitig oder sagt das, was ein Gegenüber vermeintlich hören möchte.
Schon auf den Sklavenmärkten galten Albaner wegen ihres Stolzes und ihrer Rachsucht als unverkäuflich. In einem Reiseführer von 1974 liest man über sie: „Für den Durchreisenden sind sie verwegene Gestalten....In ihren

Volkstänzen zeigen sie große Sprungkraft und eingeborene Freude an Waffen – mit Säbel und Pistole gehen die ‚Shqiptari', wie sie sich selbst bezeichnen, um wie mit Handwerkszeug; die Shqiptari waren ihrer Körperkraft, Zähigkeit, Anspruchslosigkeit und nicht zuletzt ihres fatalistischen Gleichmuts wegen immer als Krieger geschätzt..." Auch heute findet der Satz „Ein Albaner ohne Waffe ist kein Albaner" allgemeine Zustimmung, und die Geburt eines Sohnes feiert man als neue Waffe der Familie. Der im 19. Jahrhundert durch Pashko Vasas geprägte Spruch „Der Glaube des Albaners ist das Albanertum" drückt auch heute noch bei vielen den Wunsch nach nationaler Identität aus – unabhängig von der religiösen Zugehörigkeit.

Mit unserem Drang, alles verstehen und begründen zu wollen, werden wir bei ihnen öfter im Nebel stochern. Man kann aber sicher sein, überall auf gastfreie, hilfsbereite und liebenswerte Menschen zu treffen.

Die albanische Sprache gehört zu den indogermanischen Sprachen wie bereits im 19. Jahrhundert deutsche Wissenschaftler (Gottfried Wilhelm Leibniz, August Schleicher u. a.) nachwiesen. Mit ihren Arbeiten begründeten sie die Albanologie. Der österreichische Vizekonsul in Janina, Johann Georg von Hahn (1811–1869), veröffentlichte seine linguistischen und landeskundlichen Studien in den „Albanesischen Studien".

Obwohl das Albanische starke lateinische Einflüsse sowie Verbindungen zum Altgriechischen und Rumänischen aufweist, nahm die Sprache früh eine eigene Entwicklung. Die Albaner sehen im Illyrischen den Ursprung ihrer Sprache. Das Illyrische hinterließ jedoch keine Sprachdenkmäler. Es gibt nur einige Orts- und Personennamen und wenige hundert kurze Inschriften. Deshalb konnte bisher ein wissenschaftlicher Nachweis nicht erbracht werden. In den letzten Jahren wurden auch Verbindungen zwischen dem Albanischen und dem Baltischen nachgewiesen.

Die albanische Sprache teilt sich in zwei Dialektgruppen, deren Sprachgrenze vom Fluss Shkumbin in Mittelalbanien gebildet wird. Das Toskische wird in Südalbanien gesprochen. In Nordalbanien und im Kosovo dagegen spricht man Gegisch. Über einen langen Zeitraum gab es keine einheitliche Schriftsprache. Erst Ende des 19. Jahrhunderts - im Zuge der Nationalen Wiedergeburt Rilindja - befasste man sich mit der Schaffung eines einheitlichen Alphabets und einer Literatursprache, die von allen Albanern verstanden werden konnte. 1908 wurde auf einem Kongress in Manastir neben einem Stambuler Alphabet, das schnell in Vergessenheit geriet, das noch heute gültige lateinische Alphabet beschlossen. Dieses Alphabet hat 36 Buchstaben, davon sind sieben Vokale. Ein Sprachkompromiss wurde in den Jahren zwischen 1954 und 1974 erarbeitet und in Regelwerken kodifiziert. Die Sprachnorm der albanischen Gegenwartssprache wird geprägt von der Hauptstadt Albaniens Tirana. Diese Aussprache kann man als „Hochalbanisch" bezeichnen.

Die Albaner bilden die große Bevölkerungsmehrheit

Das bis heute früheste Dokument in albanischer Sprache ist eine Taufformel von 1462. Der deutsche Pilger Arnold von Harff, der auf seiner Reise nach Palästina in Durrës an der Adriaküste einen Zwischenaufenthalt wählte, verfasste 1497 ein Wörterverzeichnis mit albanischen Wörtern und Phrasen.
1555 erschien das erste Buch in albanischer Sprache: Das Missale (Messbuch) des nordalbanischen Priesters Gjon Buzuku.

Albanisch wird in den geschlossenen Siedlungsgebieten der Albaner, also in Albanien, im Kosovo, in Mazedonien, Montenegro und Südwestserbien sowie bei den in Nordgriechenland lebenden muslimischen Camen gesprochen. Darüber hinaus gibt es noch albanische Sprachinseln in der Türkei (Ostthrazien), in Griechenland (Attika, ägäische Inseln und Pelopones), in Süditalien, in Kroatien (im Ort Arbanasi – jetzt Zadar eingemeindet) und in einigen Nachfolgestaaten des Osmanischen Reiches - so in Bulgarien (Region Mandrica), am Asowschen Meer in der Ukraine, in Syrien, Ägypten und anderen arabischen Ländern. Die Italo-Albaner und die Greco-Albaner bezeichnen sich selbst nicht als „Shqiptare", sondern als „Arvaniten" oder „Arbereschen". Sprachlich gehören sie zusammen.

Anfang des 20. Jahrhunderts wanderten aus Albanien zahlreiche Albaner in die USA aus. In Boston befindet sich eine der größten Kolonien. Nach Argentinien ging eine größere Gruppe Italo-Albaner, um dort sesshaft zu werden. Während der letzten Jahrzehnte kamen zahlreiche Albaner als Gastarbeiter und später als Flüchtlinge in westeuropäische Länder. Die meisten von ihnen leben in Deutschland und in der Schweiz.

Der überwiegende Teil der Albaner sind Muslime. Ca. 80 000 – 90 000 Albaner im Kosovo gehören der katholischen Kirche an.

Die Serben

Im Kosovo leben derzeit noch etwa 130.000 Serben, davon ca. 40.000 in den geschlossen serbisch besiedelten Teilen Nordkosovos (Mitrovica – Leposavić, Ibar-Tal). Die restlichen verteilen sich auf einzelne Gemeinden, hauptsächlich in der Gegend von Gračanica, Novo Brdo, Kamenica, Gjilan, Viti, Strpce und Rahavec.

Die Enklaven sind durch Busverbindungen der UNMIK mit Nord-Mitrovica und Serbien verbunden. Im serbischen Teil von Mitrovica gibt es ein Krankenhaus, das von den Serben Kosovos im Krankheitsfalle aufgesucht wird. In der Regel haben die Enklaven eigene serbische Schulen und medizinische Stützpunkte. Die Lehrer und medizinisches Personal werden von Serbien bezahlt.

Weiterhin erhalten die Serben im Kosovo finanzielle Leistungen aus Serbien, z.B. Arbeitslosengeld und Renten. Ebenso werden Polizisten aus Serbien bezahlt. Allerdings wurden diese Leistungen ab 2009 durch die Regierung in Belgrad erheblich gekürzt. Jährlich fließen etwa 500 Millionen Euro der serbischen Behörden in das Kosovo. Die Hardliner im Kampf gegen die Unabhängigkeit Kosovos sitzen vor allem in Mitrovica. In den kleinen vereinzelten Gemeinden macht sich zunehmend Pragmatismus breit, um weiterhin einigermaßen vernünftig hier leben zu können.

Ca. 50.000 serbische Flüchtlingsfamilien besitzen noch Eigentum im Kosovo. Davon konnte in jüngster Zeit ein erheblicher Teil verkauft werden.
Die Serben sprechen Serbisch, das zu den slawischen Sprachen gehört.
Für die Serben ist ihre Zugehörigkeit zur orthodoxen Kirche ein Identitätsmerkmal.
Die Menschenrechtlerin Sonja Biserko eröffnete Ende 2008 in Prishtina ein Verbindungsbüro für die Kosovo-Serben.

Die weiteren Minderheiten
bilden etwa 5 % der Bevölkerung.
Zu ihnen gehören die **Kroaten** (Janjevci), die hauptsächlich in Janjevo und Letnice leben. Mit großer Wahrscheinlichkeit sind sie die Nachfahren der Ragusaner und der Sachsen. Sie sprechen serbokroatisch und gehören der katholischen Kirche an. Die meisten von Ihnen sind in den letzten Jahren nach Kroatien abgewandert.
Weiterhin leben noch etwa 13 500 **Türken** im Kosovo, hauptsächlich in Prizren und Umgebung. Mamusha ist eine türkische Enklave in der Nähe mit etwa 5000 Einwohnern. Sie sprechen Türkisch. Deshalb ist in Prizren neben Albanisch und Serbisch auch Türkisch offizielle Sprache.
Zu den **slawischen Muslimen** gehören die Goranen, Bosniaken und Torbeschen.
Die **Goranen** wanderten im 13. Jahrhundert aus Bulgarien ein und siedelten sich im unwegsamen Dragash-Gebiet an. Heute leben dort nach Schätzungen noch ca. 10.000 Angehörige dieser Minderheit. Ihre Bezeichnung kommt von dem slawischen Wort „Gora" = Berg/Gebirge. Danach sind sie also Bergbewohner. Sie sprechen „Goranci", eine Mischung aus Mazedonisch (Altbulgarisch), Alttürkisch und Serbisch. Ursprünglich waren sie orthodoxe Christen, die unter osmanischer Herrschaft zum Islam konvertierten.
Die **Torbeschen** sind mit den Mazedoniern verwandte Glaubensflüchtlinge aus dem bulgarischen Raum. Sie leben hauptsächlich östlich von Prizren Richtung Brezovica. Sie sprechen Serbokroatisch.
Die **Bosniaken** leben hauptsächlich in der Umgebung von Peja. Sie sprechen ebenfalls serbokroatisch. Viele von ihnen wanderten nach 1999 ab.

Roma, Ashkali und Kosovo–Ägypter Seit etwa 500 Jahren leben Roma im Gebiet von Kosovo. Sie sprechen Romanes oder Serbisch und gehören verschiedenen Glaubensrichtungen an. So gibt es unter ihnen Orthodoxe, Katholiken, Muslime und Angehörige der Derwischorden. Es gibt eine 15minütige Nachrichtensendung in Romanes

Zu den Minderheiten gehören die Torbeschen, Roma, Goranen, Türken, Serben und Kroaten (von oben links)

den Radio- und Fernsehsendern. Eine weitere Gruppe bilden die Ashkali und Kosovo-Ägypter. Sie sprechen albanisch.
Die Lage dieser Minderheiten ist schwierig, da die Arbeitslosigkeit unter ihnen noch höher ist als bei der übrigen Bevölkerung und viele von ihnen auf die sowieso sehr geringe Sozialhilfe angewiesen sind. Von 150.000 im Kosovo lebenden Roma, Ashkali und Kosovo-Ägyptern wurden 2/3 aus ihren Häusern vertrieben, z. T. sogar erst nach dem Krieg. Gewalt, Armut und mangelnde Rechtssicherheit sind bei ihnen die größten Probleme. Diese Probleme werden noch vergrößert, da die deutsche Regierung ihr mit der Republik Kosovo am 14. 4. 2010 geschlossenes Abkommen meist in die Tat umsetzt, ausreisepflichtige Kosovaren in das Kosovo abzuschieben, denn ein großer Teil der Ausreisepflichtigen gehört zu dieser Minderheit. Bei ihrer Rückkehr sind sie meist auf sich allein gestellt und erhalten kaum Hilfen zum Aufbau einer neuen Existenz.
Die Tscherkessen wurden nach Ende der Russisch-Kaukasischen Kriege im 19. Jahrhundert aus dem Nordkaukasus in das Osmanische Reich zwangsumgesiedelt. Von ihnen kamen einige Stämme in das Kosovo (z.B. nach Obiliq). Sie sind Muslime.
Von den einst im Kosovo ansässigen **Juden** leben noch zwei Großfamilien in Prizren mit etwa 40 Angehörigen.

Die Religionen

Der Islam
Erst mit der Eroberung durch die Türken kamen die Menschen Kosovos mit dem Islam in Berührung. Der Islamisierungsprozess fand sehr langsam statt und hatte verschiedene Ursachen (s. auch Kapitel über die katholische Kirche).
Die Muslime im Kosovo bekennen sich zum sunnitischen Islam. Radikal-islamistisches Gedankengut findet hier nur selten Anhänger.
Grundlegende Elemente und Gebote im Leben aller Muslime finden sich in den fünf Säulen des Islam. Diese sind
  1. Das Glaubensbekenntnis (Schahada)
  2. Das formelle Gebet (Salat)
  3. Die Armensteuer (Zakat)
  4. Das Fasten während des Ramadan (Saum) und
  5. Die Pilgerfahrt nach Mekka (Hadsch)
Im Islam verkörpert der Brunnen das Paradies.
Eine islamisch-theologische Hochschule befindet sich in Prishtina. An ihr werden auch angehende Imame aus Albanien, Mazedonien und Montenegro ausgebildet. Prishtina ist Sitz des Muftis, dem islamischen Rechtsgelehrten, der in religionsrechtlichen Fragen Gutachten erstellt.
Während der kriegerischen Auseinandersetzungen 1999 wurden 218 Moscheen zerstört. Die meisten konnten – vor allem mit Geldern aus der Türkei

und einigen arabischen Ländern – wieder aufgebaut werden. Allerdings spielt die Religiosität der Muslime im Kosovo nur noch in einigen Gegenden eine Rolle, so dass die Moscheen meist von wenigen Menschen besucht werden. Auch wird das Kopftuch immer seltener getragen. Vor allem bei jungen Frauen ist es kaum noch zu sehen. Der Bildungsminister hat ein Kopftuchverbot an Sekundar- und Mittelschulen erlassen, das trotz des sonst geringen Stellenwertes der Religion einige Diskussionen hervorgerufen hat.

Die Derwisch–Orden und Sufi–Bruderschaften

Die Derwisch-Orden werden häufig als islamische Sekte bezeichnet. Sie selbst aber sehen ihre Lehre als Bindeglied zwischen Islam und Christentum und als mystischen interreligiösen Weg zum spirituellen Wachstum. Hier finden sich Elemente des Schiitentums und des Buddhismus. Auch gibt es Verbindungen zu älteren religiösen Geheimlehren, so der jüdischen Kabbala. Die Derwische pflegen Toleranz gegenüber anderen Religionen, sehen Frauen als gleichberechtigt an, es gibt keinen Zwang zur Verhüllung und keine Gebete gen Mekka. Darüber hinaus ist Alkohol erlaubt. Sie pflegen eine ausgeprägte Heiligenverehrung. Als Gebets- und Kulthäuser dienen ihre Tekken (albanisch „Teqe").

Auch in Deutschland fand die Sufi-Lehre zahlreiche Anhänger. Seit Ende des 18. Jahrhunderts gehörte es zum Zeitgeist, sich mit exotischen Dingen zu beschäftigen. So wurde Johann Wolfgang von Goethes „West-östlicher Diwan" vom Sufi-Gedankengut des persischen Dichters Hafis wesentlich inspiriert. In Danzig gab es noch in den 20er Jahren des 20. Jahrhunderts eine Tekke.

Während der osmanischen Herrschaft haben die Sufi-Bruderschaften auf dem ganzen Balkan Niederlassungen gegründet. Unter den Albanern fanden sie zahlreiche Anhänger. Es gibt im Kosovo noch etwa acht verschiedene Richtungen des Sufismus. Die wichtigsten sind die Bektaschi, Rufai, Halveti und Saasi.

Eine besondere Rolle für die Albaner spielte die **Bektaschi–Lehre**, die zeitweilig in Albanien als eigenständige Religion anerkannt war. Benannt wurde der Bektaschi-Orden nach Hadschi Bektasch Veli, einem islamischen Mystiker, der in der zweiten Hälfte des 13. Jahrhunderts gelebt haben soll. Wahrscheinlich hat er den Orden nicht selbst gegründet. Im 16. Jahrhundert gab Balim Sultan der Lehre und den Ritualen des Ordens die endgültige Form. Für die Bektaschi lebt Gott in jedem menschlichen Wesen und in jedem Ding. Die Lehre ist pantheistisch (Einssein Gottes mit der Natur). Hier finden sich Ähnlichkeiten zu vor-islamischen Heiligenkulten und zum Buddhismus (Reinkarnation der Seele). Zentrale Prinzipien sind Bescheidenheit, Brüderlichkeit, Einfachheit und praktische Wohltat. Vor dem geistigen Meister, der die Bektaschi auf dem Initiationsweg begleitet, wird Niederwerfung verlangt. Auf diesem Initiationsweg durchschreiten sie vier Tore:
1. Tor der Shariat (religiöses Gesetz),
2. Tor der Tarikat (der mystische Weg),

3. Tor der Marifet (Erkenntnis) und
4. Tor der Hakikat (Wahrheit).

Die zum Islam konvertierten Albaner konnten als Bektaschi die Vorteile dieser Religionszugehörigkeit nutzen, ohne nach strengen islamischen Regeln leben zu müssen. Die Bektaschi stiegen im Osmanischen Reich oft in führende Positionen auf. Im militärischen Bereich spielten sie eine zentrale Rolle, denn die Eliteeinheit der Janitscharen wurde den Bektaschi zugeordnet. Somit erhielten sie großen Einfluss auf das Heer und wurden geistige Lehrer dieser Einheit. Als 1826 das Janitscharen-Heer liquidiert wurde, endete auch die herausragende Rolle der Bektaschi. Ihre Tekken wurden größtenteils zerstört, und die Anhänger mussten entweder in den Untergrund abtauchen oder sich anderen Sufi-Bruderschaften anschließen. Während der Zeit der Rilindja (nationale Wiedergeburt) spielten albanische Bektaschi eine entscheidende Rolle. In ihren Tekken richteten sie inoffizielle Schulen ein und lehrten Albanisch lesen und schreiben. Zu den etwa 15–20% der albanischen Bevölkerung, die Anhänger der Bektaschi-Lehre waren, gehörte auch Abdyl Frashëri, Führer der Liga von Prizren. 1923 wurden mit Gründung der Türkischen Republik unter Atatürk alle Derwischorden verboten. Der letzte Groß-Dede der Bektaschi, der albanischstämmige Salih Nijazi, kam 1925 nach Albanien. Tirana wurde daraufhin Weltzentrum des Bektaschitums. Als nach der Kulturrevolution 1967 in Albanien jede Religion verboten wurde, kamen auch die Bektaschi in Gefängnisse und Arbeitslager. Ihre Tekken wurden zerstört oder anderweitig genutzt.

Im Kosovo aber konnte während der ganzen Zeit des Verbots in der Türkei und in Albanien mit der Tekke in Gjakova – neben der Tekke in Detroit – ein Zentrum des Bektaschitums erhalten werden.

Die serbisch–orthodoxe Kirche
Der orthodoxe Glaube ruht auf vier Säulen mit unterschiedlicher Gewichtung: Erste Säule ist die rechte Lehre (Rechtgläubigkeit), die zweite Säule ist das „vollkommene Leben" der „Väter", das mit dem Mönchtum Hort der Orthodoxie und der rechten Lehre ist. Der tiefe Sinn des orthodoxen Mönchtums äußert sich in dem spirituellen Zustand „freudiger Trauer". Dritte Säule ist die Liturgie, und als vierte Säule fungiert die „Symphonia" von Thron und Altar, die in der Ostkirche als höchstes Prinzip des Verhältnisses zwischen Kirche und Staat gilt. Ihr Begründer ist Konstantin der Große. Während im Westen die Kirche den Staat zu beherrschen versuchte - oder auch der Staat die Kirche – nahm die Ostkirche das Ideal der „Symphonia" auf. Hier förderte der Staat die Kirche als große Wohltäterin für die Menschheit, und der jeweilige Herrscher verstand sich als Hüterin der Kirche. Somit ist der Staat für das irdische Wohl, die Kirche für das ewige Heil zuständig. Unter kommunistischer Herrschaft galt das Prinzip der „Symphonia" nicht, da es eine Trennung zwischen Kirche und Staat gab und die Zugehörigkeit zur Kirche als re-

aktionär galt. Slobodan Milošević versuchte dann, für seine Interessen an das alte Ideal der Symphonia aus Kirche und Staat wieder anzuknüpfen, was von Seiten der Kirche z.T. auch gern aufgenommen wurde.

Obwohl die Slawen bereits bei ihrer Einwanderung auf die Balkanhalbinsel mit dem Christentum in Berührung kamen, wurden sie erst durch Kaiser Basileios I. Makedon zwischen 867 und 886 christianisiert und getauft. Daraufhin erbat Fürst Mutimir Missionare aus Konstantinopel. Schüler des Heiligen Methodios brachten die slawischen liturgischen Bücher mit und verstärkten somit die östliche Richtung des Christentums. Der südliche Teil Serbiens mit Kosovo unterstand dem griechischen Erzbischof von Dyrrhachion (Durrës), im nördlichen Teil konnten sich lateinische Einflüsse durchsetzen.

Als die Bulgaren über die Serben siegten, richteten sie das bulgarische Erzbistum Ohrid ein und unterstellten es dem Patriarchat von Konstantinopel.

Der serbische Fürst von Zeta, Michail Vojislav, unterstellte sich 1077 kirchlich Rom und erhielt als Dank von Papst Gregor VII. den Königstitel. Daraufhin wurde der katholische Glauben zur Staatsreligion erklärt, und man errichtete die katholische Kirchenprovinz Bar. Als dem Stammesfürsten Nemanja um 1171 gelang, die Macht über die beiden serbischen Gebiete Raška und Zeta zu erlangen, legte er als Begründer der Nemanjiden-Dynastie durch seine Nähe zum orientalischen Christentum den Grundstein für eine ostkirchliche Glaubensrichtung mit starken bulgarisch-byzantinischen Einflüssen. Als er zugunsten seines Sohnes Stephan II. abdankte, wurde er Mönch auf dem Berg Athos. Dort gründete er gemeinsam mit seinem Sohn Sava das serbische Kloster Chilandar.

Sava kehrte 1208 nach Serbien zurück, da die Söhne Stephan Nemanjas in Streitigkeiten um Thron und westliche oder östliche Orientierung des Christentums geraten waren. Als Archimandrit (Klostervorsteher) von Studenica griff er in das politische Leben ein und beteiligte sich an Verhandlungen. Geschickt taktierte er gemeinsam mit seinem Bruder Stephan II. zwischen östlicher und westlicher Kirche. Dabei erreichte er 1219 beim Patriarchen von Nikaia die Einrichtung eines unabhängigen serbischen Erzbistums in Zica. Er wurde ihr erster Metropolit und gilt daher als Gründer einer autokephalen serbischen Nationalkirche. Nach griechischen Vorbildern schuf er die ersten kirchlichen Bücher in slawischer Sprache sowie die Grundlagen des kirchlichen und bürgerlichen Rechts (Nomokanon). Später wurde dieser von den Bulgaren und Russen übernommen. Sava wurde zum Nationalheiligen.

Das Patriarchat von Zica wurde 1346 nach Peć (Peja) verlegt und 1439 von den Türken aufgehoben. Durch Vermittlung des Großwesirs Mehmet Sokolovic, der durch die Knabenlese in die Türkei verbracht wurde und zum Islam übertrat, konnte 1557 die Wiedereinrichtung des Patriarchats in Peć erreicht werden. Nach dem Tod General Piccolominis 1689 in Prizren und dem Abzug des österreichischen Heeres aus den eroberten türkischen Gebieten, fürchteten die Serben wegen ihrer Zusammenarbeit mit den Österreichern die Rache der Türken. Unter Führung des serbischen Patriarchen Arsenije III.

Von oben links: Das Kloster Ubozac, Fresken in der Kirche von Crkolez, Klause und Kloster des Heiligen Petar und das Patriarchenkloster von Peć (links unten)

Čarnojević verließen 1690 ca. 40 000 serbische Familien (ob Familien oder Personen konnte bisher nicht geklärt werden) das Kosovo. Sie ließen sich innerhalb des österreichischen Herrschaftsgebietes in der Vojvodina und Ungarn nieder. Zu einer erneuten Abwanderung von Serben Richtung Norden kam es nach dem 2. Krieg der Österreicher gegen die Türken 1716/1718 und noch einmal während des österreichisch-russischen Türkenkrieges 1735-1739. Die Stadt Szentendre bei Budapest ist immer noch serbisch-orthodoxe Eparchie mit vier (von ehemals sieben!) Kirchen und einem serbisch-orthodoxen Kirchenkunst-Museum.

In der Folge dieser kriegerischen Auseinandersetzungen wurden die Balkankirchen im 18. Jahrhundert unterdrückt und gräzisiert. Das Patriarchat von Peć wurde 1766 erneut aufgehoben.

Erst 1920 konnten alle serbischen Gebietskirchen unter dem Patriarchat von Karlovci vereint werden. Der jetzige Patriarch Irinej ist Nachfolger des 2009 verstorbenen Pavle. Er ruft zur Aussöhnung zwischen Serben und Albanern auf und holte sich für einen Besuch Kosovos die Erlaubnis kosovarischer Behörden ein. Der zweite Teil der Inthronisationsfeiern fand am 3. Oktober 2010 in Peja statt.

Der ehemalige serbisch-orthodoxe Bischof von Raszien-Prizren Artemije, der jede Zusammenarbeit mit den Behörden Kosovos und der Staatengemeinschaft ablehnte und einen extrem nationalistischen Kurs fuhr, wurde Anfang 2010 durch die Kirchenleitung (Heiliger Synod) kurzerhand seines Amtes enthoben. Als Grund wurden finanzielle Unregelmäßigkeiten, Widersetzen gegen Anordnungen der Kirchenleitung und die sehr umstrittenen baulichen Maßnahmen seiner eigenen Baufirma an mittelalterlichen Kirchen und Klöstern genannt. Aus seinem Umfeld wurde ein Abt in Griechenland verhaftet. Die Amtsgeschäfte für Kosovo führt derzeit der pensionierte Bischof Atanasije. Seit 1999 wurden mehr als 150 orthodoxe Gotteshäuser und Klöster im Kosovo zerstört. Darunter befinden sich solche, die auf der Liste des UNESCO-Weltkulturerbes stehen.

Die katholische Kirche

Im Kosovo bekennen sich ca. 80 000 – 90 000 Menschen zum katholischen Glauben. Größere Gemeinden gibt es in Prishtina, Prizren, Mitrovica, Peja, Klinë, Gjakova, Janjevo und Letnice. Sie gehörten früher zum Bistum Skopje-Prizren, im Jahr 2000 wurde aber die eigenständige Apostolische Administratur Prizren gegründet. Die christliche Lehre erreichte sehr früh die Bevölkerung Kosovos. Schon zu Zeiten des Apostel Paulus dürfte sie sich hier verbreitet haben, auch wenn die Bibel nicht ausdrücklich Ortsnamen erwähnt. So schreibt der Apostel in einem Brief an die Römer (Römer XV, 18 und 19): „Denn ich wollte nicht wagen von etwas zu reden, das Christus nicht durch mich gewirkt hat, um die Heiden zum Gehorsam zu bringen durch Wort und Werk, durch Kraft der Zeichen und Wunder und durch Kraft des Geistes, so dass ich von Jerusalem an und umher bis Illyrien das Evangelium voll ausgerichtet habe." Die Nähe und guten Beziehungen zu Thessaloniki sprechen weiterhin dafür. Der Legende nach soll der Apostel auch in Durrës (Albanien) gepredigt haben. Kleine christliche Gemeinden muss es bereits in der ersten Hälfte des 2. Jahrhunderts gegeben haben, wofür einige Märtyrerlegenden sprechen. In Ulpiana sollen die Zwillinge Florus und Laurus den christlichen Glauben verbreitet und heidnische Götzenbilder zerstört haben. Sie starben dort den Märtyrertod (s. auch Beschreibung Ulpiana). Auf eine organisierte Kirche in diesem Gebiet weist auch die Unterschrift des "Machedonius a Dardania de Ulpianis" hin, der als Metropolit 325 an einem Konzil teilnahm und die entsprechenden Dokumente so unterzeichnete. n dem Konflikt zwischen Papst Virgilius und Kaiser Justianus unterstützten die dardanischen Bischöfe den Papst und widersetzten sich dem Kaiser. Daraufhin wurden die Truppen des Kaisers in Ulpiana verstärkt, um religiöse Unruhen abzuwenden. Ulpiana war zu dieser Zeit Sitz eines Bischofs.

Seit 395 das Imperium Romanum in ein Weströmisches und ein Oströmisches Reich geteilt wurde, spielten beide Einflüsse im Kosovo immer eine Rolle, da es direkt an der Trennungslinie lag.

Im 6. Jahrhundert kam es mit der Eroberung durch die Serben zu einem jähen Einschnitt im kirchlichen Leben, denn ein Teil der Bevölkerung kam während der Kämpfe um, ein weiterer Teil floh nach Thessaloniki und in die befestigten Küstenstädte, und die restliche Bevölkerung zog sich meist in die unwegsamen Bergregionen zurück.Obwohl die Serben schon bei der Eroberung mit dem Christentum in Berührung gekommen sein müssen, dauerte es etwa 300 Jahre bis zu ihrer Christianisierung durch Kaiser Basileios I. Makedon zwischen 867 und 886. Durch die Zugehörigkeit zu Bulgarien bzw. Byzanz konnte sich hier bald die östliche Richtung des Christentums durchsetzen. Erst der serbische Fürst Michail Vojislav, der 1077 die serbischen Gebiete von byzantinischer Vorherrschaft befreite, unterstellte die Menschen seines Herrschaftsgebietes kirchlich wieder Rom und erklärte den Katholizismus zur Staatsreligion. Daraufhin bekam er von Papst Gregor VII. den Königstitel zugesprochen. Als 1171 der dem östlichen Christentum nahestehende Stephan Nemanja eine starke Zentralgewalt errichtete und die beiden Herrschaftsgebiete Zeta und Raška vereinigte, orientierte man sich wieder an der byzantinischen Richtung.

Mit dem wirtschaftlichen Aufschwung Serbiens ließen sich katholische Sachsen, Ragusaner, Veneter u. a. im Land nieder, die durch ihre Privilegien auch Religionsautonomie besaßen. Dadurch kam es zu einem Erstarken der katholischen Glaubensrichtung. Die französische Frau des serbischen Fürsten Uroš I., Helena von Anjou (Jelena), unterstützte tatkräftig die katholischen Gemeinden durch die Gründung mehrerer Klöster und den Bau von Kirchen. Unter ihrem Einfluss kamen westliche Künstler und Wissenschaftler ins Land, und die Bauwerke erhielten westliche Elemente.

Mit der Eroberung und die Eingliederung in das Osmanische Reich begann der Prozess der Islamisierung. Dieser ging sehr langsam voran und betraf vor allem die albanische Bevölkerung. Sie verfügten nicht über Privilegien wie die Ragusaner oder Sachsen. Auch mussten Nicht-Muslime eine gesonderte Kopf-Steuer bezahlen, so dass auch materielle Gründe dabei eine Rolle spielten. Meist trat zunächst das Familienoberhaupt formell zum Islam über und nahm einen muslimischen Vornamen an. Damit verbanden sich günstigere Bedingungen für Landkauf, geringere Steuern sowie berufliche Aufstiegschancen, denn die Posten in Verwaltung und Armee wurden im Osmanischen Reichen unabhängig von der ethnischen Zugehörigkeit vergeben. So gelang es auch einigen Albanern, in höchste Positionen aufzusteigen.

Indes blieb der Rest der Familie katholisch. Auch das muslimische Familienoberhaupt besuchte meist weiterhin die Gottesdienste, heiratete kirchlich und ließ seine Kinder taufen. Besonders in den abgelegenen Gebieten außerhalb der Verwaltungszentren entwickelte sich dieses so genannte Kryptochristentum. Der Islam konnte dann aber auch wegen des Mangels an Geistlichen, deren häufiger Unfähigkeit und daraus folgender Orientierungslosigkeit der Gläubigen weiter um sich greifen.

Deshalb erschienen in dieser Zeit zahlreiche Schriften im Kampf gegen den Islam in albanischer Sprache. So verfasste 1685 der aus Kosovo stammende Erzbischof von Skopje, Pjetër Bogdani, das „Cuneus Prophetarum de Christo Salvatore mundi et eius evangelica veritate", das Priestern eine Hilfe bei der Überzeugung der Menschen hinsichtlich der Vorzüge des christlichen Glaubens sein sollte.

Die gefürchtete „Knabenlese", bei der Söhne christlicher Eltern in die Türkei verbracht und dort streng islamisch erzogen wurden, um sie dann als Janitscharen in das osmanische Heer einzugliedern, dürfte ein weiterer Punkt des zahlenmäßigen Rückgangs der Katholiken gewesen sein.

Neben dem Zerfall der katholischen Kirche und den erhöhten Steuern und Abgaben für Nicht-Muslime könnte auch eine Rolle gespielt haben, dass Muslimen eine Scheidung ermöglicht (z.B. wenn die Frau keinen Sohn gebar) und Bigamie erlaubt wurde.

Der Katholizismus hatte - trotz der jahrhundertelangen Dominanz des Islam - immer eine große kulturelle Bedeutung im Kosovo.

Bilder aus der Geschichte der katholischen Albaner in der Kirche von Binaq, die Schwarze Madonna von Letnice, Blick auf Djakova und Blick auf Kirche und Kreuzweg St. Jozef in Stublla e Eperme

Jüdisches Leben im Kosovo

Auf dem Gebiet des heutigen Kosovo lebten bereits in der Antike Juden. Die Aschkenasen, jiddisch sprechende Nachfahren der früh in Europa eingewanderten Juden, kamen zwischen dem 12. und 14. Jahrhundert auf den Balkan. Dokumente belegen, dass 1448 in Novo Brdo sechs jüdische Familien lebten. Für Prizren und Trepça ist ebenfalls eine jüdische Bevölkerung belegt. Sie unterhielten weitreichende Handelsbeziehungen. Nach der Vertreibung der Juden und Muslime 1492 aus Spanien fanden viele von ihnen Aufnahme im Osmanischen Reich. Diese Ladino sprechenden sephardischen Juden wurden als Anhänger einer monotheistischen Buchreligion hier anerkannt und toleriert. Eine große Anzahl der Vertriebenen konnte sich in Thessaloniki und in Skopje niederlassen. Durch den damaligen Wirtschaftsboom im Kosovo wanderten aber auch viele hierher ein. Im Osmanischen Reich sicherten sich die Juden durch eine Extrasteuer zahlreiche Handelsprivilegien. 1737 sollen in Gjakova 600 und in Prishtina 350 Juden gelebt haben. In der Umgebung von Novo Brdo gibt es noch mindestens zwei jüdische Friedhöfe aus dieser Zeit.

1910 lebten im Kosovo lt. einer Volkszählung der Jungtürken noch 3171 Juden. Zwischen den beiden Weltkriegen sollen es noch 550 gewesen sein. Nach 1938 flohen in die von Italien besetzten Gebiete Albaniens und Kosovos zahlreiche Juden aus Deutschland, Österreich und aus der Tschechoslowakei. Die Zahl der Immigranten erreichte 1942 ihren Höhepunkt. Viele von ihnen konnten als Albaner verkleidet überleben. Als nach der Kapitulation Italiens am 8. 9. 1943 die deutsche Wehrmacht, die bis dahin nur Nord-Kosovo kontrolliert hatte, in die zuvor italienisch besetzten Gebiete einrückte, gingen ca. 500 Juden von Kosovo nach Albanien, da das Land keine Juden an die Deutschen auslieferte. Das war möglich, weil ihnen von den Behörden, u.a. durch den Gemeindesekretär von Prishtina Preng Uli, falsche Reisedokumente mit albanischen Namen ausgestellt wurden. Im April 1944 wurden 400 Juden aus Gjakova und Prishtina verhaftet und von Prishtina aus in das Konzentrationslager Bergen-Belsen deportiert, unter ihnen der Vorsitzende der Jüdischen Gemeinde. Von ihnen überlebte nur die Hälfte. Eine unrühmliche Rolle bei den Verhaftungen spielten die SS-Division „Skanderbeg" unter dem bekennenden Antisemiten Bedri Pejani sowie serbische Nationalisten der Organisation „Zbor". Wieviel Juden darüber hinaus im Kosovo an die Deutschen ausgeliefert wurden, konnte bisher nicht geklärt werden.
Israel würdigte zum 50. Jahrestag des Kriegsendes den albanischen Staat, da kein einziger Jude von Albanern während der Besatzungszeit an die Deutschen ausgeliefert wurde.
Heute leben in Prizren noch zwei jüdische Großfamilien mit ca. 40 Mitgliedern. Synagogen oder jüdische Gemeinden gibt es nicht mehr.
In Prishtina findet man in der Nähe des Schwimmbades noch einen jüdischen Friedhof.

Die Wirtschaft

Knapp 37 % der Bevölkerung lebt in **Armut** und muss mit weniger als zwei Euro pro Tag auskommen - 17 % sind sogar von extremer Armut mit weniger als 1 Euro pro Tag betroffen.
Die **Durchschnittseinkommen** betragen monatlich etwa 350 – 400 Euro/Monat, im privaten Sektor werden häufig nur zwischen 150 und 250 Euro/Monat bezahlt. Damit liegen die Durchschnittseinkommen deutlich niedriger als im „Armenhaus Europas" Albanien.
Das **Bruttoinlandsprodukt** lag im Jahre 2015 bei 3.553,37 Dollar pro Kopf.
Das **Außenhandelsdefizit lag 2015** bei desaströsen 2,3 Milliarden Euro, da nahezu alle Verbrauchsgüter eingeführt werden – selbst landwirtschaftliche Produkte.
Die Beschäftigung mit Wirtschaft und der Entwicklung sowie mit sozialen Fragen des Landes hat die Regierung zwar in den Mittelpunkt gestellt, aber es sind noch viele Dinge nicht angepackt. Diese Defizite werden auch weiterhin für großen Unmut sorgen und können leicht zu explosiven Situationen führen.
Der IWF hat inzwischen Kosovo als selbständigen Staat anerkannt.
Die **Arbeitslosigkeit** liegt nach offiziellen Angaben bei über 35 % - bei Jugendlichen noch deutlich höher. Eine Arbeitslosenunterstützung gibt es für die Albaner nicht. Die serbische Bevölkerung erhält Arbeitslosengeld aus Belgrad.
Die meisten Arbeitsplätze bestehen – neben KFOR und den internationalen Organisationen - in den örtlichen Verwaltungen, im Baugewerbe, im Handel bzw. der Gastronomie und im Dienstleistungssektor. Immer noch arbeiten zahlreiche bäuerliche Kleinbetriebe sowie Nebenerwerbsbetriebe fast ausschließlich für die Selbstversorgung. Weiterhin gibt es 18 Agrarkombinate, 125 staatliche Unternehmen und 150 genossenschaftliche Betriebe, die alle in gesellschaftlichem Eigentum (nicht Staatseigentum!) sind, d.h. 20 % der Betriebe gehören den Beschäftigten als Aktionäre, 80 % der Aktien hat der Staat inne. Diese Aktien des Staates werden durch die Kosovo-Treuhandanstalt (KTA/AKM) verwaltet. Die Privatisierung soll durch die Treuhandanstalt ebenfalls vorangetrieben werden. Einige Firmen wurden verkauft. Das ist aber oft durch die ungeklärten Eigentumsverhältnisse äußerst schwierig. Es herrscht eine große Unzufriedenheit unter der Bevölkerung mit der Arbeit der AKM, u. a. wegen angeblich ausstehender Abfindungen von 55 Millionen Euro.
Ein wesentlicher Wirtschaftsfaktor sind **Hilfsgelder**, die aber kontinuierlich weiter zurückgehen, sowie die einfließenden Gelder der im Ausland arbeitenden Kosovaren. Diese sind im Übrigen höher als die erwirtschafteten Werte des Landes. Ohne ihre im Ausland arbeitenden Familienangehörigen wäre die Situation der Menschen im Lande noch viel katastrophaler. Doch

auch diese Geldtransfers der Auslands-Kosovaren gehen wegen der gestiegenen Lebenshaltungskosten in allen Ländern weiter zurück.
Der **Schmuggel** ist ebenfalls eine bedeutende Einkommensquelle. Es ist ein offenes Geheimnis, dass durch Kosovo die wichtigsten Routen für Haschisch, Heroin, Frauen und Waffen nach Westeuropa verlaufen. Das UN-Protektorat hat das eher gefestigt als unterbinden können. Außerdem ist mit der internationalen Präsenz die Prostitution im Land ein gutes Geschäft geworden.

Investoren im Kosovo, die das Wirtschaftsleben ankurbeln könnten, sind noch rar. Deshalb führte die Regierung ab 1. Januar 2009 eine einheitliche **Flat Tax** für Unternehmen zur Förderung von Investitionen in Höhe von 10% ein. Am 1. April 2016 trat das Stabilisierungs- und Assoziierungsabkommen (SAA) zwischen der EU und Kosovo in Kraft. Danach wird die EU seinen Markt für Produkte aus dem Kosovo vollständig öffnen, während das Kosovo für einige Produkte längere Übergangsfristen erhält. Die Umsetzung des SAA geht aber oft zu langsam voran.
Am 1. 9. 2015 ist ein neues Steuerpaket in Kraft getreten. So wurden die Einkommens- und Körperschaftssteuer sowie die Mehrwertsteuer reformiert.
Die Umsatzsteuer im Kosovo beträgt 18%, daneben gibt es einen ermäßigten Steuersatz von 8 % für Grundnahrungsmittel, Schulbücher, IT-Ausrüstung, Wasser- und Stromversorgung und andere Dienstleistungen.

Durch Deutschland wurden u. a. folgende Stabilitätsprojekte über die Kreditanstalt für Wiederaufbau im Kosovo gefördert: Reparatur des Wärmekraftwerkes, Wiederherstellung der Trinkwasserversorgung und Kleinkredite für Unternehmer. Dennoch ist die **Energie- und Wasserversorgung** nach wie vor nicht ausreichend. Es kommt immer wieder zu Strom- und Wasserabschaltungen und –ausfällen. Allerdings in weit geringerer Zahl als in den vorangegangenen Jahren. Unzuverlässige Zahlungen der Stromkunden - teils aus Armut, teils aus Nachlässigkeit – führen hier weiterhin zu erheblichen Problemen. Deshalb wurde Kosovo in drei Regionen eingeteilt: Die Region mit hoher Zahlungsmoral erhielt Kategorie A und bekommt regelmäßig Strom - außer bei Engpässen. In der Kategorie B (mittelmäßige Zahlungsmoral) gibt es jeweils fünf Stunden Strom, danach folgt eine einstündige Unterbrechung. In der Kategorie C sind Regionen mit niedriger Zahlungsmoral eingestuft. Hier gibt es keine Stromversorgungsgarantie. Es gilt in etwa ein Rhythmus „Zwei Stunden ein– und vier Stunden ausgeschaltet".

Wegen seiner reichen Vorkommen an **Bodenschätzen** könnte Kosovo wirtschaftlich sehr stabil sein. Die Albaner sind mehrheitlich der Meinung, dass es Serbien beim Festhalten an Kosovo hauptsächlich um diese Bodenschätze und nicht um den „Mythos Kosovo" geht. Es soll hier eines der größten Braunkohlenvorkommen Europas geben sowie größere Vorkommen an Blei, Zink, Kupfer, Nickel und Bauxit.

Markt in Peja   Das Leben auf dem Land   Mode schön bunt und glitzernd

Im ehemaligen Jugoslawien deckte Kosovo den Bedarf an Magnesit zu 100%, an Blei zu ca. 60%, an Brennstoffen zu 12% und an Elektroenergie zu 5,5%. Der einst blühende Bergbau befindet sich in desolatem Zustand und liegt brach.

53 % der Gesamtfläche Kosovos wird **landwirtschaftlich** genutzt. Davon sind 306.000 ha Ackerfläche, 193.000 ha Weideplätze und auf Wein- und Obstbau sowie Wiesen entfallen 87.000 ha. Es überwiegt die Zahl der bäuerlichen Kleinbetriebe, die keine intensive Landwirtschaft betreiben. Sie produzieren hauptsächlich für die Selbstversorgung, da die bewirtschafteten Flächen oft sehr klein sind. Auch lohnt sich ein Verkauf auf dem Binnenmarkt auf Grund billiger Importe oft gar nicht mehr. Somit wird die Lage der Bauern immer dramatischer. Die Preise für Saatgut sind im Frühjahr 2008 um 100% gestiegen. Viele können ihre Felder nicht mehr bestellen. Das ist angesichts des fruchtbaren Landes, wo Weizen, Mais, Gerste, Tabak, Sonnenblumen, Obst, Gemüse und Wein gedeihen, eine überaus negative Entwicklung, zumal auch im Kosovo die Preise für Lebensmittel und Energie explodieren.

Im Juli 2008 hat die internationale Gemeinschaft eine Aufbauhilfe von 1,2 Milliarden Euro zugesagt.
Der IWF, dessen Mitglied Kosovo ist, hat ein Kreditabkommen abgeschlossen. 184 Millionen Euro sollen in die weitere Entwicklung der Infrastruktur und der Energiewirtschaft fließen.

Investoren dringend gesucht!!

Im Skiresort Brezovica wartet man sehnsüchtig auf einen neuen Investor nachdem der alte abgesprungen ist und sieht gute Möglichkeiten für einen Ausbau des schneesicheren Gebietes. Auch andere Bereiche des Tourismus bieten ein erhebliches Potential.
Gute Möglichkeiten bestehen für Investoren im Agrarbereich (Obst, Gemüse, Wein) und in der entsprechenden verarbeitenden Industrie.
So kann man bereits in Österreich Gemüse (hauptsächlich Paprika und Gurken) aus dem Kosovo in den Ketten Billa und Merkur kaufen.
Weiterhin bestehen gute Chancen für Investoren im Bereich Holz und Holzverarbeitung, Steinverarbeitung, Bergbau und Energie (besonders kleinere Wasserkraftwerke) sowie in der metallverarbeitenden Industrie, in der Bekleidungs- und Textilindustrie und in der IT-Branche. Schon jetzt wird Sicherheitssoftware für österreichische Banken im Kosovo entwickelt.

Die deutsche Botschaft in Prishtina unterstützt deutsche Firmen, die im Kosovo investieren möchten.

Gesundheitswesen und Soziales

In beiden Bereichen befindet sich Kosovo weitgehend in einem Desaster. Noch können die großen Defizite teilweise durch funktionierende Familienverbände aufgefangen werden, aber das gelingt mit den gesellschaftlichen und strukturellen Veränderungen immer weniger (s. auch Kapitel über die Bedeutung der Familien).

Für **Rentner** wurde ein neues Rentensystem eingeführt, da die früher in Jugoslawien eingezahlten Beträge nicht nach Kosovo zurückgehen. Wer älter als 65 Jahre ist, erhält ohne jede weitere Voraussetzung eine Grundrente. Diese Basisrente beträgt 65 Euro monatlich. Wer durch ein Arbeitsverhältnis in die Rentenversicherung eingezahlt hat, erhält monatlich 110 Euro. Weiterhin gibt es Behindertenrente, die Frührente von "Trepça" u.a.
Sozialhilfe erhalten nur Menschen, deren Bedürftigkeit eingehend geprüft wurde. Sie dürfen kein eigenes Land besitzen, das sie ernähren könnte. Im Durchschnitt beträgt die Sozialhilfe für Familien etwa 60 bis 110 Euro im Monat. Für Kinder unter 5 Jahren gibt es einen Zuschlag.
Arbeitslosengeld gibt es nicht. Lediglich die serbische Bevölkerung erhält solche Zahlungen aus Belgrad.
In diese trostlosen Lebensverhältnisse kommen ständig ehemalige Flüchtlinge aus westlichen Ländern als freiwillige oder abgeschobene Rückkehrer. Sie können damit ihre Familien nicht mehr unterstützen, sondern brauchen häufig selbst Hilfe.

Eine **Krankenversicherung** wie bei uns gibt es im Kosovo nicht. Untersuchungen, Behandlungen und Medikamente müssen in der Regel selbst bezahlt werden. Auch in der Primärversorgung sind von der Bevölkerung Zuzahlungen zu leisten. Ausgenommen davon sind
- Kinder bis 15 Jahre,
- Schüler und Studenten bis zum Ende der regulären Ausbildung
- Personen über 65 Jahren
- Schwangere
- Kriegshelden, Kriegsinvaliden, Invaliden und ihre engen Familienangehöri -
gen
- Enger Familienkreis eines Hausvorstandes, der Sozialhilfeempfänger ist
- Behinderte Personen nach Bestimmung des Gesundheitsministeriums, wie z.B. Menschen mit Lähmungen/Querschnittslähmung, Blinde, Taubstumme, Patienten mit chronischen Krankheiten:
Dialysepatienten, Patienten mit Diabetes mellitus Typ 1, (insulinpflichtig), chronische Psychosen (Schizophrenie), bipolare Störungen, bösartige Erkrankungen, schwere mentale Retardierungen (IQ<70), Tuberkulosekranke, HIV/AIDS Patienten.

Das betrifft allerdings nicht Behandlungen in den ständig neu entstehenden Privatpraxen.
Deshalb haben es besonders Familien mit einem **kranken, pflegebedürftigen oder behinderten Angehörigen** sehr schwer, zumal die gesellschaftlichen Bedingungen diese Menschen stark ausgrenzt und kaum Verständnis, sondern eher Ablehnung in der Bevölkerung vorhanden ist. In der Öffentlichkeit sieht man sie nur selten, und ein Bewusstsein für ihre Menschenwürde und für eine Förderung ihrer Fähigkeiten ist kaum vorhanden. So bleiben Behinderte meist in ihren Familien, die häufig mit der Betreuung überfordert sind. Es gibt zwar in Shtime eine Einrichtung für behinderte Erwachsene, aber die Bedingungen waren und sind so schlecht, dass man von einer wirklichen Betreuung kaum sprechen kann. Um hier Abhilfe zu schaffen, unterstützen verschiedene Hilfsorganisationen Projekte, so die Tiroler Caritas den Verein „Hände voller Erbarmen" in der Region Peja, der eine häusliche Krankenpflege ins Leben gerufen hat. Caritas international unterstützt in Prizren ein Projekt zur Früherkennung von Behinderungen mit einer intensiven Beratung der Eltern, einem Sonderkindergarten, der Förderung von Schwerbehinderten und Mehrfachbehinderten sowie einer Schule für hörgeschädigte Kinder. Weitere Informationen finden Sie unter www.caritas-international.de
Lt. Schweizerischer Flüchtlingshilfe bestehen in der **Gesundheitsversorgung** gravierende Defizite. Genannt werden mangelnde hygienische Verhältnisse, Versorgungsengpässe und Wartezeiten. Außerdem können eine Reihe von schweren Krankheiten im Kosovo nicht mit Aussicht auf Erfolg behandelt werden. Dazu gehören Leukämie, Nierenversagen mit der Notwendigkeit einer Organtransplantation, alle Arten von Herzoperationen, schwere Augenerkrankungen und Krebs, wenn eine Chemotherapie erforderlich ist. Auf den Seiten www.osar.ch findet sich eine Zusammenstellung der Krankheiten, die im Kosovo behandelt werden können sowie die jeweilige medizinische Einrichtung.
Weiterhin bestehen Lt. Schweizerischer Flüchtlingshilfe kaum Behandlungsmöglichkeiten für psychische Erkrankungen. Demnach leiden 22% der Bevölkerung an Posttraumatischer Belastungsstörung (PTBS), 41% an Depressionen und 43% an emotionalen Störungen. Das sind aufrüttelnde Zahlen!
Die Suizidrate ist in letzter Zeit erschreckend angestiegen. Lt. Zeitung „Koha Ditore" versuchte seit Beginn des Jahres 2008 jeden zweiten Tag ein Mensch sich das Leben zu leben. Besonders betroffen sind Männer zwischen 25 und 45 Jahren. Es gibt 8 ambulante Behandlungszentren für psychische Erkrankungen (Community Mental Health Centres), die aber weder Psychotherapie noch Gruppen- oder Beschäftigungstherapie anbieten. Hier kann auf Grund fehlenden Personals (es fehlen Psychiater, Psychologen, Sozialarbeiter usw.) lediglich eine medikamentöse Behandlung vorgenommen werden.
Starke Gesundheitsprobleme in der Bevölkerung gibt es wegen Nikotin- und Alkoholmissbrauchs. Besonders nachteilig wirkt sich aus, dass auch Frauen

zu fast 100 % im Kosovo rauchen. Die Frauen sind weiterhin durch eine übermäßige Medikamenteneinnahme stark suchtgefährdet. Zunehmend spielen auch Drogen eine Rolle. Hier hat sich das Land vom reinen Transitmarkt zum lokalen Marktplatz für Drogen entwickelt. Es ist ein genereller Anstieg des Konsums illegaler Drogen zu verzeichnen. Dabei spielt die internationale Präsenz natürlich eine nicht unerhebliche Rolle, aber das ist nur ein Faktor. Perspektiv- und Arbeitslosigkeit führen zunehmend, hauptsächlich bei Jugendlichen und jungen Erwachsenen, zum Drogenkonsum. Die einzige Anlaufstelle bei Suchtproblemen ist die Neuropsychiatrie in Prishtina, die angesichts ihrer zahlreichen Aufgaben hoffnungslos überfordert ist.

Die **SOS-Kinderdörfer** sind seit 2004 in Prishtina tätig. Ein Familienstärkungsprogramm kümmert sich um notleidende Familien, von dem insgesamt 46.370 Personen profitieren. Allein stehende Mütter oder Kinder, deren Eltern von Krankheit oder sozialen Schwierigkeiten betroffen sind, werden dabei in verschiedenen Belanten des täglichen Lebens unterstützt: Angefangen mit der Bereitstellung von Lebensmitteln und medizinischer Grundversorgung bis hin zur Beratung der Eltern in Erziehungsfragen und Strategien zur Sicherung des Einkommens.

Eine große Sorge der Verantwortlichen sind verlassene Babys, die von ihren Müttern im Krankenhaus zurück gelassen oder auf öffentlichen Plätzen gefunden werden. Einige der Kinder leiden auch an Behinderungen. Aufgrund der sozialen und gesellschaftlichen Lage im Kosovo sind gerade junge und unverheiratete Mütter in der verzweifelten Situation, sich nicht um ihre Kinder kümmern zu können. Im SOS-Übergangsheim finden die Babys und Kleinkinder ein familiennahes Umfeld, werden versorgt und erhalten individuelle Zuwendung und Förderung, bis man ihre weitere Betreuung klären kann. Ist eine Rückführung in die leibliche Familie nicht möglich, werden für das Kind geeignete Pflege- oder Adoptiveltern aus dem Kosovo gesucht. Besonders freuen sich die SOS-Mitarbeiter jedoch darüber, wenn die Kleinen zu ihren „richtigen" Müttern zurückkehren können und diese – mit entsprechender Unterstützung – in die Lage kommen, ihr Kind selbst groß zu ziehen.

Kinder, die nicht in einer Pflege- oder Adoptivfamilie betreut werden können, bietet das SOS-Kinderdorf Prishtina ein neues Zuhause. Es befindet sich ebenfalls auf dem Gelände des SOS-Sozialzentrums und umfasst derzeit drei Häuser. Rund 30 Kinder wachsen hier unter der Obhut ihrer SOS-Mütter auf, die Aufnahme weiterer Kinder ist in Vorbereitung. Die Mädchen und Jungen im schulpflichtigen Alter besuchen öffentliche Schulen, die Kleineren den SOS-Kindergarten. Der Boxer Luan Krasniqi engagiert sich als Botschafter für die SOS-Kinderdörfer im Kosovo. Das **Spendenkonto** finden Sie im Anhang unter „Nützliche Adressen."

 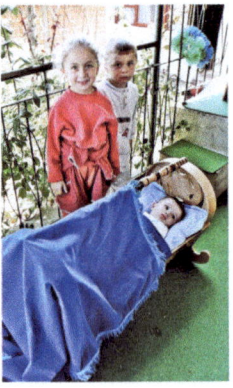

Links oben: Im Loyola-Gymnasium von Prizren – alle brauchen Zukunft durch Bildung

Schule, Ausbildung und Studium

Während bei uns bereits zur Zeit der Reformation durch Martin Luther in seiner Schrift „An die Ratsherren aller Städte deutschen Landes, dass sie christliche Schulen aufrichten und halten sollen" 1524 Bildung für alle gefordert und z.b. im protestantischen Württemberg schon 1559 eine Schulpflicht für Knaben und im Elsass 1598 eine allgemeine Schulpflicht eingeführt wurden, blieb bis ins 20. Jahrhundert hinein Bildung bei den Gegen in Nordalbanien und im Kosovo meist Privileg einer elitären Oberschicht. Lediglich die Tosken im Süden Albaniens richteten schon im 19. Jahrhundert zahlreiche allgemeine Schulen ein und wurden deshalb von den Türken auch mehr gefürchtet als die kämpferischen Albaner des Nordens. Die erste albanische Schule Kosovos wurde 1889 in Mitrovica eröffnet. Während des Ersten Weltkrieges entstanden unter den österreichischen Besatzern mehr als 300 albanische Schulen, die aber nach der Zugehörigkeit zu Jugoslawien wieder in serbischsprachige Schulen umgewandelt wurden. Wie schon an anderer Stelle erwähnt, waren im Kosovo noch in den 30er Jahren des 20. Jahrhunderts 90 % der Bevölkerung Analphabeten, und auch jetzt verfügt die große Mehrheit nur über einen minimalen Schulabschluss.
Es fehlt eine junge Elite.

Geld, Besitz, Ansehen und Macht bilden im Kosovo – wie in vielen anderen Ländern auch – unabhängig vom Bildungsstand eine Einheit. Deshalb ist der bei uns gängige Satz des Philosophen Francis Bacon „Wissen ist Macht" dort noch längst nicht bei den Menschen angekommen. Aber wie groß der Nachholbedarf ist, zeigt der schon an anderer Stelle genannte höchste Anteil Studierender in ganz Jugoslawien nach Eröffnung der Universität in Prishtina (im Verhältnis zur Bevölkerungszahl).
Öffentliche und private **Kindergärten** gibt es nur in größeren Städten. In ländlichen Regionen werden traditionell die Kinder von der Großfamilie betreut. Es gibt aber ein großes Netz privater Initiativen – vom privaten Kindergarten bis zu Tagesmüttern. Man kann Parents Network Kosovo auf Facebook zur Kontaktaufnahme nutzen. In Prishtina betreiben die SOS Kinderdörfer einen Kindergarten, in dem ganztags 120 Kinder im Alter von 3 – 6 Jahren betreut werden. Dieses erfolgt nach modernen sozialen Standards, und die Kinder lernen spielerisch auch soziales Verhalten in der Gruppe. Spezielle Programme gibt es für Kinder mit Sprachproblemen und anderen Entwicklungsschwierigkeiten. Zusätzlich wurde ein großer öffentlicher Spielplatz errichtet, den alle Kinder aus der Nachbarschaft nutzen können.
Die **Grundschulzeit** wurde von 8 auf 9 Jahre heraufgesetzt. Weiterführende Schulen sind entweder die Mittelschule, die gleichzeitig berufsbildende Schule ist, oder das vierjährige Gymnasium. In und um Prishtina gibt es einige (kostenpflichtige) internationale Schulen, in denen in englischer und albanischer Sprache unterrichtet wird.

Seit September 2005 gibt es das **Loyola–Gymnasium** in Prizren. Es stellt eine große Ausnahme im bildungsfernen Kosovo dar. Zuerst muss eine Aufnahmeprüfung bestanden werden, und Noten bestimmen die Versetzung! Hier zählt die Leistung - nicht das Ansehen oder die Beziehungen der Eltern, was bei einigen schon Augenreiben hervorruft! Die Asociation „Loyola-Gymnasium" ist ein staatlich anerkanntes klassisches privates Gymnasium mit einem Internat für Mädchen und einem Internat für Jungen mit dem Ziel ganzheitlicher Bildung und Erziehung. Leiter ist der Jesuitenpater Dr. Axel Bödefeld. Dennoch gibt es keinen Religionsunterricht!! Schwerpunkte bilden die Fächer Deutsch, Latein und Englisch. Wichtige Aspekte der Persönlichkeitsbildung betreffen soziale Fähigkeiten wie Kritikfähigkeit, Sensibilität und Kreativität, vor allem aber Respekt vor Anderen und die Fähigkeit zu menschlicher Zuwendung. Die Leitung des Internats haben Franziskanerinnen aus Cetinje/Montenegro. Der Schulbesuch kostet 85,-- Euro, die Unterbringung im Internat 180 Euro im Monat. Weitere Informationen, die Mitglieder des Trägervereins (weitere Mitglieder gesucht!) sowie das Spendenkonten gibt es unter www.alg-prizren.com.
An der 1969 gegründeten **Universität** in Prishtina gibt es mehr als 28.000 Studenten in 17 Fakultäten (u. a. Philosophie, Jura, Wirtschaftswissenschaften, Naturwissenschaften, Technologie und Architektur, Medizin, Agrarwissenschaften, Geologie). Weiterhin hat die Stadt drei Akademien (für Musik, bildende Künste sowie Theater, Hörfunk, Film und Fernsehen) und mehrere Institute der Pädagogischen Fachhochschule.
Weitere Fachhochschulen für Wirtschaft, Ingenieurwesen, Informatik und Maschinenbau befinden sich in Peja, Mitrovica und Ferizaj.
Einige private Universitäten haben ebenfalls ihren Sitz in Prishtina.
Zwei weitere Universitäten gibt es in Prizren. Hier gibt es Fakultäten für Architektur, Informatik, Wirtschaftswissenschaft, Recht, Psychologie, Englisch, Politikwissenschaft, Betriebswirtschaftslehre, Software Design, Informations- und Kommunikationstechnologie, International Management und Deutsch.
Ein Hochschulstudium dauert 4 Jahre, ein Ingenieurstudium 5 Jahre und das Medizinstudium mindestens 6 Jahre.
Wer als Deutscher einen Teil seines Studiums im Kosovo absolvieren möchte, kann sich beim Deutschen Akademischen Austauschdienst (DAAD) um ein Stipendium bewerben.
Ein großes Problem stellen die häufig maroden Schulgebäude, eine große Schülerzahl, die nur im Schichtbetrieb unterrichtet werden kann, Schulklassen von bis zu 50 Schülern sowie die große Zahl der Kinder, die gar nicht zur Schule gehen, dar. So sollen Hunderttausende weder die Vor- noch die Grundschule besuchen. 10% der Kinder werden gar nicht erst an der Grundschule angemeldet, 25% beenden die Grundschule nicht.
Als Gründe werden wirtschaftliche Umstände (die Kinder werden als Arbeitskraft gebraucht), lange Schulwege, mangelnde Sicherheit der Kinder in

einigen Regionen sowie Familientraditionen, nach denen vor allem Mädchen die Schule nicht besuchen, angegeben. Die Ansicht, dass eine Ausbildung der Mädchen eine Fehlinvestition für die Familie bedeutet, da diese ja heiraten und man demzufolge nur in eine andere Familie investiert, ist besonders auf dem Lande noch weit verbreitet. Angeblich sei auch eine Schulpflicht nicht durchzusetzen. Die Probleme haben sich in letzter Zeit eher noch vergrößert.
Nach Schätzungen liegt die **Analphabetenquote** bei durchschnittlich 20%!!! Davon entfällt ein großer Teil auf Frauen (13,4 % in ländlichen Gebieten und 10,4 % in den Städten). Bei Frauen über 70 Jahre liegt die Zahl der Analphabeten sogar bei etwa 60 %.
Bildung ist die wichtigste Investition in die Zukunft des Landes.

Der Kanun des Leke Dukagjini – das albanische Gewohnheitsrecht

Jeder, der mit Kosovo beruflich oder privat zu tun hat, sollte sich mit dem albanischen Gewohnheitsrecht befassen, um eine Vorstellung über das Rechts- und Unrechtsverständnis der Albaner zu erhalten.
Die im Kanun enthaltenen Verhaltensregeln für das gesellschaftliche und familiäre Zusammenleben wurden jahrhundertelang von Generation zu Generation mündlich weitergegeben. Sie prägen die albanische Gesellschaft bis in die heutige Zeit und konnten überleben, weil in den abgelegenen Gebieten – besonders in Nordalbanien – ein übergeordnetes staatliches oder kirchliches Recht gar nicht durchzusetzen war, oder man sich häufig einem solchen auch gar nicht unterstellen wollte.
Von den regional unterschiedlichen Versionen ist der „Kanun des Leke Dukagjini", der in Nordalbanien und im westlichen Kosovo verbreitet ist, der bekannteste. Der aus Janjevo stammende Franziskanerpater Shtjefen Gjecovi (1874–1929) sammelte Ende des 19. Jahrhunderts mit Hilfe von Stammesältesten die Regeln des Kanun. 1897 bis 1899 erschienen erstmals Teile daraus in der Brüsseler Zeitschrift „Albania". Anfang der 30er Jahre übertrug die aus München stammende Publizistin Marie Amelie Freiin von Godin (1882 – 1956) gemeinsam mit ihrem langjährigen albanischen Freund Ekrem Bey Vlora den Kanun des Leke Dukagjini ins Deutsche. Veröffentlicht wurde er aber erst in den Jahren 1953–1956. Diese Übersetzung erschien in einer neuen Ausgabe 2001 im Dukagjini Publishing House in Peja. Im Kosovo ist dieses Buch in der Dukagjini-Buchhandlung in Prishtina erhältlich.
Da der Kanun in Gegenden mit überwiegend katholischer Bevölkerung gesammelt wurde, umfasst er im ersten Teil alle im Zusammenhang mit der Kirche stehenden Fragen – von der Bezahlung des Pfarrers über die Ernennung des Bischofs bis zu den Besitzungen. Weiterhin werden Handel (7.

Buch), Strafen bei kleinen und großen Straftaten (9. und 10. Buch) und der Ältestenrat (11. Buch) geregelt. Der Ältestenrat bestand aus Abgeordneten jeder Familie der Dorfgemeinschaft und hatte wichtige Aufgaben bei der Auslegung des Kanuns und der Verhängung von Strafen. Heute gibt es kaum noch funktionierende Altenräte, so dass die Durchsetzung der Regeln des Kanun oft willkürlich geschieht.

Im 8. Buch wird die Ehre abgehandelt, die immer noch einen bedeutenden Platz in der albanischen Gesellschaft einnimmt. So wird unter anderem einem Mann die Ehre geraubt, wenn er vor dem Rat der versammelten Männer der Lüge bezichtigt wird, wenn jemand sein gegebenes Wort bricht oder wenn seine Frau geschändet oder entführt wird. All das zieht Blutrache nach sich, die nur von Männern an Männern ausgeübt wird und im Kanun als Mittel der Selbstjustiz ausdrücklich vorgesehen ist. Der Kanun regelt sogar Tötungen innerhalb der Familie. Da eine Blutrache meist die nächste nach sich zieht, kann es zu endlosen Fehden kommen. Es gibt aber auch die Möglichkeit einer Versöhnung verfeindeter Familien durch einen Vermittler oder Zeiten der Aussetzung, zum Beispiel bei Krieg oder in der Erntezeit (Buch 12 „Befreiung und Ausnahmen"). In seinem Buch „KFOR–Mein Einsatz bei der Kosova-Friedenstruppe" beschreibt Heiko Herold ausführlich eine Versöhnungszeremonie (s. weiterführende Literatur im Anhang). Welch hohen Wert die Ehre hat, zeigt auch das Sprichwort: *Jeder Gewinn, der Ehre kostet, ist ein Verlust* oder die Geschichte über ein Mitglied des Stammes der Shaljani aus Nordalbanien: „Bei einer anderen Gelegenheit verlangte der Wesir von Shkodra von seinem Diener, einem Shaljani, er solle ihm seine Landsleute verraten. Und weil dieser nichts sagte, ließ der Wesir ihn foltern, seine Mutter herbeibringen, damit diese vielleicht Mitleid mit dem Sohn hatte und ihm nahelegen würde, dem Wesir zu gehorchen. Die Mutter aber rief: 'Kind, Kind! Bewahre Verstand und Ehre! Trauere nicht um dein Blut, das der Wesir vergießen wird'" (aus „Serbien und Albanien" von Dimitrije Tucovic).

Im Kanun wird auch die **Gastfreundschaft** festgelegt: „Das Haus des Albaners gehört Gott und dem Freunde". Durch die bestmögliche Bewirtung eines Gastes steigt das Ansehen einer Familie, deshalb ist auch dieses für Albaner eine Frage der Ehre. Zur Gastfreundschaft gehört ebenfalls die Gewährleistung von absoluter Sicherheit des Gastes von der Ankunft bis zur Verabschiedung oder bis zur Übergabe in die Gastfreundschaft eines anderen. In den unwegsamen Gebieten, die außerhalb jeglicher Kontrollen lagen und in denen staatliche Sicherheit auch gar nicht gewährleistet werden konnte, machte diese Gastfreundschaft Handel und Reisen überhaupt erst möglich. Die Verletzung der körperlichen Unversehrtheit eines Gastes oder die Verletzung seiner Ehre zog ebenfalls die Pflicht zur Blutrache nach sich. Für den Empfang von Gästen stand im traditionellen albanischen Haushalt das Zimmer des Hausherrn und der männlichen Familienmitglieder zur Verfügung.

Im Malet e Sharrit (Šar Planina) - Gebirge

Die Bedeutung der Gastfreundschaft verdeutlicht auch folgende Geschichte: „Einen Shaljani, der auf dem Weg zu seiner Hinrichtung war, hielt der Wesir an....und fragte ihn: ‚Sag Held, warst du schon einmal in solch einer Notlage?' Der Albaner antwortete ‚Zweimal waren Freunde in meinem Haus als ich kein Brot hatte, um sie zu bewirten, also übernachteten sie ohne Abendessen. Das war für mich schlimmer als heute, denn das heute wird vergehen, das von damals nie'" (aus „Serbien und Albanien" von Dimitrije Tucovic).

Da die Grundsätze der Gastfreundschaft weitgehend auch heute noch gelten, habe ich ohne Bedenken als Frau zahlreiche Reisen durch Kosovo allein unternommen.

Die Regelungen zu Familie, Heirat, Hochzeit, Erbschaft sowie Haus, Vieh und Landgut (Bücher 2 – 6) werden im nächsten Kapitel dargestellt.

Die Bedeutung der Familien und ihre Traditionen

Blut ist dicker als Wasser – dieses Sprichwort sagt viel über das Verständnis der Albaner von Familie aus. Im Kosovo hat sich eine Form des Zusammenlebens erhalten, die es in anderen Ländern Europas – selbst in Albanien - nahezu gar nicht mehr gibt: Der Familienverband oder die Großfamilie. Hier leben nicht nur mehrere Generationen oder Eltern mit vielen Kindern (unser Verständnis von „Großfamilie") unter einem Dach oder in einem Anwesen, sondern alle männlichen Mitglieder der Familie verbleiben auch nach der Heirat im Elternhaus. So sind Familien mit 20 bis 50 Personen immer noch anzutreffen – besonders in ländlichen Gegenden, wenn auch ihre Zahl zurückgeht. In diesen Verbänden sind die Hierarchien klar geregelt, und auch heute noch gelten die Regeln des Kanun. Durch diese straffe Organisation stellen die Familien einen nicht unerheblichen gesellschaftlichen Machtfaktor dar und sind Staat im Staate. Dinge, die außerhalb dieser Familienverbände liegen, werden als fremd und nicht in den Zuständigkeitsbereich fallend eingestuft, und so ist eine über die Familie hinausgehende Solidargemeinschaft nur schwer aufzubauen. Ein wichtiges Merkmal dieser Familienverbände ist, dass alle männlichen Mitglieder gemeinsames Eigentum haben – egal ob es sich um Land- und Viehbesitz, Produktionsmittel (z.B. Traktoren und landwirtschaftliche Geräte) oder Geldeinnahmen aus anderen Tätigkeiten handelt. Während bei uns in der Regel der älteste Sohn den Hof erbt, um eine Erbteilung und somit die Unwirtschaftlichkeit des bäuerlichen Betriebes zu verhindern, verbleibt im Kosovo der Besitz im Familienverband der männlichen Linie bis es zu einer Teilung der Familie wegen ihrer Größe und/oder innerer Konflikte kommt. Diese Familienverbände sind ständig dazu gezwungen, neues Land zu erwerben, um bei der ständigen Vergröße-

Unten: Eine traditionelle Hochzeit

rung ihrer Mitgliederzahl die Existenzgrundlage zu erhalten. Jedes Mitglied der Familie hat das gleiche Recht auf die Erfüllung von Bedürfnissen (z.b. Essen, Kleidung, Pflege bei Krankheit oder im Alter) – unabhängig von der Leistung, die er erbringen kann. Allerdings hat auch jeder nach seinen Möglichkeiten an den vielfältigen Aufgaben mitzuarbeiten. „Null Bock" gibt es hier nicht! Somit sind die Familien – im Gegensatz zu unseren Sozialsystemen des Staates – für die soziale Sicherheit und den Schutz jedes einzelnen Mitgliedes verantwortlich. Das sieht auch die gegenwärtige Praxis der Sozialhilfe-Regelungen so vor. Grundbesitz spielt - wie schon erwähnt - eine entscheidende Rolle. Ihn zu vergrößern ist erste Priorität! Mit ihm steigt auch das Ansehen der Familie. Weiterhin hat jedes Mitglied für ein positives Bild nach außen zu sorgen. Dazu gehört auch, Konflikte nicht nach außen zu tragen. „Das ist eine Familienangelegenheit" ist der bekannteste Satz, wenn andere sich nicht einmischen sollen - und dies auch nicht tun! Bei zunehmender häuslicher Gewalt stellt eine derartige Grundeinstellung ein großes Hindernis dar, überhaupt an entsprechende Informationen zu gelangen oder gar Hilfe zu leisten. Das Leben im Familienverband erfordert von allen ein Marschieren im Gleichschritt. Für persönliche Bedürfnisse und Individualität ist da kein Raum. Wenn nur einer aus der Reihe tanzen würde, käme es zu einem Zusammenbruch dieses Perpetuum Mobile, das nur funktioniert, wenn jeder seinen ganz bestimmten Platz einnimmt. Zum Funktionieren trägt auch die strikte Aufteilung in Männer- und Frauenzuständigkeiten bei. Arbeiten wie Wäsche waschen oder Putzen sind für Männer entehrend. Die innere Organisation des Familienverbandes erfolgt streng nach den Regeln des Kanun. Es gibt einen „Rat der Mitglieder", dem alle Männer über 15 Jahre angehören. Bei bestimmten Entscheidungen müssen alle Ratsmitglieder einer Meinung sein, z.b. bei der Ausbildung der Kinder, größeren Anschaffungen und Eheschließungen. Ältere Männer haben einen größeren Einfluss auf die Entscheidungen als jüngere. Man strebt Gerechtigkeit und Ausgleich an. Die Entscheidungen des Rates sind bindend, es gibt dagegen keinerlei Widerspruchsmöglichkeit, auch nicht bei staatlichen Stellen. Auf diese Rechtsautonomie, die erweitert auch bei Streitigkeiten zwischen verschiedenen Familienverbänden Gültigkeit besitzt, wird besonders großer Wert gelegt. Dagegen muss sich Rechtsstaatlichkeit erst noch durchsetzen und etablieren. Frauen gehören dem Rat nicht an und haben auch keinerlei Entscheidungsgewalt. Sie werden durch ihre Männer, Söhne oder Brüder vertreten. Dem Familienverband steht das Oberhaupt (genannt „Herr des Hauses") vor. Dieses ist nicht in jedem Fall der älteste, sondern in der Regel der fähigste und anerkannteste Mann der Familie. Er wird nicht gewählt, sondern sein Amt ergibt sich aus seinem Tun und der Anerkennung durch die anderen Familienmitglieder. Um ihn versammeln sich Berater, die aus älteren Familienmitgliedern bestehen. Sind Entscheidungen zu treffen und dieser Beraterkreis hat mit dem Oberhaupt schon eine Übereinkunft treffen können, werden auch die anderen Familienmitglieder zustimmen. Das Oberhaupt vertritt die Familie nach außen und hat vor allem die Aufgabe, den Kontakt zu anderen Familien und den Behörden zu halten. Er verwaltet das Geld des gesamten Haushaltes und sorgt für die Bedürfnisse der Mitglieder (Kleidung, Schuhe usw.). Auch teilt er die Arbeit der männlichen Familienmitglieder ein. Er besitzt gewisse Privilegien; so wurden ihm früher ein Reitpferd, eine schöne Taschenuhr o. ä. zugestanden. Heute äußert sich das eher in besserer Kleidung oder einem Auto. Kommt es zu einem Konflikt innerhalb der Familie und kann dieser durch ihn und den Rat nicht gelöst werden, hat er allein das Recht, eine Teilung des Haushaltes in die Wege zu leiten. Die oberste Frau des Hauses (Hausherrin) ist häufig die älteste Frau, in der Regel aber nicht die Frau des Hausherrn, um den Eindruck von Machtfülle gar nicht erst aufkommen zu lassen. Wie im Kanun festgelegt, befehligt sie die anderen weiblichen Familienmitglieder und verfügt über die Gegenstände im Haus und die Lebensmittel. So legt sie fest, was gegessen wird und wer es wie zubereitet oder wer die zum Haushalt gehörenden Kinder betreut, wenn ihre Mütter bei der Arbeit sind. Sie hat die Aufgabe, die jungen Mädchen auf die Ehe und das Leben in einem anderen Haushalt vorzubereiten. Sie kann vom Rat der männlichen Mitglieder hinzugezogen werden, wenn es um Dinge des Haushaltes geht, entscheiden kann sie allerdings nichts. Die Frauen haben also weder bei der Ausbildung der Kinder, der Anschaffung von Gebrauchsgegenständen noch bei finanziellen Angelegenheiten ein Mitspracherecht. Die Hausherrin kann – wie der Hausherr auch – abgesetzt werden. Das könnte der Fall sein, wenn keine Sauberkeit herrscht, sie ihre eigenen Kinder bevorzugt, lügt oder den Haushalt bestiehlt. In der neuen Verfassung Kosovos haben zwar die Verantwortlichen brav alle Rechte der Frauen - wie sie bei uns selbstverständlich sind und wie von der internationalen Gemeinschaft gefordert - verankert, aber bis zur Akzeptanz und Durchsetzbarkeit ist es noch ein sehr weiter Weg. Kommt ein Sohn ins heiratsfähige Alter, hält die Familie Ausschau nach einer passenden Frau – und zwar immer in einer anderen Ortschaft. Ehen innerhalb eines Dorfes sind nicht üblich, ebenso wenig Ehen innerhalb eines Stammes. Dabei spielt die Reputation der Familie einer ins Auge gefassten Braut die entscheidende Rolle. Die Eltern, besonders aber der Hausherr, haben nach wie vor das entscheidende Wort, wenn auch Mutter und Großmutter die ersten Vorschläge unterbreiten. Eine Heirat ohne Einwilligung der Eltern ist bei den Albanern immer noch undenkbar. In heutiger Zeit werden zwar der Sohn und meist auch das auserwählte Mädchen, das häufig noch minderjährig ist, nach der Meinung gefragt, ob sie sich aber wirklich einer von den Eltern beschlossenen Heirat widersetzen können, ist fraglich. Somit betrifft die bei uns viel diskutierte Zwangsheirat von Frauen auch die jungen Männer. Allerdings haben diese – im Gegensatz zu den Frauen – die Möglichkeit zur aushäusigen Betätigung – und das in jeder Beziehung. Mit Erstaunen kann man feststellen, dass selbst junge Albaner im Ausland, die dort in einer Beziehung oder gar Ehe leben und an deren finanziellem Tropf die Familie hängt, sich zu

Ehen mit ihnen nahezu unbekannten Frauen im Kosovo drängen lassen. Es ist an der Zeit, dass sie sich emanzipieren und von solchen Demütigungen befreien, die ein endloses Versteckspiel nach sich ziehen.

Auch heute noch werden Eheschließungen in der Regel durch Verlobung und Hochzeitsfeier besiegelt und nicht durch ein Standesamt. Das bedeutet für Frauen eine große Rechtsunsicherheit. Standesämter werden nur in Anspruch genommen, wenn man amtliche Papiere benötigt, z.B. für das Ausland. Sonst nimmt man sie eher nicht ernst und meldet weder Geburten noch Sterbefälle oder eben Eheschließungen. Lediglich bei den katholischen Albanern ist eine Trauung nur möglich, wenn zuvor die staatliche Registrierung erfolgte. Ein großer Teil der Standes- und Staatsangehörigkeitsregister aus dem Kosovo wurde im Frühjahr 1999 nach Innerserbien ausgelagert. Einige Register verblieben im Kosovo, wurden aber weitgehend zerstört. Da die Register noch nicht zurückgeführt werden konnten, gibt es häufig Probleme bei der Beschaffung von damals angelegten Dokumenten.

Ab dem Zeitpunkt der Heirat wohnt die Frau im Haushalt der Familie des Mannes. Eine Aussteuer oder Mitgift bringt sie nicht mit. Ihr Besitz besteht aus ihrem Schmuck, den sie reichlich als Hochzeitsgeschenk vom Ehemann und auch von ihren Eltern erhält, und ihrer Kleidung. Ihre Hauptaufgabe ist es, im Familienverband mitzuarbeiten und vor allem Söhne zu bekommen. Der neuen Familie gehört sie nicht an, da sie auch weiterhin ihrem „Blute" – also ihrer Herkunftsfamilie zugehörig ist, die nach dem Kanun lebenslänglich für sie Verantwortung trägt. Das bedeutet auch, dass sie als kinderlose Witwe oder im Falle einer Scheidung dorthin zurückkehren muss. Auch ist es immer noch üblich, die Frau, wenn sie keine Kinder bekommt, in ihr Elternhaus zurück zu schicken. Damit ist eine Scheidung besiegelt – oder auch im Falle einer freiwilligen Rückkehr. Die nicht amtlich registrierte Heirat macht's möglich! Diese Fälle tragen aber auch zu einem geringeren Ansehen der Herkunftsfamilie bei, so dass die Frauen in der Regel gar nicht die Möglichkeit haben, sich aus einer Ehe zu lösen – schon wegen der Ehre. Hinzu kommt, dass bei der Familie des Mannes die Kinder zu verbleiben haben, da sie ja „sein Blut" sind und der Familienverband Anspruch darauf erhebt. Außerdem lehnt jede Herkunftsfamilie „fremdes Blut" ab. Frauen mit Kindern wird dadurch eine Scheidung nahezu unmöglich gemacht. Hinzu kämen dann noch die selten zu lösenden finanziellen Schwierigkeiten, da an Unterhaltsleistungen des Ehemannes gar nicht zu denken ist. Eine Zugewinngemeinschaft erscheint einem Albaner sowieso als vollkommen absurd!

Die Frau nimmt nach der Tradition immer eine niedrigere Stellung ein als der Mann. Sie ist nach dem Kanun und der somit gültigen Praxis nicht erbberechtigt – weder bei ihrem Mann noch bei ihren Eltern. Das Einheiraten eines Mannes in eine andere Familie ist gänzlich unbekannt und somit auch die begehrte Bauerntochter, die keine Brüder, aber einen Hof in Aussicht hat. Auch ihr Erbe würde nur an die männliche Linie der weiteren Verwandtschaft gehen.

Die neue Verfassung sieht vor, Erbschaftsangelegenheiten in neuen Gesetzen regeln zu wollen. Bisher gelten die alten jugoslawischen Gesetze, nach denen die Frau gleichberechtigt ein Erbe antritt. De facto kann das aber gar nicht durchgesetzt werden. Wird eine Frau von ihrem Ehemann oder gar von ihrer eigenen Familie verstoßen (z.b. weil sie sich nicht der Tradition entsprechend verhalten hat oder Schande wegen eines nichtehelichen Kindes über die Herkunftsfamilie gebracht hat), wird sie in große materielle und soziale Not geraten, denn alle Familienmitglieder brechen den Kontakt ab, und eine materielle Grundlage für ein selbständiges Leben gibt es nicht. Zwar existieren Frauenhäuser in Prishtina und Gjakova, aber diese sind meist überfüllt und in erster Linie für Opfer häuslicher Gewalt vorgesehen. Außerdem ist der Aufenthalt dort zeitlich begrenzt. So werden diese Frauen häufig Opfer von Zwangsprostitution. Rechte für Frauen werden nur durchsetzbar sein, wenn ihnen Bildung ermöglicht und eine berufliche Perspektive geboten wird.

Die Gewalt gegen Frauen hat in letzter Zeit erschreckend zugenommen – oder man hört jetzt vielleicht nur öfter davon. Das wird durch den Kanun sanktioniert, hat aber auch viele andere Gründe: Alkohol, Drogen, Prostitution, Arbeitslosigkeit und durch materielle Nöte bedingter Selbstwertverlust der Männer, die ihrer überlieferten Rolle nicht mehr in geeignetem Maß gerecht zu werden glauben. Durch die bereits geschilderten Umstände sind die Frauen meist gezwungen, auch weiterhin mit dem gewalttätigen Ehemann unter einem Dach zu leben.

Wenn es nicht gelingt, mehr Toleranz, Freiheit und Selbstbestimmung in jede Familie zu bringen, werden alle Bemühungen um eine demokratische Gesellschaft zum Scheitern verurteilt sein - wie schon der Satz „Die Familie ist die Keimzelle der Gesellschaft" verdeutlicht.

Ende Januar 2010 wurde ein Gesetz gegen häusliche Gewalt im Kosovo verabschiedet, das Polizisten verpflichtet, betroffene Frauen über ihre Rechte und Hilfsmöglichkeiten aufzuklären und sie evtl. ins Frauenhaus zu bringen. Es wird Polizeischutz für die Abholung von Unterlagen, Dokumenten und Eigentum aus der bisherigen Wohnung gewährt. Eilanträge sollen in Zukunft schneller gerichtliche Entscheidungen herbeiführen. Körperverletzung bei häuslicher Gewalt sowie Verstöße gegen Schutzanordnungen sind künftig zur Anklage zu bringen.

Schon 2009 fand eine Kampagne gegen Gewalt verschiedener Ministerien und der EULEX unter dem Leitthema „Gewalt erzeugt Gewalt – melde jeden Fall" statt. Damit wurde die gesamte Gesellschaft aufgerufen, sich gegen Gewalt – ob im häuslichen Bereich oder an Schulen – einzusetzen.

Einen guten Einblick in die sonst sehr abgeschlossene Welt der Familien gibt das Buch von Hanife Gashi „Mein Schmerz trägt deinen Namen", in dem sie ihr Leben und ihre Ehe im Kosovo und später in Deutschland beschreibt, und dessen tragischer Inhalt sich mit der Tötung der Tochter Ulerika, die ein

freieres Leben führen wollte, durch den Vater beschäftigte (s. weiterführende Literatur).
Mit den ökonomischen und politischen Entwicklungen der letzten Jahre gehen große Veränderungen im familiären Bereich einher. Die starken Veränderungen des Umfeldes lässt die traditionelle Solidarität der Familien auseinander brechen. Oft können die Familien durch eine mangelnde materielle Basis ihren bisherigen selbstverständlichen Verpflichtungen auch gar nicht mehr nachkommen.
Natürlich spielt bei den Veränderungen ebenfalls eine Rolle, dass z.b. über TV-Sender oder das Leben im Ausland andere Rollenbilder die Menschen erreichen und Sehnsüchte geweckt werden, die früher außerhalb der Vorstellungswelt lagen.
All dies trägt dazu bei, das alte Ideal einer Lebensform, in der allen alles gehört und in der alle gleich sind - ausgenommen natürlich die Frauen! – und wo man sich durch Konformismus am besten der Feinde von außen erwehren kann, ständig weiter auszuhöhlen.

Deutsche Spuren im Kosovo

Zahlreiche Dokumente und Bauwerke belegen, dass Deutsche im Gebiet des Kosovo ansässig und tätig waren. Es handelt sich hauptsächlich um Sächsische Bergleute und Handwerker, aber auch deutsche Ritter, Spielleute und Siedler sind nachgewiesen. So geht aus einer Urkunde des Klosters Deçani hervor, dass in der Umgebung deutsche Siedler gelebt haben. Bereits Anfang des 13. Jahrhunderts dürften deutsche Spielleute durch das Land gereist sein, denn in zeitgenössischer serbischer Dichtung findet sich das deutsche Wort "Spielmann". Stefan Dušan aus dem Haus der Nemanjiden, der von 1331 bis 1355 regierte, scharte zur Hebung seines Prestiges ausländische Adelige um sich, darunter auch deutsche Ritter, und 300 deutsche Söldner dienten in seiner Garde. Auch waren an der serbischen Besatzung Berzhöls in Mazedonien deutsche Reiter beteiligt. Auf Fresken im Kloster Gračanica sind Schilde abgebildet, die in dieser Form im 14. Jahrhundert in Deutschland gebräuchlich waren. Daraus kann geschlossen werden, dass entweder deutsche Söldner die Schilde nach Serbien brachten oder deutsche Waffenschmiede hier tätig waren und sie herstellten.
Besonders wichtig für das Land aber waren die sächsischen Bergleute (albanisch sase, serbisch sasi). Ihr technisches Wissen und ihre Teamarbeit in geregelten Hierarchien machten sie zu begehrten Arbeitskräften in ganz Europa.
Wie aus Quellen und Urkunden ersichtlich, kamen erste sächsische Bergleute bereits in der ersten Hälfte des 13. Jahrhunderts auf den Balkan. Sie waren freie Bürger mit zahlreichen Privilegien, nur dem Kaiser unterstellt, genossen Reisefreiheit, durften sich überall niederlassen, mussten keinen Militärdienst leisten und sicherten den Herrschern der Länder, in denen neue Vorkommen entdeckt wurden, durch ihre technischen Leistungen bei der

Schürfung von Edelmetallen Reichtum. Sächsische Bergleute finden sich von Norwegen bis auf den Balkan – selbst einem Ruf nach Südamerika folgten sie unter schwierigsten Bedingungen.

Zu allen Bergbauregionen Europas unterhielten sie ein Netzwerk und hatten überall meist wichtige Positionen inne. Es fand ein intensiver Informationsaustausch und Technologietransfer statt.

Sobald sich die Nachricht von neuen Erzvorkommen, besonders von Gold und Silber, wie ein Lauffeuer unter ihnen verbreitete, brachen sie mit ihren Familien auf – meist unabhängig voneinander und aus verschiedenen Regionen. Dabei spielte es keine Rolle, ob sie bereits von Herrschern gerufen worden waren oder nicht. Auf Grund ihrer unübertroffenen Kenntnisse im Bergbau konnten sie sich einer guten Aufnahme sicher sein. Häufig war ein wirtschaftlicher Rückgang im bisherigen Arbeitsgebiet Grund zum Aufbruch. Auch damals fanden Konjunkturschwankungen in relativ kurzen Zeitabständen statt.

In der Stadtchronik von Freiberg/Sachsen "THEATRI FREIBERGENSIS CHRONICI – Beschreibung der alten löblichen Berg-Hauptstadt Freyberg in Meißen von 1653" ist unter dem Jahr 1271 eingetragen: "Ist Großer Misswachs und Thewrung durch ganz Teutschland gewesen/ welches 3. Jahr gewehret/dass viel Menschen hungers gestorben/ wie solches von unterschieden Historienseite aufgezeichnet worden". Diese katastrophale Situation in Deutschland dürfte die sächsischen Bergleute ohne Zögern zum Aufbruch Richtung Süden bewogen haben. So findet sich im Archiv von Ragusa (Dubrovnik) in einem Dokument vom 10. September 1280 der Hinweis auf einen "Comes Vreibergensis" in Brskovo (jetzt Montenegro), worauf geschlossen werden kann, dass auch aus dem Raum Freiberg in Sachsen Bergleute auf den Balkan kamen. Leider wurden durch die Türken alle Aufzeichnungen der serbischen Herrscher vernichtet. Wenige Quellen (Urkunden, Testamente, Notariatsakten und Handelsbücher) befinden sich noch im erwähnten Archiv von Dubrovnik. Sie geben auch Hinweise auf die Anwesenheit der Deutschen im heutigen Kosovo.

Im mittelalterlichen Serbien, dessen Zentrum Kosovo bildete, sind Sächsische Bergleute seit dem Ende des 13. Jahrhunderts nachgewiesen. Sie trugen wesentlich zur Blüte des Bergbaus und der wirtschaftlichen Entwicklung im 14. und 15. Jahrhundert sowie dem Reichtum Serbiens bei. Mit den sächsischen Bergleuten kamen auch deutsche Handwerker und Priester ins Land. Unter Uroš I. (ab 1242), der die Sachsen gerufen haben soll, wurden erste Münzen geprägt.

Die Sächsischen Kolonisten besaßen auch hier zahlreiche Privilegien und waren freie Bürger. So hatten sie das Recht auf Rodung des Waldes und zur Anlegung von Siedlungen in der Nähe der Erzlagerstätten, sie besaßen eine Selbstverwaltung, eigene Notare und Gerichte. Neben dieser Bürgerautonomie wurde ihnen auch Konfessionsautonomie mit eigenen Kirchen und Priestern zugestanden. Neuere Forschungen haben ergeben, dass nahezu überall, wo noch heute katholische Pfarreien existieren, auch Deutsche lebten. Das hat die Auswertung Ragusaner Urkunden, Osmanischer Bevölkerungs- und Besitzverzeichnisse des 15. Jahrhunderts sowie die Untersuchung von Flur- und Familiennamen im Kosovo ergeben. So findet sich bei Gjilan „saski put" (Weg der Sachsen), bei Istog der Flurname „sasinov studena" (Brunnen der Sachsen). Auch bei Klinë und Rahovec werden Sachsen erwähnt. Am Bergwerk Deva bei Gjakova werden in Urkunden des Klosters Dečani die deutschen Namen „Altoman, Rudl und Toloje" erwähnt. Die türkische Volkszählung von 1455 erwähnt zahlreiche Namen deutschen Ursprungs, so „Bogoslav, Sohn des Borman – Bogdan, Sohn des Artur" und viele weitere. Interessant erscheinen in diesem Zusammenhang die erwähnten Ortsnamen, in denen sie wohnten: von Vushtrri, Ferizaj, Klina bis zur Umgebung von Podujevë. Außerordnetlich bemerkenswert ist, dass in dem erzreichen Gebiet bei dem Dorf Orllan im Nordosten des Kosovo eine albanische Großfamilie mit dem Namen „Shullcët" wohnt. Dieser Name dürfte aus dem deutschen „Schulze" entstanden sein. Auch weitere albanische Namen gehen auf Tätigkeiten in den Bergwerken bzw. deutsche Namen zurück. Daraus kann geschlossen werden, dass es nicht nur Sächsisch-Ragusaner Beziehungen, sondern auch Sächsisch-Albanische gegeben haben muss.

Die Sachsen werden in Trepça bei Mitrovica erstmals Anfang des 14. Jahrhunderts erwähnt. Bereit 1303 gab es hier eine katholische kirchliche Organisation. Bald darauf wurde eine eigene Kirche für die Sachsen errichtet: die Peterskirche. Sie wird noch heute "Sächsische Kirche" (Kisha e saseve) genannt. Die Ruinen finden sich im Dorf Stantërg (Stari Trg) bei Trepça. 1402 übersiedelte der letzte bekannte Sachse von hier nach Srebrenica. Südlich von Prishtina sind im Ort Janjevo Sächsische Bergleute seit 1303 nachgewiesen. Katholische Kolonie mit eigener Pfarre war der Ort ab 1328. Auch der in der Nähe liegende Ort "Shashkovac" weist auf die Sachsen hin. Die Katholiken dieses Gebietes scheinen nach neuerer Forschung des Brauchtums und der Ortsnamenkunde mit großer Wahrscheinlichkeit Nachfahren der sächsischen Kolonisten zu sein, die sich mit den katholischen Ragusanern vermischten. Heute werden sie "Janjevci" genannt. Hier soll es im Sprachgebrauch der älteren Bewohner noch Wörter aus dem Mittelhochdeutschen geben. Eine weitere katholische Kolonie der Sächsischen Bergleute und der Ragusaner entstand in Letnice, im Süden des Kosovo. Die Sachsen werden hier in verschiedenen Berichten erwähnt, und auch Ortsnamen weisen auf sie hin. Hier wachsen auch noch Birnbäume, die „Sachsenbirne" (dardha shashare) genannt werden. Das entscheidende Gepräge aber gaben die Deutschen der legendären Stadt Novo Brdo, nördlich von Gjilan gelegen. In einem Reisebericht von 1432 des Franzosen Bertrandou de la Brocquiere wird die Stadt mit dem deutschen Namen "Nyeuberghe" erwähnt. Ihren legendären Ruf erlangte sie durch zahlreiche Gold- und Silbervorkommen, die ihr großen Reichtum brachten, und sie europaweit bekannt machten. Bereits 1326 wurde sie als Bergbau- und Handelszentrum erwähnt, aber ihre

Links: In Novo Brdo – Von oben: Baum der Sachsenbirne, Ruine der Sachsenkirche, alte Figur an der Kirche von Janjevo

Blütezeit erlebte sie im 14. und 15. Jahrhundert. Die mittelalterliche Großstadt hatte eine eigene Münzstätte, was ihre Bedeutung unterstreicht. Deutsche werden seit dem Ende des 14. Jahrhunderts in verschiedenen Urkunden erwähnt, darunter auch ein katholischer Geistlicher. Sie hatten eine eigene der Muttergottes geweihte Kirche. Ihre Ruinen sind noch immer zu sehen. Die zweite katholische Kirche wurde von den Türken zu einer Moschee umgebaut. Neben den Sächsischen Bergleuten waren hier auch deutsche Handwerker ansässig. In dem Gesetz von Novo Brdo aus dem Jahre 1412 kommen die Begriffe "Snajdar" und "Suster" vor. Auch in osmanischen Dokumenten vom Ende des 15. Jahrhunderts werden sie noch erwähnt. "Porta dei susteri" hieß eines der Stadttore, was noch einmal das starke deutsche Element betont.

Auch in der Umgebung von Novo Brdo finden sich Hinweise auf die sächsischen Bewohner, so gibt es im Ort Bostan ebenfalls noch die Überreste einer sächsischen Kirche.

Die Bedeutung der Republik Ragusa (Dubrovnik) für Kosovo

Die Ragusaner werden in diesem Buch mehrfach erwähnt, da sie eine bedeutende Rolle für den Handel und die wirtschaftliche Entwicklung auf dem Balkan spielten. Alle größeren und für den Handel bedeutenden Städte im Kosovo hatten eine Ragusaner Kolonie. Der serbische Fürst Nemanja sicherte in einem Friedens- und Wirtschaftsabkommen den Ragusanern weitreichende Handelsrechte in seinem Herrschaftsgebiet zu.
Ragusa war ein Stadtstaat, entstanden im 7. Jahrhundert, als sich Flüchtlinge aus dem nahen Epidaunus (Cavtat) vor slawischen Eroberern auf eine Felseninsel retteten. Diese Felseninsel wurde durch einen schmalen Kanal vom Festland, auf dem sich eine slawische Siedlung befand, getrennt. Wegen der großen Bedrohung von außen verbrüderten sich die Bewohner beider Orte, man schüttete den Kanal auf und baute Befestigungsanlagen. Über dem Eingang zur Festung steht noch heute "Non bene pro toto libertas venditor auro" (auch für alles Gold der Welt wird die Freiheit nicht verkauft). Der Stadtstaat hatte eine strenge Verfassung, ein weitreichendes soziales Netz, übernahm Aufgaben für die Allgemeinheit und sicherte seinen Bürgern durch öffentliche Schulen einen hohen Bildungsstand.
Der Ministaat entwickelte sich durch kaufmännische Begabung und geschickte Diplomatie rasch zu einer mächtigen See-Republik. Auf dem gesamten Balkan sicherte man sich wichtige Handelsrechte und knüpfte zu bedeutenden Handelsplätzen Beziehungen. So waren die Ragusaner als Handelsmacht im gesamten Mittelmeerraum, im Nahen Osten und im Norden bis nach London vertreten. Der Stadtstaat gelangte so zu ungemeinem Reich-

tum. Auch unter osmanischer Herrschaft verstanden es die Ragusaner, durch Anerkennung des Sultans und Zahlung eines Tributs, Freiheit und Unabhängigkeit sowie wichtige Handelsprivilegien zu erhalten. Mit einem verheerenden Erdbeben am 6. April 1667 begann der Niedergang der Republik Ragusa, die noch für weitere hundert Jahre ihre Freiheit bewahren konnte, aber an ihre vor dem Erdbeben erlebte Blüte nicht mehr anknüpfen konnte.

Die Janitscharen – Eliteeinheit des osmanischen Heeres

Das gefürchtete Regiment der Janitscharen wurde im 14. Jahrhundert durch Sultan Murat I. gegründet und fungierte zunächst als seine Leibgarde. Schon bald ordnete man es der Infanterie zu. Dort bildete es eine Eliteeinheit, die in Friedenszeiten dem Schutz des Sultans und anderer hoher Persönlichkeiten diente, in einer Schlacht aber im Zentrum des Heeres in unmittelbarer Nähe des Herrschers kämpfte.

Diese unerschrockenen und leidenschaftlichen Kämpfer wurden zunächst aus Kriegsgefangenen, ab dem 14. Jahrhundert jedoch durch die so genannte „Knabenlese" rekrutiert. Dabei wurden christlichen Familien aus dem europäischen Teil des osmanischen Reiches die stärksten und intelligentesten Jungen in früher Kindheit entrissen. Diese verbrachte man in die Türkei, gab ihnen neue Namen, erzog sie dann türkisch und islamisierte sie. Bei Lehnsherren erlernten sie Sprache, Religion und Sitten. Etwa ab dem Alter von 15 Jahren erhielten sie in Militärschulen eine hervorragende Ausbildung. So konnten sie, die keinerlei religiöse, familiäre oder kulturelle Bindungen hatten, zu absolut bedingungslos und treu für Staat und Sultan kämpfenden Soldaten gedrillt werden. Die fanatische Hingabe an ihren Dienst bewirkte bald ein elitäres Selbstverständnis, und wegen ihrer Schlagkraft galten sie als unbesiegbar. Sie verfügten über zahlreiche Privilegien und lebten in eigenen Kasernen. Sexualität, Heirat und Kontakte zur Bevölkerung waren ihnen verboten.

Unter diesen Umständen wandten sich viele von ihnen der Religion, besonders dem Sufismus zu. Hierbei spielte der Bektaschi-Orden eine bedeutende Rolle.

Von anfänglich 1000 Mann im Janitscharen-Korps (um 1360) vergrößerte sich die Truppe auf etwa 100 000 Mann gegen Ende des 17. Jahrhunderts. Im 18. und 19. Jahrhundert waren sogar 140 000 Mann in dieser Eliteeinheit. Damit gewann sie mehr und mehr Macht und Einfluss, und auch zahlreiche ihrer Intrigen dienten diesem Zweck. So waren sie an Aufstieg und Fall zahlreicher Herrscher beteiligt.

Am Ende des 16. Jahrhunderts wurden die strengen Vorschriften für die Janitscharen gelockert, und sie durften sogar heiraten. Damit verbunden aber

war ein Verfall von Disziplin, Kampfmoral und Schlagkraft. 1650 wurde die Knabenlese abgeschafft.
Die Forderung nach weiteren Privilegien für die Truppe wurde vom Sultan abgelehnt. Daraufhin gab es zahlreiche Janitscharen-Aufstände. Als Sultan Mahmut II. das Heer umstrukturieren wollte, kam es erneut zu einem Janitscharen-Aufstand. Daraufhin ließ der Sultan 10 000 Mann liquidieren. Dieser teilweisen Vernichtung folgte die Auflösung der Truppe durch ein Rechtsgutachten. Der Untergang des Osmanischen Reiches wurde durch den Wegbruch dieser tragenden Säule des Imperiums stark beschleunigt.
Anlässlich der Feierlichkeiten des Vertrages von Karlowitz zwischen Österreich und dem Osmanischen Reich trat 1699 in Wien eine Janitscharenkapelle auf, die begeistert aufgenommen wurde! Diese Kapellen mit ihren fremdländischen Klängen begleiteten eigentlich die Kampfhandlungen der Eliteeinheit. Zuerst übernahmen Militärkapellen die Musik der Janitscharen, so dass auch die deutsche militärische Marschmusik auf diesen Rhythmen und Klängen basiert. Bald entsprach es dem Zeitgeist, Musik in der Art der Janitscharen zu komponieren. So finden sich Elemente bei Mozart in der Oper „Entführung aus dem Serail" oder im „Türkischen Marsch", bei Haydn in der „Militärsinfonie" und auch bei Beethoven, Rossini und Gluck.

Die albanische Kulla

Diese so genannten „Turmhäuser" (Kulla= türkisch Turm) ließen zunächst albanische Feudalherren und vermögende Familien zum Schutz in schweren und unruhigen Zeiten von albanischen Meistern erbauen. Später wurde diese Bauart auch von Bauern bevorzugt. Dabei handelt es sich um gut befestigte Wehrhäuser mit Schießscharten, die oft noch mit einer hohen Mauer umgeben sind. Den Familien boten sie Schutz vor Gewalt, Willkür und Blutrache sowie Sicherheit während der häufigen Unruhen. In den Städten dienten sie auch der Repräsentation. Das Gelände der Umgebung ist durch ihre Höhe gut zu übersehen. Besonders häufig findet man sie im Westen Kosovos: In **Peja** und Umgebung, in **Junik, Isniq, Dranoc und Prejlep.**
Gebaut wurden sie aus Natursteinen. In den Städten verwendete man auch behauenen Stein. Im Erdgeschoss befanden sich in der Regel die Ställe, oft auch die Küche. Das erste Stockwerk nutzte die Familie zum Leben. Das oberste Stockwerk besaß meist nur einen Raum, der aufwendig mit Kamin, verzierten Wandschränken, repräsentativen Holzdecken sowie Fenstern ausgestattet war. Dieses Stockwerk war den männlichen Mitgliedern der Familie sowie Gästen vorbehalten. Ein Gast wurde immer rechts des Kamins platziert, weil das die Glück bringende Seite war.
1909 ordneten die Jungtürken an, die Fenster an sämtlichen Turmhäusern zu erweitern und die Schießscharten zuzumauern. Dörfer, die sich nicht dar

Die albanische Kulla

an hielten, wurden mit Kanonen beschossen. Während der kriegerischen Auseinandersetzungen 1999 wurden zahlreiche Häuser dieses Typs durch die serbischen Truppen zerstört. Jetzt sind sie leider stark von Verfall, Umbau oder Abriss bedroht. Einige konnten mit Hilfsgeldern oder auch durch interessierte Besitzer restauriert werden.

Essen und Trinken

Bereits seit der Römerzeit wird im Kosovo Wein angebaut. Bei uns wurde er zwar unter der Bezeichnung „Amselfeld-Wein" bekannt, aber er kommt nicht aus dieser Gegend, sondern aus dem mittleren und westlichen Teil Kosovos. Die Zentren sind Gjakova (Djakovica), Rahovec (Orahovac) und Suhareka (Suva Reka). Die im Kosovo erhältlichen Weine sind von guter Qualität. Am häufigsten findet man Blauburgunder, Merlot und Riesling. Für die Herstellung des berühmten Weinschnapses „Raki rrushi" wird die Rebsorge „Ilira" verwendet.
Brot wird in den meisten Haushalten, besonders auf dem Land, noch selbst gebacken und wird zu jedem Essen gereicht.
Als überwiegend einfach erweist sich die albanische Küche. Das Essen wird meist in Form eines Eintopfes gekocht, z.B. Bohnen in verschiedenen Variationen. Die Pite ist eine Art Pizza, meist mit Gemüse oder Käse belegt. Vorgekochtes Fleisch (Huhn oder Rind) gart man zusammen mit Reis und Gemüse im Rohr zu „Burjan".
Regionale Spezialitäten sind „Djath Sharrit" (eingelegter Schafskäse) und „Shpeca me gjize" (Paprika in Milch eingelegt). In einigen Regionen, besonders im Dragash-Gebiet – wird immer noch das sehr gehaltvolle aus der Türkei und Bulgarien stammende Getränk „Bosa" hergestellt, ein Erfrischungsgetränk aus vergorenem Getreide mit einem Alkoholgehalt von 0,6 bis 1 % Alkohol. Es war einmal das Leibgetränk der Janitscharen.

In vielen ländlichen Haushalten isst man immer noch aus einer gemeinsamen Schüssel Eintopf oder Salat.
In den Restaurants hat sich die internationale Küche durchgesetzt. Hier gibt es meist Spezialitäten des gesamten Balkans und aus Italien. Das Essen ist in der Regel sehr preiswert.

Kultur und Kunst

Nach Aussage von Kennern entwickelt sich derzeit im Kosovo eine der spannendsten Kunstszenen des Balkans. Mittelpunkt ist dabei Prishtina, wo auch die meisten Veranstaltungen stattfinden. Der Kurator Erzen Shkolli gründete in Peja die Kunstgalerie EXIT und das Institute of Modern Art. Beide Einrichtungen gelten als Sprungbrett für einen internationalen Erfolg. Bei der Biennale in Venedig 2013 war Kosovo erstmals mit einem eigenen Pavillon vertreten. Dort wurden Arbeiten des Fotografen Petrit Halilaj ausgestellt.
Einige Festivals haben sich bereits etabliert. Dazu gehören das im Mai stattfindende Festival für Musik (www.remusicafestival.com), das Dokumentarfilmfest im August in Prizren (www.dokufest.com) sowie das Jazz-Festival Prishtina im November (www.jazzprishtina.com). Das 1946 in Prizren gegründete **Nationaltheater** ist jetzt in Prishtina, Rrr. Nëna Tereza 21 (Tel. 0381-38-244 397), beheimatet und ist Zentrum verschiedener Veranstaltungen. Junge Regisseure haben hier mit provokanten Inszenierungen eine neue Ära eingeläutet. Im Nationaltheater tritt auch das Ballett (Trupa e Baletit e Kosovës) auf, das 1972 gegründet wurde und aus 27 Mitgliedern besteht, die ihre Ausbildung in Skopje erhielten. Kosovo hat weiterhin ein Orchester und Opernensemble mit 100 Mitgliedern, die in unregelmäßigen Abständen auftreten (Tel. 0381-38-244 939).
Das Theater Oda (www.teatrioda.com) in der Rr. Luan Haradinaj 111 (Sportpalast) wurde als freies Theater 2002 gegründet. Hier finden auch Musik- und Filmaufführungen sowie Kunstausstellungen statt. Es ist Veranstalter des Jazz-Festivals im November.
Das Multimedia-Zentrum Dodona (www.qendra.org), Rr. Xhelal Mitrovica, Tel. 0381-38-722 464, wurde ebenfalls 2002 gegründet, um die visuellen Künste sowie das Theater weiterzuentwickeln. Der Austausch mit ausländischen Partnern ist ein wichtiger Teil der Arbeit. Auch gilt dem Kindertheater besondere Aufmerksamkeit.
Ein **Kino** mit modernster Ausstattung der Gruppe Cineplexx gibt es seit November 2016 in der Industriezone im Stadtteil Veternik in Prishtina. Das Programm sowie die Anfahrt erfährt man auf der Seite www.cineplexx-ks.eu
Die **Musikszene** Kosovos ist breit gefächert, auch wenn der traditionellen Volksmusik am meisten gefrönt wird. Dabei haben die verschiedenen ethnischen Gruppen sehr charakteristische eigene Musik. Immer beliebter aber werden Jazz, Rock, Pop, Hip Hop, und Rap.
Auch im **Modedesign** hat sich einiges getan seit Krenare Rugova (Abschluss in New York) mit ihrem eigenen Label auf den Markt kam. Mode „Made in Kosova" ist überraschend! Auf der Website der deutschen Botschaft kann man sich in einen E-Mail-Verteiler eintragen und erhält vom Kulturreferat Informationen über verschiedene Kulturveranstaltungen im Kosovo.
(www.pristina.diplo.de unter „Willkommen in Kosovo")

Literatur

Der erste bekannte Dichter des Kosovo, der in albanischer Sprache schrieb, war der Franziskaner **Pal Hasi**. Er lebte an der Wende vom 15. zum 16. Jahrhundert.
Eine eigenständige Literatur entstand aber erst nach dem Zweiten Weltkrieg. 1949 wurde die erste albanischsprachige literarische Zeitschrift „Jeta e re" (Neues Leben) von dem Lyriker **Esad Mekuli** (1916-1993) gegründet, in der viele albanischsprachige Schriftsteller erstmals publizieren konnten.
Hivzi Sulejmani (1912-1975) schrieb Kurzgeschichten und Romane. In den fünfziger und sechziger Jahren fanden diese zahlreiche Leser.
Anton Pashku (1937–1995) gilt als zentrale Figur und Avantgardist der albanischsprachigen Literatur des 20. Jahrhunderts. Er schrieb Dramen, Erzählungen, einen Roman „Oh" und veröffentlichte 9 Bücher. Hochgeschätzt von seinen Schriftstellerkollegen und den Intellektuellen, die ihn kannten, konnte er sich dennoch nicht bei einem breiteren Publikum durchsetzen. In einem Interview äußerte er: „Ich denke, dass es bei uns keine Lesekultur gibt…" Er starb 1995 in großer Armut.
Eqrem Basha (geb. 1948) ist Leiter und Mitbegründer des renommierten Verlages „Dukagjini" in Peja. Er gilt als einer der bedeutendsten modernen Autoren des Kosovo, veröffentlichte Gedichte, Erzählungen, Drehbücher und Romane und arbeitet als Übersetzer. Er studierte in Prishtina albanische Sprache und Literatur und arbeitete bis 1990 für das Fernsehen. Wegen der politischen Entwicklung wurde er entlassen. Einige seiner Werke erschienen in Frankreich.
Halil Haxhosaj (geb. 1946) ist Präsident des Schriftstellerverbandes des Kosovo. Er veröffentlichte bisher mehrere Gedichtbände sowie Erzählungen.
Azem Shkreli (1938 – 1997) arbeitete als Journalist, Angestellter des Schriftstellerverbandes und war dann Direktor des kosovarischen Filmstudios. Er veröffentlichte 19 Bände mit Gedichten und Erzählungen. In deutscher Sprache erschien sein Gedichtband „Ich weiß ein Wort von Stein". (Wieser Verlag 2004, übertragen von Hans-Joachim Lanksch).
Flora Brovina (geb. 1949)
Sie studierte Medizin in Prishtina und erhielt ihre Facharztausbildung zur Kinderärztin in Zagreb.
1992 gründete sie die Albanische Frauenliga und organisierte friedliche Demonstrationen. 1999 wurde sie verhaftet und vor dem Einmarsch der KFOR-Truppen in ein Gefängnis nach Serbien verlegt. Am
9. 12. 1999 erfolgte ihre Verurteilung zu 12 Jahren Haft, jedoch wurde sie auf Anordnung des serbischen Präsidenten Kostunica am 1. November 2000 freigelassen. Flora Brovina veröffentlichte drei Gedichtbände, darüber hinaus ist sie in mehreren Anthologien vertreten. Vom schwedischen PEN Zentrum erhielt sie den Tucholsky-Preis, die Heinrich-Böll-Stiftung verlieh ihr den Preis für Zivilcourage.

Din Mehmeti (geb. 1932 in Junik)
Er war Professor an der Pädagogischen Hochschule in Gjakova und gilt als Begründer der modernen Poesie des Kosovo. Seine Gedichte erschienen in über 10 Buchausgaben.
Beqë Cufaj (geb. 1970)
kam nach Abschluss seines Studiums der albanischen Sprach- und Literaturwissenschaften 1995 nach Deutschland. Er schreibt regelmäßig für die in Prishtina erscheinende Tageszeitung „Koha ditore". Nach Ende des Krieges kehrte er 1999 für sechs Monate ins Kosovo zurück, um am Wiederaufbau seiner Zeitung mitzuwirken. Eindrücke aus dieser Zeit erschienen im März 2000 im Wiener Paul Zsolnay Verlag unter dem Titel „Kosova – Rückkehr in ein verwüstetes Land". Ebenfalls im Zsolnay Verlag erschien in deutscher Sprache 2005 sein erster Roman mit dem Titel „Der Glanz der Fremde".
Bekim Morina (geb. 1972)
studierte ebenfalls albanische Sprach- und Literaturwissenschaften. 1995 erschien sein erster Gedichtband. Ende 1998 ging er ins Exil und lebt seit 1999 in Deutschland. Sein Gedichtband „ETWAS BESSERES ALS DEN TOD" erschien in albanisch und deutsch im Revonnah Verlag Hannover 2006.
Rizah Sheqiri (geb. 1961)
Auch er studierte albanische Sprach- und Literaturwissenschaft. Nachdem er sieben Jahre bei einer Radiostation in Prishtina arbeitete, emigrierte er nach Schweden. Er schreibt Lyrik und Prosa hauptsächlich für Kinder, aber auch für Erwachsene. Sein Gedichtband „Wenn du wirklich die Wahrheit brauchst" erschien in Tirana in albanischer und deutscher Sprache.
Mustafe Xhemaili (geb. 1954) lebt in der Schweiz und veröffentlichte 4 Gedichtbände. Ebenfalls in der Schweiz lebt
Shaip Beqiri (geb. 1954) Er ist Mitglied des Schweizer Schriftstellerverbandes. Gedichte von ihm erschienen auf Deutsch in dem 1998 erschienen Buch „Küsse und eilige Rosen. Die fremdsprachige Schweizer Literatur – Ein Lesebuch" (Limmat Verlag).
Weiteres Mitglied des Schweizer Schriftstellerverbandes ist
Mehmet Haxhosaj (geb. 1972), der in Zürich Politologie und Germanistik studierte.

Die bildende Kunst

Die bildende Kunst der Albaner konnte sich erst im 20. Jahrhundert entwickeln, da in der islamischen Welt die Abbildung von Lebewesen verboten ist. Dennoch gelang es einigen Albanern außerhalb des Osmanischen Reiches bedeutende Künstler zu werden. So gründete eine Gruppe, die sich in Venedig niedergelassen hatte, ihre eigene Schule, die „Scuola degli Albanesi". Der Künstler Aleks Tarketa schuf den Marmor-Altar des Mailänder Doms. Kardinal Alessandro (Aleksander) Albani (1692-1779) erlangte mit seiner Kunstsammlung Weltruhm, und er unterstützte verschiedene Projekte. So lebte auch der Begründer der klassischen Archäologie, der aus Stendal/Altmark stammende Johann Joachim Winckelmann (1717-1768), zeitweise als Gast des Kardinals in Rom. Heute befindet sich in der „Villa Albani" ein Museum für antike und zeitgenössische Kunst.

Als Architekten im Osmanischen Reich waren die Albaner Sadefqar Mehmeti, Kristo Dulla und Sinan Artiku tätig. Sie schufen bedeutende Bauwerke in Istanbul und anderen Zentren des Reiches.

Zu den im 20. Jahrhundert bekanntesten albanischen Künstlern gehören der mit Picasso befreundete Maler Abedin Dino (1913-1993), der hauptsächlich in Paris lebte, und Catin Saraci (1902-1974), den in London eine enge Freundschaft mit Oskar Kokoschka verband. Ibrahim Kodra ist ein bedeutender Vertreter des Kubismus in Italien. Weiterhin brachte es der Fotograf Gjon Mili (1902-1980) zu einer breiten internationalen Anerkennung.

Gab es zunächst Bestrebungen, durch Kunst vor allem eine einheitliche nationale Identität mit der Schaffung und Verehrung von Helden und Konformismus festzuschreiben, so wird jetzt diese anfängliche Entwicklung stark ins Visier genommen. Mittelpunkt der Szene ist Prishtina mit dem EXIT Contemporary Art Institute. Hierbei handelt es sich um ein in der Nationalbibliothek angesiedeltes Zentrum für zeitgenössische Kunst, in dem Workshops, Vorträge, Ausstellungen und Seminare angeboten werden (Tel. 0381–38–245 749). Eines der Projekte von EXIT ist „Missing Identity", das vor allem Vielfalt und eine offene Gesellschaft propagiert. In Peja ist die Gallery EXIT für zeitgenössische Kunst dem Institut in Prishtina angeschlossen. Ihr Begründer ist Erzen Shkololli (erzenshkololli@yahoo.com).

Zu den Künstlern, die in letzter Zeit internationale Anerkennung fanden, gehören der in Wien lebende Bildhauer Destan Gashi (Ausstellungen in Brüssel und Wien), Sami Ahmeti (Ausstellungen in Paris, Tokio, Ankara, Delhi und Rotenburg) sowie der Maler und Videokünstler Jakub Ferri, der 2006 mit dem Preis „Europas Zukunft" in Leipzig ausgezeichnet wurde (Ausstellungen in New York, Istanbul, Amsterdam, Berlin, Tirana, Bukarest, Brno und Kassel).

Das Handwerk

Das Handwerk hat im Kosovo eine alte und reiche Tradition. Weit über die Region und den Balkan hinaus wurden die Erzeugnisse der **Silberschmiede, Büchsenmacher und Messerschmiede** bekannt, deren Zentren in Prizren, Peja und Gjakova liegen. Die Filigranarbeiten aus Silber schätzte man auch in Paris. Als Silberschmiede betätigten sich überwiegend Katholiken. Gewehre der Büchsenmacher aus Prizren wurden bis nach Asien und Afrika exportiert. Die kunstvollen Arbeiten der **Sattler** findet man auch heute noch an vielen Pferdefuhrwerken mit prächtigem Zaumzeug sowie auf Märkten.

Ebenfalls eine lange Tradition haben die **Musikinstrumentenbauer**. Bei den Tänzen der Bewohner von Rugova wird eine große Trommel geschlagen, und auch Tamburine fehlen auf keiner Feier. Die „Lahute" ist das bekannteste

Die Arbeiten der Handwerker sind sehr gefragt: Sattler, Schneider, Silberschmiede, Messerschmiede, Schuster und Schreiner

albanische Streichinstrument. Hierbei handelt es sich um eine Art Fidel mit nur einer Saite. Die „Cifteli" ist eine Langhalslaute. Weiterhin gehören Doppelflöten und Schalmeien zu den in der albanischen Musik verwendeten Instrumenten. Von allen Musikinstrumenten gibt es sehr kunstvolle Ausführungen mit vielen Verzierungen.

Die Handwerkskunst der **Stellmacher und Schreiner** kann man überall im Kosovo finden: Dekorative Tore, die Grundstücke fest verschließen, Holzdecken in Moscheen und der Kulla, Wandschränke, Holzgitter an Fenstern sowie Möbel. Dazu gehört auch die „Djepi", eine liebevoll gestaltete Mini-Kinderwiege, in die man Babys fest einschnürt und abends vogelkäfigartig zudeckt. Man findet sie auf jedem Markt und in vielen Geschäften.

Die **Kupfer- und Kesselschmiede** arbeiten noch in zahlreichen kleinen Handwerksbetrieben, ebenso die **Schneider, Filzmacher und Schuster**, die trotz zahlreicher Importe viele eigene Kreationen herstellen.

Einst waren die Erzeugnisse aus Holz, Horn und Knochen der **Pfeifenmacher** als repräsentatives Stück für den Hausherrn sehr begehrt. Jetzt hat die Zigarette die Pfeife weitgehend abgelöst.

Sport

Im Kosovo ist man sehr sportbegeistert. Am beliebtesten sind Fußball, Basketball, Volleyball und Wrestling. Es gibt zahlreiche Fußball- und andere Sportclubs. Von den Fußballclubs spielen 16 Mannschaften in der 1. Liga, der sog. „Raiffeisen Superliga".

Bereits 1928 wurde in Peja ein Bergsteigerverein gegründet. Zu den Gründungsmitgliedern gehörte Syle Kelmende, der insbesondere durch Erstbesteigungen der Berge der Region Rugova hervortrat. Der Fußballspieler Naim Krieziu (geb. 1918 in Gjakova), der zunächst beim SK Tirana spielte, wechselte in der Saison1939/40 zum AS Rom, wo er auch nach dem 2. Weltkrieg wieder zum Einsatz kam. In der jugoslawischen Nationalmannschaft hatten sich zahlreiche Fußballspieler aus dem Kosovo einen Namen gemacht.

Die meisten Sportverbände wurden inzwischen in die jeweiligen internationalen Dachorganisationen aufgenommen. Die internationale Tischtennis-Föderation nahm schon 2003 den Sportverband des Kosovo auf, 2004 folgte die Europäische Handball-Föderation. Kurz nach der Erklärung der Unabhängigkeit konnten zum ersten Mal ein selbständiges Kosovo - Damen- und ein Herrenteam an der Tischtennis-WM in China teilnehmen. 2014 erfolgte die Aufnahme in den IOC, 2016 konnte das Land dem Fußball-Verband FIFA und der europäischen Fußball-Union UEFA beitreten. So nahm das Land an der Olympiade in Rio 2016 zum ersten Mal mit einer eigenen Sport-Delegation teil. Viele Top-Sportler aus dem Kosovo kämpfen für andere Länder: Der Freistil-Ringer Sait Prizreni startet für Albanien, der Basketball-Spieler Ulug Kaçaniku spielt in der türkischen Nationalmannschaft, und auch in der finnischen Nationalmannschaft findet man Fußballer aus dem Kosovo. Der Thai-

boxer Azem Maksutaj (mehrfacher Weltmeister) aus Deçani lebt in der Schweiz.
Der bekannte Profi-Boxer Luan Krasniqi boxte für Deutschland. Er wurde 1971 in Junik geboren und lebte dort bis zum Abschluss der Grund- und Hauptschule 1987. Danach zog er nach Deutschland. Seine Eltern wohnen seit 1970 in Rottweil. Dort machte er auch Abitur und eine Ausbildung zum Großhandelskaufmann. Seine Boxkarriere begann in Rottweils Boxsportverein. Nachdem er die deutsche Staatsbürgerschaft erhielt, konnte er zahlreiche Medaillen als Schwergewichtler im Boxsport erringen. Seit 1996 kämpfte er als Profi-Boxer und konnte 2002 und 2004 den Europameister-Titel erringen bzw. verteidigen. Seit 2012 ist er nicht mehr im Boxsport aktiv. Er ist Botschafter der SOS Kinderdörfer und engagiert sich für das SOS Kinderdorf in Prishtina.
Eine der bekanntesten Fußballspielerinnen Deutschlands kommt ebenfalls aus dem Kosovo: Fatmire „Lira" Alushi geb. Bajramaj. Geboren wurde sie in Gjurakovc bei Peja und floh mit ihrer Familie 1992 nach Deutschland. Sie spielte in verschiedenen Vereinen und war Mitglied der Nationalmannschaft, die sie 2008 durch zwei Tore zum Gewinn der Bronzemedaille schoss, nachdem sie mit der Nationalmannschaft bereits Europa- und Weltmeisterin wurde. Im Oktober 2009 erschien ihre Biografie „Mein Tor ins Leben – vom Flüchtling zur Weltmeisterin". Im November 2015 wurde sie Mutter eines Sohnes und ist nicht mehr aktiv.

Stolz auf das deutsche Trikot

Der Boxer Luan Krasniqi

Persönlichkeiten, die mit Kosovo/Albanien verbunden sind

Isa Boletini (1864–1916)
Geboren wurde er in Boletin bei Mitrovica. Er war Mitglied der Liga von Prizren und nahm am bewaffneten Kampf gegen die osmanischen Truppen teil. Zwischen 1899 und 1900 unterstützte er Haxhi Zeka (Liga von Peja) beim erneuten Widerstand gegen die Türken. Nach Verhaftung und Gefängnisstrafen in Istanbul kämpfte er weiter sowohl gegen osmanische als auch gegen serbische Truppen. 1913 nahm er gemeinsam mit Ismail Qemali an der Botschafterkonferenz in London teil, um eine Aufteilung der albanisch besiedelten Gebiete zu verhindern. Er starb am 23. Januar 1916 im Kampf gegen montenegrinische Truppen bei Podgorica.

Francesco Crispi (1819–1901)
Er war Arbereshi und italienischer Ministerpräsident von 1887 – 1891 und noch einmal von 1893 – 1896.

Gjergj Fishta (1871–1940)
Nach dem Studium der Philosophie und der katholischen Theologie in Bosnien wurde Gjergj Fishta die Leitung des Franziskanergymnasiums in Shkodra übertragen. Dort führte er Albanisch als Unterrichtssprache ein. 1920 wurde er Parlamentsabgeordneter und 1921 Vizepräsident des albanischen Parlaments bis zur Machtübernahme durch Zogu. Er betätigte sich als Dichter und Übersetzer sowie als Herausgeber von Zeitschriften. Er leistete durch seine dichterischen Werke und seine Arbeit als Lehrer zur Entwicklung des Gegischen (nordalbanischer Dialekt) als Schriftsprache einen wichtigen Beitrag.

Abdyl Frashëri (1839–1892)
Er war einer der führenden Köpfe der Liga von Prizren und Anhänger der Bektaschi-Lehre. Als Beamter im Osmanischen Reich wurde er 1877 Leiter des Zollamtes von Janina und bald auch Abgeordneter im Türkischen Parlament. In türkischen und griechischen Zeitungen veröffentlichte er nach dem Frieden von San Stefano Artikel, die auf die Belange der Albaner aufmerksam machten. 1877 gründete er in Istanbul mit seinem Bruder Sami und anderen albanischen Intellektuellen das "Zentralkomitee zur Verteidigung der Rechte des albanischen Volkes". Dieses Komitee strebte eine Autonomie der Albaner innerhalb des Osmanischen Reiches an. Am 10. Juni 1878 hielt er auf der Versammlung aller Delegierten der Albaner in Prizren, der "Liga von Prizren", die Eröffnungsrede. Gemeinsam mit Mehmed Ali Vrioni besuchte er 1879 Berlin, Paris, Wien und Rom und übergab den Regierungen der europäischen Großmächte ein Memorandum mit den albanischen Forderun-

gen. Gleichzeitig warben sie für die albanischen Interessen. 1879 wurde er auch Mitbegründer der "Gesellschaft für den Druck albanischen Schrifttums" in Istanbul.
Trotz der von den türkischen Behörden angeordneten Beschränkung seiner Reisefreiheit fuhr er 1881 nach Prizren und stellte eine provisorische Regierung auf, die Kosovo und andere albanisch besiedelte Gebiete unter die Verwaltung der Liga stellte. Die Unabhängigkeitsbewegung wurde durch osmanische Truppen gewaltsam niedergeschlagen, Abdyl Frashëri verhaftet und zu lebenslanger Freiheitsstrafe verurteilt. Ende 1885 begnadigte man ihn. Am 23. Oktober 1892 starb er in Istanbul

Mehdi Frashëri (1874-1963)
Er gehört zu einem anderen Zweig der Frashëri-Familie als die Frashëri-Brüder und hatte verschiedene Posten im türkischen Verwaltungsdienst inne. So war er u. a. Generalgouverneur von Palästina und Vize-Hochkommissar von Ägypten. Dann wurde er Präfekt in Berat und albanischer Vertreter bei der Internationalen Kontrollkommission für Albanien. Nach dem Ersten Weltkrieg bekleidete er verschiedene Ministerposten und war zeitweise Vertreter Albaniens im Völkerbund. Nachdem er von 1935 bis 1936 Ministerpräsident Albaniens war, flüchtete er 1944 nach Italien, wo er bis zu seinem Tode lebte.

Naim Frashëri (1846–1900)
Er gilt als der große albanische Nationaldichter des 19. Jahrhunderts. Naim Frashëri besuchte gemeinsam mit seinen Brüdern das berühmte Zosimea-Gymnasium in Janina, wo er eine klassische Bildung westlicher Prägung erhielt. Hier lernte er Alt- und Neugriechisch sowie Französisch und Italienisch. Seine erste Ausbildung fand in einer Tekke der Bektaschi statt, wo er sich auch mit dieser Lehre beschäftigte. Er lernte früh Türkisch, Persisch und Arabisch. Nach dem Abschluss des Gymnasiums trat er in den osmanischen Staatsdienst ein und ging 1870 nach Istanbul. Hier veröffentlichte er 1871 seine „Grammatik der persischen Sprache nach neuer Methode".
Wegen einer Tuberkulose-Erkrankung kehrte er zurück nach Albanien mit seinem günstigeren Klima und arbeitete als Steuerbeamter und beim Zoll. Während dieser Zeit schrieb er seine ersten Gedichte. Als er wieder nach Istanbul zog, erschienen zahlreiche seiner Artikel in der dortigen albanischen Zeitschrift „Dituria" und „Drita".
Nach der Verhaftung seines Bruders Abdyl beteiligte er sich aktiv an der Nationalbewegung.
Seine Lyrik enthielt politische Botschaften, die das neu entstandene Nationalbewusstsein der Albaner stärkten. Schon 1926 wurde sein „Notizbuch der Bektaschi" ins Deutsche übersetzt, das ein wichtiger Beitrag zum Verständnis dieser Lehre ist. Ihr fühlte sich Naim Frashëri stark verbunden.

Sami Frashëri (1850–1904)

Wie seine Brüder besuchte auch er das Zosimea-Gymnasium in Janina und lernte hier Alt- und Neugriechisch, Französisch und Italienisch. Er sprach weiterhin - wie sein Bruder Naim - Arabisch, Türkisch und Persisch. In Istanbul erhielt er 1872 eine Anstellung bei der Pressedirektion und leitete ab 1874 mehrere Zeitschriften. So konnte er in vielen Artikeln auf die albanischen Belange aufmerksam machen. Im "Zentralkomitee zur Verteidigung der Rechte des albanischen Volkes" arbeitete er ebenso mit wie in der Alphabetenkommission, der er 1879 ein einheitliches Schreibsystem vorschlug. Sein Werk umfasst mehrere Schulbücher, so eine "Fibel der albanischen Sprache", die erste Schulgrammatik des Albanischen sowie ein Geographiebuch. Große Bedeutung erlangte er in der türkischen Literatur, da er den ersten türkischen Roman schrieb, der unter dem Namen Semseddin Sami veröffentlicht wurde. Außerdem verfasste er ein türkisch-französisches und französisch-türkisches Wörterbuch, ein sechsbändiges Universallexikon, in dem er auch ausführlich über Albanien informierte sowie ein zweibändiges Türkisches Wörterbuch, das auch heute noch als Grundlage der türkischen Schriftsprache dient.

1899 erschien sein politisches Manifest "Was war Albanien, was ist es, was wird es werden. Gedanken und Betrachtungen über die unser geheiligtes Vaterland Albanien bedrohenden Gefahren und deren Abwendungen", das 1913 in Wien in deutscher Sprache erschien. Hier legte er seine Ideen für ein freies und unabhängiges Albanien dar.

Shtjefën Gjeçovi (1873 – 1929)

Sein eigentlicher Name ist Mëhill Konstandin Gjeçi-Kryeziu. Der Franziskanerpater wurde in Janjevo/Kosovo als Sohn eines Minenbesitzers geboren. Er besuchte eine höhere Schule bei Lezha /Albanien und studierte ab 1888 in Bosnien Theologie. In den Franziskanerorden trat er 1892 ein. Er unterstützte die albanische Befreiungsbewegung, betrieb ethnografische Studien und nahm archäologische Ausgrabungen vor. Während seiner Tätigkeit in der Mirdita Nordalbaniens sammelte er die bisher nur mündlich überlieferten Regeln des Kanun. Seine Arbeit bildete die Grundlage für die von Amelie Freiein von Godin ins Deutsche übersetzte Ausgabe des „Kanun". In Karashingjergj (Has-Region nordwestlich von Prizren), wo Shtjefën Gjeçovi von 1926 - 1929 wirkte, steht ihm zu Ehren eine Gedächtniskapelle. 1929 wurde der Pater von serbischen Freischärlern ermordet.

Elena Gjika - Künstlername Dora d'Istria (1828–1888)

Elena Gjika, als Tochter des Fürsten Mihai Ghica in Bukarest geboren, war eine rumänisch-albanische Schriftstellerin, die in ihrem Elternhaus eine umfassende Bildung und Erziehung erhielt.

Neben Rumänisch und Albanisch sprach sie Deutsch, Italienisch, Englisch, Französisch, Russisch, Alt- und Neugriechisch und war des Lateinischen

Denkmäler für Mutter Tereza, Adem Jashari, Shtjefën Gjeçovi, Gjergj Kastrioti genannt Skënderbeu und Haxhi Zeka. Unten links eine Gedenktafel an die Ereignisse in Gjakova, bei denen der Deutsche Mehmed Ali Pascha - eigentlich Ludwig Karl Friedrich Detroit ums Leben kam

mächtig. Mit ihrem Vater ging sie 1840 zur weiteren Ausbildung zunächst nach Dresden, später nach Wien, Venedig und Berlin. 1849 heiratete sie den russischen Fürsten Alexander Koltsov-Massalski und lebte anschließend mehrere Jahre in Russland. 1855 kehrte sie in das westliche Europa zurück, lebte in der Schweiz und in Italien. Reisen führten sie nach Griechenland, in die Türkei, nach Frankreich, Irland und Nordamerika.

Beeinflusst durch das liberale Gedankengut, unterstützte sie in ihren Schriften nationale Bestrebungen der Rumänen und Albaner und forderte die Gleichstellung von Mann und Frau. Sie veröffentlichte zahlreiche Bücher und Artikel in angesehenen Zeitschriften, darunter 1867 „Les ecrivains albanais Italie Meridionale" und 1873 „Die Albaner in Rumänien" (Gli Albanesi in Rumenia).

Amelie Freiin von Godin (1882–1956)

Die in München geborene Schriftstellerin, Übersetzerin und Albanienforscherin war auch in der katholischen Frauenbewegung aktiv tätig. Obwohl die Eltern ihr eine umfassende Bildung ermöglichten, verwehrten sie ihr ein Studium in Zürich, da es sich ihrer Meinung nach für eine junge Frau ihres Standes nicht schickte, den Lebensunterhalt selbst zu verdienen.

Ihre schriftstellerische Arbeit begann sie 1902 als Mitarbeiterin verschiedener Zeitungen. Gemeinsam mit ihrem jüngeren Bruder unternahm sie 1905/06 eine längere Reise nach Athen, Istanbul und Palästina. Dabei lernte sie auf dem Schiff nach Istanbul einen adeligen Albaner kennen, der sie nach Albanien einlud. Im Sommer 1908 folgte sie dieser Einladung und lernte dabei auch Ekrem Bey Vlora kennen, mit dem sie eine lebenslange Freundschaft und Liebe verband. Von nun an verbrachte sie meist die Hälfte des Jahres in Albanien und setzte sich vehement für die Unabhängigkeit des Landes ein. Ihre Eindrücke von dem Land veröffentlichte sie in verschiedenen Zeitungen und Zeitschriften.

Ihre bedeutendste wissenschaftlich-historische Leistung aber ist die Übersetzung des „Kanun" auf der Grundlage des vom Franziskanerpater Shtjefën Gjeçovi gesammelten Materials gemeinsam mit ihrem Freund Ekrem Bey Vlora ins Deutsche. Dazu reiste sie 1930 nach Shkodra, um sich besonders mit dem gegischen Dialekt Nordalbaniens und Kosovos zu befassen, damit die urwüchsige Ausdrucksweise möglichst gut in der Übersetzung wiedergegeben wird. Erst nach dem 2. Weltkrieg, kurz vor ihrem Tod, wurde diese Arbeit in der „Zeitschrift für vergleichende Rechtswissenschaft einschließlich der ethnologischen Rechtsforschung" veröffentlicht.

Mehr als zwei Jahrzehnte arbeitete Godin außerdem am ersten Wörterbuch der albanischen und deutschen Sprache. An ihrer Beerdigung in München nahmen zahlreiche Albaner teil, die ihre tiefe Verbundenheit mit dieser außergewöhnlichen Frau durch die Worte „Heute ist die Mutter Albaniens gestorben" ausdrückten.

Adem Jashari (1955–1998)

Geboren wurde Adem Jashari in Prekaz bei Skenderaj (Drenica). Schon früh wurde das Haus der Jasharis zu einem Zentrum des Widerstandes. Er gilt als Mitbegründer und Anführer der UÇK. Gemeinsam mit seinem Bruder Hamez organisierte er Widerstand gegen die serbisch dominierten Polizeikräfte und Paramilitärs, deren Polizeistellen sie mehrmals angriffen. Nach einem solchen Angriff auf einen serbischen Polizeiposten führten serbische Einheiten am 6. März 1998 einen Vergeltungsschlag durch. Dabei kam Adem Jashari zusammen mit 57 Familienmitgliedern ums Leben. Sein Wohnhaus und die Gräber der Familie in Prekaz sind heute eine Gedenkstätte, die von zahlreichen Albanern besucht wird.

Ismail Kadare (geb. 1936)

Ismail Kadar ist der Nationaldichter der Albaner und einer der größten Schriftsteller unserer Zeit. Seine Werke wurden in mehr als 20 Sprachen übersetzt. Er ist ein Meister der Lyrik und vor allem des modernen historischen Romans. Geboren in Gjirokastra/Albanien, studierte er Literaturwissenschaft in Tirana und für kurze Zeit am Moskauer Gorki-Institut. Obwohl er unter dem Regime Enver Hoxhas Staatsschriftsteller und von 1970–1982 Abgeordneter war, wurde er mehrfach mit Berufsverbot belegt. Während der Kulturrevolution musste er sich als Landarbeiter verdingen. 1990 erhielt er in Frankreich politisches Asyl und lebt seither in Paris. 1996 wurde er in das Institut de France aufgenommen. In seine Heimat Albanien kehrte Kadare 1999 zurück. Seither hat er sowohl in Tirana als auch in Paris seinen Wohnsitz. Zu den bekanntesten Werken, die auch in Deutschland erschienen sind, zählen „Die Festung", „Die Brücke mit den drei Bögen", „Chronik in Stein" und „Der Palast der Träume". Er wurde wiederholt für den Literatur-Nobelpreis nominiert.

Gjergj Kastrioti genannt Skënderbeu (1405–1468)

Nachdem sein Großvater nur ein kleines Gebiet mit zwei Dörfern in Nordalbanien beherrschte, konnte sein Vater das Herrschaftsgebiet bis zur Küste und bis ins heutige Kosovo ausdehnen. Mehrfach widersetzte sich sein Vater den Türken, musste sich dann aber dem Sultan wieder unterwerfen und eroberte Gebiete abtreten. Daraufhin verlangte der Sultan seine Söhne als Pfand gegen neuerliche Rebellion. Die Söhne sollten zur neuen Elite in islamisch-osmanischem Sinne erzogen werden. Gjergj Kastrioti wurde Iskender Beg (Herr Alexander), und er erhielt eine umfassende Bildung. Er sprach mehrere orientalische und europäische Sprachen. Seine militärische Karriere begann im Korps der Palastpagen. Unter Sultan Murad I. nahm er an verschiedenen Feldzügen teil, dann wurde er 1438 Militärkommandant von Kruja/Albanien und kurze Zeit später Leiter eines benachbarten Verwaltungsbezirkes.

Unter dem Ungarn János Hunyadi formierte sich eine christliche Allianz gegen die Türken und begann gegen die osmanische Vorherrschaft zu kämpfen. Skënderbeu, der bereits geheime Kontakte zu Hunyadi hergestellt hatte, verließ mit seinen albanischen Truppen das osmanische Heer und besetzte Burg und Stadt Kruja. Durch die Allianz konnte das osmanische Heer besiegt werden, und es begann ein erneuter Aufstand der Albaner. Da Skënderbeu eine Chance nur im gemeinsamen Vorgehen der Albaner sah, berief er den örtlichen Adel zu einer Versammlung nach Lezha (Südalbanien) ein auf der beschlossen wurde, eine gemeinsame Armee aufzubauen. Es handelte sich um ein reines Militärbündnis, das von Skënderbeu geführt wurde. Mehr als 25 Jahre gelang es, alle Rückeroberungsversuche albanischen Territoriums durch die Türken abzuwehren. Das christliche Europa bewunderte ihn dafür, aber Unterstützung anderer Art erhielt er nicht. Nur mit König Alfons V. von Neapel konnte er einen Bündnisvertrag abschließen. Er erhielt militärische und finanzielle Hilfe.

In Einhaltung dieses Bündnisses kämpfte er 1461 in Italien, um dem Sohn Alfons V. die Nachfolge auf den Thron zu sichern. Bald kehrte er nach Albanien zurück, um neue Bündnisverhandlungen einzuleiten. Noch vor Beginn dieser Verhandlungen verstarb er 1468.

Sein Ruhm nahm bald legendenhafte Formen an, und er wurde Held vieler Dichtungen auch außerhalb Albaniens. Die in Italien verbliebenen albanischen Truppen gründeten dort die ersten albanischen Kolonien.

Faik Bey Konica (1875-1942)

Nach seinem Schulbesuch in Shkodra, Istanbul und in Frankreich studierte er dort Romanistik und beendete sein Studium 1896 mit einem Aufenthalt an der Harvard Universität in den USA. Ab 1897 gab er in Brüssel und später in London die zweisprachige Monatszeitschrift „Albania" heraus. Sie war nicht nur für die albanische Diaspora, sondern auch für das Ausland eine wichtige Informationsquelle über die Verhältnisse in Albanien. 1912 vertrat er auf der Botschafterkonferenz in London die Interessen der Albaner. 1921 kehrte er in die USA zurück und wurde albanischer Botschafter in Washington.
Er setzte sich für eine einheitliche albanische Schriftsprache ein.

Mahidevran

Die Albanerin Mahidevran war erste Favoritin des Sultans Süleyman des Prächtigen (1494 - 1566). Mit ihm hatte sie den Sohn Mustafa und somit beste Chancen, einmal die mächtigste Frau des Osmanischen Reiches zu werden. Diese Stelle hatte immer die Mutter des Sultans inne. Doch dann kam die Sklavin Roxelane, aus Ruthenien verschleppt und verkauft, in den Harem. Sie war eine kluge Frau, die bald den Sultan um den Finger wickeln konnte und zu seiner Lieblingsfrau aufstieg. Als auch sie einen Sohn gebar, hatte man große Sorge um die einstige Nachfolge des Sultans, die zu damaliger Zeit zur Vermeidung von Erbfolgekriegen durch Töten der Brüder gelöst wurde. In Mahidevrans Sohn Mustafa sah Roxelane den größten Konkurrenten ihrer Söhne. Mustafa bewährte sich als starker Kämpfer bei den Janitscharen, so dass er immer gefährlicher wurde. Roxelane bewirkte, dass der Sultan Mustafa töten ließ und Mahidevran nach Bursa verbannt wurde.

Mehmed Ali Pascha - eigentlich Ludwig Karl Friedrich Detroit
(Geboren 1827 in Brandenburg/Havel, gestorben 1878 in Gjakova/Kosovo)
Ludwig Karl Friedrich Detroit entstammte einer hugenottischen Familie. Sein Vater war preußischer Hofmusiker. Er besuchte nach der Grundschule das Domgymnasium in Magdeburg, das er aber in der Tertia abbrach. Mit 16 Jahren heuerte er als Schiffsjunge auf einer Brigg an. Im Hafen von Istanbul floh er durch einen Sprung ins Wasser. Gerettet wurde er durch den späteren Großwesir Ali Effendi, der sein Gönner wurde. Detroit konvertierte zum Islam und besuchte ab 1846 eine Kadettenschule. Danach hatte er verschiedene Posten in der osmanischen Armee inne, zeitweilig sogar den Oberbefehl der osmanischen Truppen in Bulgarien. Im Auftrag der Hohen Pforte nahm er 1878 als Mitglied der osmanischen Delegation am Berliner Kongress teil. Im Anschluss daran wurde er in das Grenzgebiet zu Montenegro geschickt, um den Widerstand der Albaner gegen Gebietsabtretungen zu brechen. Am 7. September 1878 wurde er von aufgebrachten Albanern in Gjakova erschlagen. Der türkische Dichter Nazim Hikmet ist ein Nachfahre von Mehmed Ali Pascha.

Alexander Moissi (1879–1935)
Bekannt wurde Alexander Moissi als Schauspieler am Deutschen Theater unter Max Reinhardt. Als Sohn eines aus Durrës stammenden Albaners und einer Italienerin wurde er in Triest geboren. Erst mit 17 Jahren erlernte er die deutsche Sprache. In Wien begann er eine Ausbildung am Konservatorium, da er Sänger werden wollte. Während dieser Zeit übernahm er am Burgtheater bereits kleine Komparsenrollen. Anschließend trat er von 1901–1904 in kleinen Rollen am Neuen Deutschen Theater in Prag auf. Wegen seiner eigenartigen Aussprache des Deutschen gingen die Kritiker hart mit ihm ins Gericht. Bei der Deutschen Volksbühne in Berlin erhielt er im Herbst 1904 ein Engagement und spielte die Rolle des Golo in Hebbels "Genoveva". Der bekannte Theaterkritiker Julius Bab sah ihn dort und war vollkommen fasziniert von Moissis leidenschaftlichem Spiel. Daraufhin lud ihn Max Reinhard zum Vorsprechen ein und engagierte ihn. Unvergessen sind seine Darstellungen des Romeo, Hamlet und Faust, die ihn zum Liebling des Publikums machten – trotz der Kritik an seinem Akzent und seiner "orientalischen Gesten". Als Max Reinhardt 1924 Berlin verließ, arbeitete Moissi nicht mehr in einem festen Engagement, sondern unternahm Gastspielreisen nach Wien, München, Paris, Rom, Stockholm, Budapest, Moskau und New York. Mit der Rolle des Fedja Protasow in Tolstois "Lebendem Leichnam" erlangte er sei-

nen größten Ruhm. 1934 wurde Alexander Moissi albanischer Staatsbürger. Am 22. März 1935 starb er in Wien an Tuberkulose.

Muhammad Ali Pascha (1769–1849)
Er war von 1805 bis 1848 Vizekönig von Ägypten, nachdem er schon 1799 als Leutnant gegen die Ägyptische Expedition Napoleons gekämpft hatte. Er erhielt die erbliche Herrschaft über Ägypten unter türkischer Oberhoheit. Diese Herrscherdynastie regierte dort bis 1953.

Hasan Bey Prishtina (ursprünglich Hasan Berisha)
(Geboren 1873 in Vushtrii/Kosovo – 1933 in Thessaloniki)
Aus einer Großgrundbesitzerfamilie stammend, studierte Hasan Berisha in Istanbul Jura. 1908 war er Abgeordneter im ersten Parlament des Osmanischen Reiches und nahm den Namen „Prishtina" an, um sein Zusammengehörigkeitsgefühl mit politischen Anhängern und Freunden dieser Stadt auszudrücken, und führte den Titel „Bey". Im Mai 1912 organisierte Prishtina Kämpfer gegen serbische und montenegrinische Truppen im Kosovo, um den Anschluss Kosovos an Serbien zu verhindern, ebenso noch einmal nach Ende des 1. Weltkrieges. Er war führendes Mitglied des Bundes von Junik, dem auch Bajram Curri und Isa Boletini als Führungspersönlichkeiten angehörten. Im Oktober 1919 reiste Hasan Prishtina mit einer Kosovo-Delegation nach Paris zur Friedenskonferenz, um der Forderung nach einem Anschluss an Albanien Nachdruck zu verleihen. Ihr Anliegen wurde aber gar nicht debattiert. Als Abgeordneter aus dem Kosovo im albanischen Parlament in Tirana wollte Hasan Prishtina die Aufständischen im Kosovo unterstützen, erhielt aber Gegenwind durch Ahmet Zogu, der mit Hilfe der jugoslawischen Regierung an die Macht strebte. Auf Wunsch der jugoslawischen Verbündeten entfernte Zogu die Parlamentsmitglieder aus dem Kosovo, unter ihnen Hasan Bey Prishtina, und sie mussten Albanien verlassen. Ab 1924 lebte Prishtina in Thessaloniki im Exil. Dort wurde er am 13. August 1933 von dem Albaner Ibrahim Çelo ermordet. Ob es sich dabei um einen politischen Mord oder um Blutrache handelte, konnte nicht geklärt werden. Für die Albaner aus dem Kosovo ist Hasan Bey Prishtina ein bedeutender Nationalheld und Freiheitskämpfer.

Ymer Haxhi Prizreni (1826 – 1886)
Als Leiter des Studiums islamischer Theologie an der Medrese in Prizren, war Ymer Prizreni ein prominentes Mitglied der Liga von Prizren und spielte eine bedeutende Rolle in der Zeit des nationalen Erwachens der Albaner. 1878 leitete er den Ausschuss, der zum Treffen der Delegierten in Prizren und zur Gründung der Liga führte. 1879 wurde er Präsident der Liga und war auch am bewaffneten Widerstand beteiligt. Nach der Zerschlagung der Liga flüchtete er nach Ulqin. Trotz eines Angebotes des Sultans kehrte Prizreni nicht

zurück und starb 1933 in Ulqin (jetzt Montenegro), wo sich auch sein Grab befindet.

Mutter Teresa - Agnes Gonxha Bojaxhiu (1910–1997)

Sie ist die bekannteste albanische Persönlichkeit des 20. Jahrhunderts. Auch im Kosovo wird sie sehr verehrt. Geboren in Skopje, wohin ihre Familie aus Prizren übergesiedelt war, besuchte sie ein serbisches Gymnasium. In Letnice/Südkosovo entschied sie sich, den Weg Gottes zu gehen. 1927 trat sie in den pädagogisch tätigen Orden der Loreto-Kongregation (Englische Fräulein) ein. Dieser schickte sie 1928 nach Kalkutta, wo sie als Lehrerin und später als Schuldirektorin der St. Mary's High School tätig war. Um den Ärmsten der Armen dienen zu können, verließ sie 1948 ihren Orden und zog den Sari der Armen von Indien an – weiß mit blauer Borte. Von nun an lebte sie im Elendsviertel von Kalkutta, sammelte weggeworfene Säuglinge aus Mülltonnen und tröstete auf der Straße liegende Sterbende. Als sich Schülerinnen ihrer Schule Mutter Teresa anschlossen, wurden sie "Missionarinnen der Nächstenliebe" genannt. Man richtete ein Sterbehaus ein und betreute neben verlassenen Kindern auch Lepra- und Aidskranke. Mutter Teresa setzte sich über kulturelle, ethnische, religiöse und Klassenunterschiede hinweg und half überall dort, wo sie Notstand sah. Sie erhielt zahlreiche Ehrendoktorwürden und Auszeichnungen. 1979 wurde sie für ihr Lebenswerk mit dem Friedensnobelpreis geehrt. Ihre Seligsprechung erfolgte am 19. Oktober 2003. Ihre Heiligsprechung proklamierte Papst Franziskus am 4. 9. 2016 auf dem Petersplatz in Rom.

Fan Noli (1882–1965)

Theophan (Fan) Stylian Noli wurde in Thrakien als Sohn einer orthodoxen albanischen Familie geboren. Er engagierte er sich früh für die albanische Nationalbewegung „Rilindja". In Boston/USA versuchte er 1906 die dortige albanische Gemeinde für die Nationalbewegung zu begeistern und strebte die Gründung einer orthodoxen albanischen Kirche an. 1908 wurde er zum Priester geweiht.

Durch ihn wurde zum ersten Mal die Liturgie in albanischer Sprache zelebriert. Von 1908–1912 studierte er an der Harvard-Universität. Nach dem ersten Weltkrieg setzte er sich beim amerikanischen Präsidenten Wilson für die Anerkennung Albaniens ein, die mit der Aufnahme in den Völkerbund später auch international erfolgte. 1924 war er für kurze Zeit Ministerpräsident einer liberalen Regierung in Albanien. Wegen seines demokratischen Reformprogramms wurde er bereits wenige Monate nach Amtsantritt gestürzt. Er floh nach Italien und später in die USA. Seine besonderen Verdienste sind die Bemühungen um die Gründung der autokephalen orthodoxen Kirche von Albanien und die Übersetzungen liturgischer Texte sowie Werke der Weltliteratur ins Albanische.

Ismail Qemali Bey Vlora (1844–1919)

Auch er besuchte das berühmte Gymnasium „Zosimea" in Janina und gehörte mit zu den Führern der Albanischen Nationalbewegung. 1912 leitete er die Nationalversammlung in Vlora, die die Unabhängigkeit Albaniens ausrief. Als Vorsitzender der ersten Regierung kämpfte er um die Anerkennung des Landes. Als die Großmächte den Deutschen Wilhelm zu Wied zum Fürsten von Albanien ernannten, trat er zurück und verließ Albanien Richtung Italien, wo er fünf Jahre später starb.

Ibrahim Rugova (1944–2006)

Ibrahim Rugova wuchs als Einzelkind bei seiner Mutter auf, da sowohl sein Vater als auch sein Großvater der Kollaboration mit den Deutschen bezichtigt und am Ende des zweiten Weltkrieges von Partisanen hingerichtet wurden. Er studierte Philosophie und promovierte 1984 an der Universität Prishtina in Literatur. Zwei Jahre später erhielt er dort eine Professur. Ab 1988 war er Präsident vom Schriftstellerverband Kosovos. Als 1989 nach der Aufhebung der Autonomie die LDK (Lidhja Demokratike e Kosoves) gegründet wurde, gehörte er zu den Männern der ersten Stunde und wurde Vorsitzender. Nachdem die Albaner 1990 die „Republik Kosova" ausriefen, wurde er 1992 zum Präsidenten gewählt. Immer setzte er sich für eine gewaltfreie Lösung der Probleme mit Serbien und einen passiven Widerstand ein. Im Februar/März 1999 nahm er an der Internationalen Friedenskonferenz in Rambouillet teil und unterzeichnete das Friedensabkommen für die kosovo-albanische Seite. Nach Beginn der NATO-Luftangriffe auf Serbien wurde Rugova interniert. Im April 1999 war er mehrfach im serbischen Fernsehen mit Slobodan Milošević zu sehen, wo er sich gegen die Bombenangriffe der NATO äußerte. Im Mai 1999 konnte er nach Italien ausreisen. Die UNMIK berief ihn nach seiner Rückkehr in den Übergangsrat. Bei den ersten freien Parlamentswahlen 2001 gewann seine Partei die Mehrheit. Er wurde im März 2002 zum Präsidenten gewählt und 2005 im Amt bestätigt. Am 21. März 2006 starb er an Lungenkrebs und wurde in Prishtina unter großer Anteilnahme der Bevölkerung beigesetzt.

Hasan Tahsini (1811–1881)

Als erster Rektor der Universität von Istanbul ging er in die Geschichte ein. Auch er gehörte zur Liga von Prizren und arbeitete in der Alphabetenkommission mit.

Ali Pascha Tepelena (1741–1822)

Er ist eine der schillerndsten Persönlichkeiten und wird von den Albanern gern als ihr „Robin Hood" bezeichnet. Im Krieg der Türken gegen Russland erwarb er sich Verdienste und wurde zum Pascha ernannt. Die Gunst der Stunde nutzend, erkämpfte er die ehemaligen Besitzungen seinen Vaters in

Janina wieder zurück und beherrschte bald große Teile des jetzigen Nordgriechenlands sowie Südalbaniens. Er richtete sein eigenes Reich mit etwa 1,5 Millionen Untertanen, einem prächtigen Palast, einer eigenen Armee von ca. 100 000 Mann und einer kleinen Flotte im großen Osmanischen Reich ein. Die Besucher strömten scharenweise zu ihm, denn er war dem europäischen Denken sehr aufgeschlossen. Er umgab sich gern mit europäischen Offizieren und Dichtern. Auch der englische Dichter Lord Byron war 1809 einige Zeit Gast im Palast Ali Paschas. Als „Löwe von Janina" kannte man ihn bald in allen europäischen Hauptstädten, und England und Frankreich schickten sogar je einen Konsul nach Janina. Dabei hatten die europäischen Großmächte vor allem im Sinn – die zunehmende innere Schwäche des Osmanischen Reiches nutzend –, über lokale Herrscher ihren Einflussbereich auf dem Balkan auszudehnen. Als Ali Pascha auch noch mit den Aufständischen der griechischen Unabhängigkeitsbewegung paktierte, konnte Sultan Mahmud II. nicht mehr tatenlos zusehen. Zunächst enthob man „den Löwen" aller Ämter, dann begann eine militärische Intervention. Fast zwei Jahre hielt er der türkischen Belagerung stand. Bei einem Treffen mit Abgesandten des türkischen Kriegsministers wurde er ermordet.

Albert Lortzing machte das Leben Ali Paschas zum Inhalt seines ersten Singspiels „Ali Pascha von Janina oder Die Franzosen in Albanien", weil ihn die Berichte über Ali Pascha faszinierten. Das Singspiel entstand 1824 und wurde 1828 in Münster uraufgeführt.

Hans Troschel (1899–1979)

Der deutsche Maler Hans Troschel dokumentierte die albanische Lebensweise mit seinen Darstellungen traditioneller Gerätschaften und Handwerkstechniken.

Sein Leben ist auf tragische Weise mit den dunklen Kapiteln der deutschen und albanischen Geschichte des 20. Jahrhunderts verknüpft. Nach Ende des Ersten Weltkrieges studierte er am Bauhaus Weimar, später an der Deutschen Hochschule für Leibesübungen und 1925/26 an der Kunstakademie Breslau. Danach arbeitete er als Kunsterzieher an verschiedenen Gymnasien. Unter dem Titel "Inferno" erschien 1925 eine Mappe mit sechs Holzschnitten, in denen Troschel seine Kriegserlebnisse darstellte. Seine weiteren Arbeiten beschäftigten sich mit drastischen Darstellungen von Tod und Verfall. 1937 war für ihn ein dramatisches Jahr: Seine erste Ehe scheiterte, und im Herbst wurde eine ganze Reihe seiner Arbeiten als "entartete Kunst" beschlagnahmt.

Daraufhin floh er über Italien nach Albanien. Dort war sein Aufenthalt illegal. Er besaß weder Pass noch Geld. Zu Fuß durchquerte er das Land, genoss die traditionelle Gastfreundschaft, knüpfte Kontakte und fertigte zahlreiche Skizzen an. Neben Zeichnungen entstanden Ölbilder und ein Plan zur Einrichtung eines Nationalparks. Er malte das Tafelbild für eine neue Kirche neben dem Franziskanerkloster in Shkodra. Seit der Beschlagnahme der Kirche

1967, als diese in ein Lagerhaus verwandelt wurde, ist das Gemälde verschollen.

Als Albanien von den Italienern besetzt wurde, erhielt er einen Auftrag des italienisch kontrollierten Unterrichtsministeriums zur Dokumentation traditioneller Handwerkstechniken und Gerätschaften. Es entstanden zahlreiche Tafeln, so mit albanischen Häusertypen, Hausrat, landwirtschaftlichen Geräten, Musikinstrumenten, Brücken, Mühlen, Flößen und Booten, zur Fischerei, zum Spinnen und Weben, Töpferei, Ziegelei, Schmiedekunst, Filzherstellung u.a.

1940 kehrte Troschel zurück nach Deutschland, wo er sofort verhaftet wurde. Nach achtzehnmonatigem Gefängnisaufenthalt wurde er zur Luftwaffe eingezogen. Er gehörte zu den ersten Soldaten der Wehrmacht, die nach dem Abzug der Italiener Albanien besetzten. Durch seine Sprach- und Landeskenntnisse erhielt er bald einen Sonderstatus.

1944, als der Abzug deutscher Truppen nur noch eine Frage der Zeit war, desertierte er. Nach der Machtübernahme der Kommunisten unter Enver Hoxha wurde er verhaftet. Es folgten Folterungen, Einzelhaft, Gefängnisaufenthalte und Arbeitslager. Erst 1954 konnte Hans Troschel nach Deutschland zurückkehren.

Während seines Gefängnisaufenthaltes gab er dem damals 12jährigen bekannten albanischen Maler Spiro Vllahu Zeichenunterricht, dessen Vater den Gefängniskiosk betrieb.

Pashko Vasa – genannt Vaso Pascha (1825–1892)

Der in Shkodra geborene Pashko Vasa war ein albanischer Schriftsteller und Politiker sowie eine bedeutende Persönlichkeit der Rilindja und der Liga von Prizren. Er entstammte einer katholischen Familie und erlernte mehrere europäische und orientalische Sprachen.

Nach einem Aufenthalt in Italien begann er in Istanbul eine Verwaltungslaufbahn. Er stieg bis zum Gouverneur des Verwaltungsbezirks Libanon auf.

Ab 1860 setzte er sich mit einer Gruppe Gleichgesinnter in Istanbul für die Interessen der Albaner ein. In der Alphabetenkommission zur Schaffung einer einheitlichen albanischen Schriftsprache arbeitete er aktiv mit und setzte sich gemeinsam mit Sami Frashëri für die Verwendung des lateinischen Alphabets ein.

Er war 1879 Mitbegründer der Istanbuler Gesellschaft für den Druck albanischen Schrifttums.

Neben Gedichten, Novellen und Romanen verfasste er auch Lehrbücher der albanischen Sprache. Das Poem „O moj Shypni" ist sein bekanntestes Werk. Hier fordert er die Albaner zu Einigkeit und Vaterlandsliebe auf.

Von ihm stammt der Satz „Der Glaube des Albaners ist das Albanertum", den Enver Hoxha für seinen Kampf gegen jegliche Religion nutzte, um aus Albanien den „ersten atheistischen Staat der Welt" zu machen.

Ahmet Zogu (1895–1961)
Die eigentliche politische Karriere Zogus begann 1920 mit dem Amt des Innenministers in der neuen albanischen Regierung. Durch Beziehungen und Waffengewalt konnte er rasch seinen Einflussbereich vergrößern. 1925 wurde er zum Präsidenten gewählt. Eine Opposition ließ er nicht zu. Er suchte finanzielle und politische Unterstützung in Italien, das gern seine Machtstellung über die Adria ausdehnte. 1928 erklärte er sich zu einem Nachkommen Skanderbegs, krönte sich zum König der Albaner und richtete eine konstitutionelle Monarchie ein. Mit italienischer Unterstützung konnte er eine Armee und einen Behördenapparat aufbauen sowie Straßen und Brücken bauen. Innenpolitisch errichtete er eine Diktatur, in der politische Gegner verfolgt wurden. Da Zogu italienischen Forderungen nicht nachkam, überfielen am 7. April 1939 italienische Truppen Albanien. Es wurde ein Protektorat eingerichtet und Zogu floh nach Griechenland und lebte später in Großbritannien, Ägypten und Frankreich, wo er 1961 verstarb.

Die Kulla von Isa Boletini in Boletin

Reisen durch das Land

Prishtina (Priština)

Prishtina ist die Hauptstadt des Kosovo und Sitz von Parlament und Regierung sowie der Internationalen Missionen. Sie ist politisches, wirtschaftliches und kulturelles Zentrum des Landes und hat zur Zeit etwa 250 000 - 300 000 Einwohner. Die Stadt hat eine Universität, drei Akademien, eine Pädagogische Fachschule, eine Nationalbibliothek, ein Theater und ein Albanisches Institut. Der einzige Flughafen des Landes befindet sich 16 km außerhalb der Stadt. Ebenfalls außerhalb befindet sich der Bahnhof im Vorort Fushë Kosova (Kosovo Polje). Prishtina ist weiterhin das Medienzentrum des Landes mit einem staatlichen Rundfunk- und Fernsehsender (RTK) sowie vier privaten TV- und zahlreichen privaten Rundfunk-Anbietern. Hinzu kommt eine breite Palette Tageszeitungen sowie zahlreiche Zeitschriften.

Geschichte

Die kontinuierliche Besiedlung der Gegend von Prishtina ist seit etwa 7000 Jahren zu belegen. Die ältesten Funde stammen aus dem Neolithikum, darüber hinaus weitere aus der Eisen- und Bronzezeit. Etwa ab 1000 v. Chr. lebte hier der illyrische Stamm der Dardaner. Nach der Zugehörigkeit zum Römischen Reich kam nach dessen Teilung das Gebiet um Prishtina bis zum Ende des 12. Jahrhunderts nacheinander zu Byzanz, Bulgarien und dem mazedonischen Staat des Zaren Samuel. Anschließend hatte der mittelalterliche serbische Staat hier die Macht. Unter König Milutin (1282-1321) war Prishtina sogar Residenzstadt. Im 14. und 15. Jahrhundert erlebte die Stadt durch den Erzreichtum der Umgebung eine Blütezeit als Handelszentrum. Nach der Schlacht auf dem Amselfeld 1389 geriet Prishtina unter türkische Herrschaft. Die Türken entwickelten eine rege Bautätigkeit und richteten hier ein Verwaltungszentrum ein. Wie in anderen Städten auch, pflasterten sie die Straßen und legten Bewässerungskanäle und Brunnen an. Sie bauten Moscheen, Medresen, Karawansereien sowie Sahat (Uhr)-Türme. Während des Österreichisch-Türkischen Krieges wurde die Stadt durch österreichische Truppen unter General Piccolomini 1689 und dann noch einmal 1737 stark zerstört. Einen erheblichen wirtschaftlichen Rückgang lösten die großen Stadtbrände 1859 und 1869 aus. 1873 trafen die Begs von Prishtina eine folgenschwere Fehlentscheidung, die einem wirtschaftlichen Aufschwung über lange Zeit im Wege stand: Sie entschieden sich gegen eine Anbindung der Stadt an die Bahnlinie Mitrovica – Skopje. Deshalb befindet sich der Bahnhof weit außerhalb der Stadt in Fushë Kosova (Kosovo Polje). Während des Balkankrieges 1912 eroberten Serben die Stadt, von 1915–1918 war sie wiederum von österreichischen Truppen besetzt. Nach dem Ersten Weltkrieg fiel die Stadt an Serbien. Während des Zweiten Weltkrieges lag sie zunächst im italienischen Besatzungsbereich, ab 1943 unterstand sie der deutschen Besatzungsmacht. 1944 erfolgte die Eroberung durch jugoslawische Partisanen. Die

Die ehemalige Altstadt von Prishtina

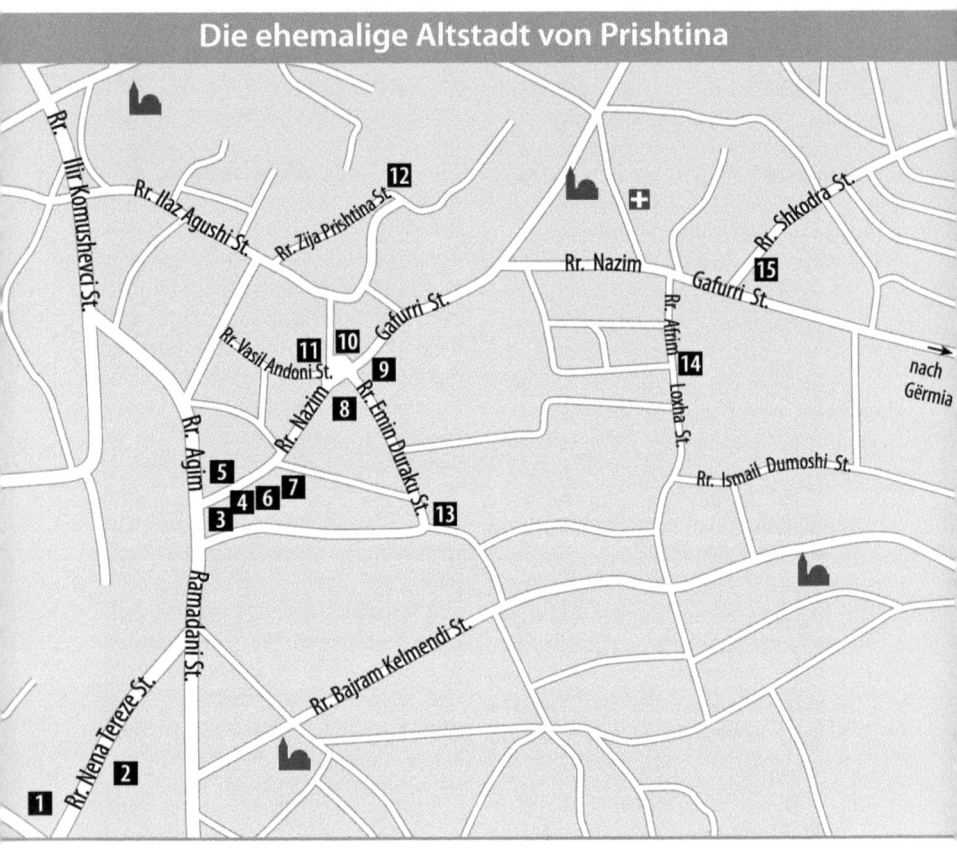

kommunistische Führung entschied 1947, die Hauptstadt der Region Kosovo von Prizren nach Prishtina zu verlegen. Durch den Abriss alter Bausubstanz und Schaffung von Wohnblocks wollte man den Fortschritt in die Stadt bringen. Bis zum 2. Weltkrieg bot Prishtina das Bild einer orientalischen Stadt. Heute strahlen die nach dem 2. Weltkrieg errichteten Bauten und Hochhäuser nicht gerade Gemütlichkeit aus.

Sehenswürdigkeiten:

Kunstgalerie des Kosovo (Galeria e Arteve e Kosovës)
Hier werden zahlreichen Exponate kosovarischer Künstler gezeigt, u.a. Gemälde, Skulpturen, Graphiken, Tapisserien und Keramik.Rr. Agim Ramadani 60, Tel. 381-38-225627Öffnungszeiten: 10–14 + 15–18 Uhr, Sa. 10–15 Uhr, sonntags geschlossen
Die albanische Nationalbibliothek
Sie befindet sich im Zentrum der Stadt – gut sichtbar von der Hauptstraße Rr. Nëna Tereza. Markant ist das Dach mit zahlreichen Kuppeln im

Stil der ehemaligen Badehäuser (Hammam). In der Nationalbibliothek befindet sich die „Exit The Contemporary Arts Library", welche für die Kulturszene Bibliothek, Kunstprojekt und wichtiges Zentrum in einem ist.

Skënderbeu–Denkmal und National–Theater (1)
Im oberen Bereich der Hauptstraße Rr. Nëna Tereza (Fußgängerzone) befindet sich das Nationaltheater. Gegenüber errichtete man im Herbst 2001 ein Denkmal für den albanischen Nationalhelden Gjergj Kastrioti, genannt Skënderbeu. Es wurde von dem albanischen Künstler Janaq Paco gestaltet.

Ehemaliges Hotel Union (2)
Das Gebäude des ehemaligen Union-Hotels befindet sich direkt neben dem Nationaltheater. Es wurde 1927 gebaut und ist ein typischer Bau des Eklektizismus. Das Hotel war einst Prishtinas erste Adresse.

Die Çarshi-(Basar-) Moschee (3)
steht an der Kreuzung Rr. Agim Ramadani/ Rr. Nazim Gafurri. Hier beginnt die ehemalige Altstadt. Ihr Name sagt, dass sich früher der Basar mit mehr als 300 Geschäften neben der Moschee befand. Sultan Bayazid ließ sie im frühen 15. Jahrhundert zur Erinnerung an den 1389 errungenen Sieg der Osmanischen Truppen auf dem Amselfeld errichten. Sie ist heute das älteste Gebäude der Stadt. Mehrere Umbauten haben ihr Aussehen verändert; nur das Minarett ist im ursprünglichen Zustand erhalten.

Shadervan (Brunnen) (4)
Auch in Prishtina errichteten die Türken zahlreiche Brunnen und Kanäle. So soll es in Prishtina mehr als 50 davon gegeben haben. Der zwischen der Basar-Moschee und dem Kosovo Museum liegende Brunnen aus verziertem Marmor ist der einzig erhaltene aus dieser Zeit. Die Brunnen dienten sowohl der Versorgung mit Wasser als auch der rituellen Waschung.

Freilichtmuseum (5)
Ein kleines Freilichtmuseum gegenüber vom Brunnen zeigt Grabsteine und Mosaiken aus der Römerzeit.

Das Kosovo Museum (6)
Ursprünglich als Gebäude des Verwaltungsbezirks dem Zeitgeist entsprechend im Stil der Habsburger Monarchie errichtet, diente es von 1945 – 1975 als Sitz der Jugoslawischen Armee. 1963 wurde hier das Kosovo-Museum (gegründet 1949) untergebracht. Das Museum besitzt eine umfangreiche ethnologische Sammlung von Möbeln, Haushaltsgegenständen, Textilien, Teppichen sowie archäologische Exponate. 1998 wurden mehr als 1200 Ausstellungsstücke – vorwiegend aus archäologischen Grabungen im Kosovo – nach Belgrad verbracht. Noch nicht alle konnten zurückgeführt werden. Aber das wertvollste Stück, eine fast 6000 Jahre alte Terrakottafigur, die 1956 in der Nähe von Prishtina gefunden wurde und ein einzigartiges Zeugnis der im Kosovo zu dieser Zeit bereits hoch entwickelten Kultur ist, kann wieder besichtigt werden.

Öffnungszeiten: Dienstag–Freitag 9.30–17.30 Uhr, Samstag und Sonntag 11.00–15.00 Uhr, montags geschlossen. Der Eintritt ist frei.

Jashar – Pascha–Moschee (7) Eine Inschrift im Inneren der Moschee be

Oben: Die Fatih-Moschee Straßenszene mit Jashar-Pascha-Moschee und dem Kosovo-Museum

Akademie für Kunst und Wissenschaft, Fußgängerzone Mutter Tereza und Museumskomplex Emin Gjiku

sagt, dass sie am 17. Mai 1834 durch Jashar Mehmet Pascha erbaut wurde. Der Erbauer war ein wohlhabender Bürger aus Prishtina, der es im Osmanischen Reich zum Gouverneur brachte. Diesen Posten hatte er 1842 in Skopje inne.

Der hölzerne Vorbau der Moschee entstand erst, als der ursprüngliche Portikus wegen der Verbreiterung der vorbeiführenden Nazim-Gafurri-Straße abgerissen wurde. Die eisernen Gitterfenster sind noch im Original erhalten. Das Innere ist mit Gips verkleidet und mit zahlreichen Wandmalereien verziert. Über der Gebetsnische befindet sich eine Skulptur mit dem Siegel König Salomons.

Haus der Akademie der Wissenschaft u. Kultur (8)
Nur wenige Schritte hinter der Jashar-Pascha-Moschee befindet sich ebenfalls auf der rechten Seite der Straße das denkmalgeschützte Haus der Akademie der Wissenschaft und Kultur. Es gehört mit zu den wenigen noch vorhandenen Häusern in der typischen Bauweise des 19. Jahrhunderts. Es hat einen stark hervortretenden, auf Holzkonsolen ruhenden Erker. Ein Blick in den Garten lohnt wegen der interessanten Neugestaltung der Rückseite.Öffnungszeiten: Montag–Freitag 8–16 Uhr

Der Uhrturm (Sahat kulla) (9)
In der Mitte der ehemaligen Altstadt steht der Uhrturm. Gebaut wurde er Ende des 19. Jahrhunderts vermutlich in der Nähe eines alten Uhrturmes. Der sechseckige 15 m hohe Turm besteht in der unteren Hälfte aus weißlichem Stein. Der obere Teil wurde nach einem Brand aus roten Ziegelsteinen errichtet. Die 1764 in Moldawien gegossene Glocke wurde 2001 gestohlen.

Die Sultan Mehmet II. al–Fatih Moschee (10)
Diese gegenüber des Uhrturms stehende größte und bedeutendste Moschee Prishtinas, auch Große Moschee genannt, ließ 1460/61 Mehmet II., der Eroberer, bauen. Sie wurde aus sorgfältig geschliffenen Steinen errichtet und hat ein quadratisches Fundament. Ihre Kuppel misst einen Durchmesser von 13,5 m und war seinerzeit die größte der Region. Während der Besetzung durch das österreichische Heer 1689 wurde sie in eine Jesuiten-Kirche umgewandelt. Mit ihrem besonderen Portikus und einer reichen Innengestaltung stellt sie eine architektonische Kostbarkeit dar. Das Minarett musste nach einem Erdbeben 1955 erneuert werden.

Das große Türkische Badehaus (Hamam) (11)
Der Hamam gegenüber der Fatih-Moschee stammt aus dem 15. Jahrhundert und bildete einst mit anderen Bauten rund um die Moschee ein schönes Ensemble. Der Hamam war gesellschaftlicher Treffpunkt für Männer und Frauen. Nach einem Brand 1994 und starken Zerstörungen durch Wasser- und Witterungseinflüsse ist er jetzt nur noch eine traurige Ruine. Das Gebäude soll aber wieder restauriert werden. Die Ruinen eines weiteren Hammam entdeckte man während des Baus vom jetzigen Regierungsgebäude in der Nähe der Basar-Moschee.

Der ethnologische Museumskomplex Emin Gjiku (12)
Dieser Gebäudekomplex aus dem 18. und 19. Jahrhundert, der früher der reichen und bekannten albanischen Familie Gjinolli als Stadtresidenz diente, gehört zu den schönsten Beispielen regionaler Stadtarchitektur im Kosovo und liegt in der Nähe der Fatih-Moschee. Im Jahre 2003 wurde er mit Hilfe der Europäischen Agentur für Wiederaufbau und der französischen „Patrimone Sans Frontieres" (PSF) umfangreich restauriert. Drei Hauptgebäude gruppieren sich um zwei Höfe. Im ehemaligen Wohnhaus ist alles so erhalten, wie es einst ausgesehen hat: Schöne Holzschnitzereien und eingebaute Wandschränke, in denen tagsüber das Bettzeug aufbewahrt wurde.
Die interessante Ausstellung zeigt das traditionelle Leben einer reichen städtischen Familie. In einem anderen Gebäude befindet sich das Naturkundemuseum mit einer Ausstellung über Flora und Fauna des Kosovo.
Der Komplex ist eine Außenstelle des Kosovo-Museums und befindet sich in der Rr. Zija Prishtina,
Tel. 0381-38-211394
E-Mail: muzeuetnologjik1@gmail.com
Öffnungszeiten: Mo–Sa 10–17 Uhr, Sonntag geschlossen
Das Haus des Denkmalschutz–Institutes (13)
steht etwa 150 m rechts vom Uhrturm entfernt in der Rr. Emin Durak Nr. 1. Es ist ebenfalls ein schönes Beispiel städtischer Wohnarchitektur aus der ersten Hälfte des 19. Jahrhunderts und gehörte der Familie Kocadishi, die nach der Verstaatlichung von Privateigentum 1954 in die Türkei auswanderte.
Folgt man weiter der Rr. Nazim Gafurri, so befinden sich in der Rr. Afrim Loxha weitere **denkmalgeschützte Häuser (14)** der alten städtischen Architektur.
St. Nikolaus–Kirche und die ehemalige Erzbischöfliche Residenz (15) befinden sich in der Rr. Shkodra, die von der Rr. Nazim Gafurri links abbiegt. Die St. Nikolaus-Kirche ist die einzige aktive serbisch-orthodoxe Kirche in Prishtina. Sie wurde im 19. Jahrhundert gebaut und besitzt eine wertvolle Ikonostase von 1840. Während der Märzunruhen 2004 wurde die Kirche in Brand gesetzt und bisher nur notdürftig repariert. Die angrenzende ehemalige Erzbischöfliche Residenz ist heute das Gebäude des Ministeriums für Umwelt und Raumplanung.

Der alte Jüdische Friedhof
Dieser Friedhof aus dem 19. Jahrhundert befindet sich auf dem Tauk Bahqe Hügel im Stadtteil Velania (Richtung Gërmia in der Nähe des Schwimmbades). Im 19. Jahrhundert hatte die jüdische Gemeinschaft in Prishtina etwa 1500 Mitglieder. Als der Friedhof 1967 unter Denkmalschutz gestellt wurde, gab es noch 57 Grabsteine. Die meisten von ihnen sind jetzt zerstört oder überwuchert, einige aber immer noch gut zu erkennen.

Museum für Eisenbahngeschichte
Auf dem Bahnhof in Fushë Kosova (Kosovo Polje) gibt es eine kleine Ausstellung zur Geschichte der Eisenbahn im Kosovo

Das Ausflugsziel Gërmia

Folgt man weiter der Rr. Nazim Gafurri stadtauswärts, kommt man bald in das Gërmia-Tal, einem beliebten Ausflugsziel. Nach dem renovierten und relativ großzügigen Schwimmbad beginnt ein schöner Wanderweg. Einige Kilometer weiter gibt es Ausflugsrestaurants mit Terrassen und Biergärten sowie Spielplätzen. Die Einfahrt in das Gërmia-Tal ist gebührenpflichtig!!

Unterkunft und Essen in Prishtina:

Hotel Adria
Rr. Ahmet Krasniqi (Dragodan)
Tel. /FAX 0381-38-2262 22
€€
E-Mail: info@hoteladria-ks.com
www.hoteladria-ks.com

Hotel Afa
Rr. Ali Kelmendi Nr. 15
Nahe des neuen Zentrums gelegenes Hotel mit 16 Zimmern und 4 Appartements, Restaurant, Terrasse, Whirlpool, Internet
Tel. 0381-38-225226
€€
E-Mail: office@hotelafa.com
www.hotelafa.com

Hotel Ambasador
Rr. Ardian Krasniqi Nr. 1 (Stadtzentrum)
Hotel mit 12 Zimmern + 6 Appartements)
Tel. 0381-38-248 300
€€
E-Mail: info@hotel-ambasador.com
www.hotel-ambasador.com

Hotel Baci
Rr. Bulevardi i deshmoreve p.n.
Im Jahr 2000 erbautes Hotel mit 17 Zimmern und 5 Appartements, Restaurant, Bar, Parkplatz, Flughafentransfer, Internet
Tel. 0381-38-548
€€
E-Mail: hotel@bacicompany.com

Hotel Begolli
Maliq PashGjinolli Nr. 8
Hotel 5 Minuten von der Altstadt entfernt mit 23 Zimmern, Restaurant und Internetanschluss
Tel. 0377-44-244277 oder 0381-38-244277
€
E-Mail: hotelbegolli@gmail.com
www.hotelbegolli.com

Hotel Beni
Nur 6 Kilometer von Prishtina in Richtung Mitrovica in der Ortschaft Mazgit gelegenes Hotel mit 24 Zimmern in angenehmer Umgebung, Restaurant, gepflegter Gastgarten, Parkplatz
Tel. 0377-44-156 312
€
E-Mail: hotelbeni@hotmail.com

Hotel Gorenje
Es befindet sich im Gorenje-Center in der Rr. Veternik.
2005 erbautes Hotel mit 18 Zimmern, Restaurant, Terrasse, Parkplatz, Internet, Whirlpool
Tel. 386-49-77 77 66
E-Mail: info@hotel-gntc.com
Internet: (ohne www) Hotel-gntc.-com

Grand Hotel Prishtina
Sheshi Zahir Pajazati (Stadtzentrum) Größtes Hotel (gebaut 1978) mit 13 Stockwerken und 368 Zimmern, Restaurant, Taverne, Café, großer Gastgarten, Internet, Friseur, Parkplatz
Tel. 0381-38-220 210 FAX 0381-38-248 138
€€€
E-Mail: reservation@grandhotel-pr.-com

Hotel Luxor
Dr. Shpetim Robaj p.n. (Gërmia) Kleines und sehr empfehlenswertes-Hotel in ruhiger, angenehmer Lage, 300 m vom Freibad Gërmia und 1,5 km vom Zentrum (Busverbindung) entfernt, Restaurant, Terrasse, Parkplatz, Frühstücksbüfett
Tel. 0381-38-608 888
E-Mail: reservation@hotelluxor.net
www.hotelluxor.net

Hotel Ora
Rr. A.Z. Çajupi 4 (nördlich vom Zentrum)
35 große, freundliche Zimmer, Bar-Restaurant
Tel. 0381-38-233 709
€€
E-Mail: hotelora@yahoo.com
www.hotelora.eu

Hotel Pejton
Rr. Pashko Vasa Nr. 14a (Stadtzentrum)
2005 erbautes Hotel mit 9 Zimmern, Restaurant, Bar
Telefon 0381-38-22 32 84
€€
E-Mail info@hotelpejton.com

Hotel Pinoccio
Rr. 24. Maj
Tel. 377-44-202952
Mit sehr gutem Restaurant
€€
E-Mail: pinocciohotel-ks@hotmail.-com

Hotel Pllaza
Rr. Pashko Vasa 22 (Zentrum)
12 komfortable Zimmer mit Balkon, Café, Restaurant
Tel. 0381-38-609 122
€€
E-Mail: info@hotelpllaza.com
www.hotelpllaza.com

Hotel Prishtina
Rr. Pashko Vasa (Stadtzentrum) Neuerbautes Haus mit Restaurant, Internet,
Tel. 0381-38-223284
€€
E-Mail: reservations@hotelprishtina.com
www.hotelprishtina.com

Hotel Royal
Rr. Pashko Vasa Nr. 3 (Stadtzentrum)Hotel mit 14 sehr gut ausgestatteten Zimmern, Internet, Schwimmbecken, Parkplatz, Restaurant, Bar, Terrasse, Gastgarten, Frühstückbüffet, Bustransfer zum Flughafen.
Tel. 0381-38-220 902
€€€
E-Mail: royalhotel-pr.@yahoo.com
www.royalhotel-pr.com

Hotel Sara
Rr. Maliq Pash Gjinolli (in der Altstadt)
Gutes Preis-Leistungsverhältnis

Internet
Tel. 381-38-236 203
€
E-Mail: info@hotel-sara.com
Hotel-sara.com

Swiss Diamond Hotel
Sheshi Nëna Terezë
Tel. 381-38 220000
€€€
E-Mail: info@sdhprishtina.com
www.sdhprishtina.com

Gästehaus Velania
Rr. Emrush Miftari 4/34 (Stadtteil Velania)
Preiswerte Unterkunft, SAT-TV, Bad bzw. Dusche, Küche
Tel. 0381-38-531 742
E-Mail: info@guesthouse-ks.net
www.guesthouse-ks.net

In Prishtina gibt es eine Vielzahl von Restaurants, Cafés und Bars. Neben albanischer Küche gibt es italienische, indische, chinesische, japanische oder mexikanische Küche. Hier eine kleine empfehlenswerte Auswahl neben den Hotel-Restaurants:

Allegro
Rr. Rexhep Mala Tel. 044–149 431
E-Mail: alegro_pr@hotmail.com

De Rada Brasserie,
Rr. UÇK 50 Tel. 038–222 622

Dit' e Nat'
in der Rr. Fazli Grajqevci befindet sich dieses Büchercafé, das nicht nur Bücher, Musik und Videos anbietet, sondern auch verschiedene Veranstaltungen durchführt. Es ist ein Künstlercafé, das vegetarische Küche anbietet.
Tel. 381-38-742037

El Greco (griechische Küche)
Meto Bajraktari Nr. 10
381-38-231550

Hemingway–Restaurant, (Fisch)
Ilaz Kodra 9 Tel. 044–145 637

Liburnia, (Albanische und italienische Küche)
Rr. Meto Bajraktari_Tel. 377-44-891 000

Shpija e vjeter (albanische und europäische Küche)
Rr. Agim Ramadami
Tel. 377 – 45 -840084

Të Pishat, (traditionelle albanische Küche)
Rr. Qamil Hoxha 11 , Tel. 038–245 333

Tiffany (Albanische u. internationale Küche), Rr. Fehmi Agani - eines der besten Restaurants der Stadt, Tel. 0381-38-244 040

Qebaptore Gjakova e vjeter (traditionelle albanische Küche)
Rr. Ernest Koliqi
Tel. 377-44-236128

Live-Musik:

Hamam Jazz Bar
zwischen den Straßen Hajdar Dushi und Luan Haradinaj
Tel. 377-44-222289

Sokoli & Mirusha,
Rr. Fehmi Agani 46/1 "Gastropub" in der 1. Etage, gutes Essen, tgl. Live-Musik
Tel. 377-44-788888

Soma Book Station
trendiges Café /Bar Live-Musik
Rr. Fazli Grajqevci 4/A
Tel. 38-748818
www.somabookstation.com

Zanzi Bar
Rr. Fehmi Agani (im Zentrum Nähe Hotel Swiss Diamond) Live-Musik Jazz, Rock, Pop. Soul, geöffnet ab 22 Uhr

Duplex Premium
Tanz- und Nachtclub
Rr. Luan Haradinaj
Tel. 377-44-555585
geöffnet ab 23 Uhr

Ausflug zum Batllava Stausee (Batlavsko–See)

Man fährt von Prishtina Richtung Podujevo – Grenzübergang und folgt nach ca. 20 km der Ausschilderung Richtung Orllan.
Der Stausee liegt 33 km nordöstlich von Prishtina und ist im Sommer ein ideales und beliebtes **Ausflugsgebiet** zum Baden und Angeln (Ukeleien, Döbel, Schollen, Hechte, Barben und Semlinge). Angelegt wurde er als Wasserkraftwerk und als Trinkwasserreservoir für die Hauptstadt Prishtina.

Unterkunft und Essen:

Hotel und Restaurant Adriatiku mit 2 Zimmern, Privatstrand, Tel. 377- 44 – 700011 (gehört zur Gemeinde Orllan)

Motel und Restaurant Lugu i Tëndafilave, Tel. 044 – 264024
E-Mail: agimllalloshi@hotmail.com

Reiseroute
Von Prishtina in den Südosten

Für diese interessante Route verläßt man Prishtina Richtung Skopje und folgt dann der Ausschilderung nach Gjilan. Zunächst erreicht man den Ort

Gračanica
Die serbische Enklave Gračanica mit ca. 13 000 Einwohnern (inclusive der dazugehörigen serbischen Dörfer) liegt 10 km südöstlich von Prishtina. Hier befindet sich eines der bedeutendsten serbisch-orthodoxen Klöster. Es ist die letzte zahlreicher Stiftungen König Milutins. Mit der Errichtung begann man um das Jahr 1313 auf den Fundamenten eines älteren Sakralbaues. Bei den ältesten in den 60er Jahren ausgegrabenen Grundmauern dürfte es sich mit großer Wahrscheinlichkeit um den ehemaligen Bischofssitz von Ulpiana handeln. Während der Türkeneinfälle 1371 und 1381 wurde die Kirche schwer beschädigt. Zahlreiche kostbare Handschriften wurden ein Opfer der Flammen. Jedoch entstand hier bald wieder ein religiöses und kulturelles Zentrum. Schon 1539 besaß das Kloster eine eigene Druckerei, die vom Metropoliten Nikanor aus Novo Brdo gegründet wurde. Ei-

nes der wertvollsten Druckerzeugnisse, die hier entstanden, ist ein Oktoychos, in dem der Narthex der Kirche Gračanica in seiner ursprünglichen Gestalt wiedergegeben ist.

Das Kloster ist von hohen Mauern umgeben und liegt in der Mitte des Ortes. Die Kirche wurde aus wechselnden Lagen Quader- und Ziegelsteinen errichtet. Pyramidenförmig sind die Kuppeln angeordnet. Vier Eckkuppeln umgeben die Hauptkuppel, dazwischen befinden sich gewellte Ziegeldächer. 1383 erhielt die Kirche einen Exonarthex (Aussenvorhalle). Die Fresken, in drei verschiedenen Epochen entstanden, wurden zwischen 1321 und 1322 vollendet. Hier finden sich eine Vielzahl von Kompositionen, Porträts, Figuren und reich illustrierten Zyklen, die sich horizontal aneinanderreihen. Die Malerei betont die erzählende Komponente und knüpft eng an die hellenistische Kunsttradition an. Besonders beachtenswert sind die Darstellung Christi als Weltenherrscher in der Mittelkuppe, rechts vom Eingang das Stifterbild König Milutins mit dem Modell der Kirche und Königin Simonida sowie der große Nemanjidenstammbaum. An der Südwand sieht man die Figuren der Soldatenheiligen in voller mittelalterlicher Ausrüstung (s. auch Kapitel „Deutsche Spuren im Kosovo"). Weiterhin finden sich zahlreiche Szenen aus dem Alten und Neuen Testament, aus dem Leben der Gottesmutter sowie ein Jahreszyklus.

Das Kloster Gračanica wurde im Juli 2006 in die Liste des UNESCO-Weltkulturerbes aufgenommen.

Unterkunft und Essen:

Hotel Gracanica,
Ul. Dragana Ristica b.b.
unter Schweizer Management
15 Zimmer, Swimmingpool, Restaurant
Tel. 381 (0)38 729 888
info@hotelgracanica.com
www.hotelgracanica.com

Ethno House
Serbische Küche
Ul. Devet Jugovica
Tel. 377-45-999 393

In der Ortsmitte, etwas hinter dem Kloster fährt man rechts die Asphaltstraße Richtung Hauptstraße Prishtina-Skopje. Ca. 1 km nach Ortsende führt ein Weg rechts in die Felder. Hier findet man nach ca. 400 m links die

Ruinen der antiken Stadt Ulpiana

Die Stadt wurde vermutlich durch den römischen Kaiser Trajan, dessen zweiter Vorname Ulpius war, zu Beginn des zweiten Jahrhunderts gegründet und bestand bis zum 6. Jahrhundert. Sie umfasste innerhalb ihrer Stadtmauern ein Gebiet von 35,5 ha, war eine der schönsten dardanischen Städte und wurde deshalb auch „Ulpiana Splendidissima" genannt. Sie lag am Schnittpunkt wichtiger römischer Straßen: Von Scutari (Shkoder) nach Naissus (Nis) und der Nord-Süd Straße durch das Amselfeld nach Scupi (Skopje). Durch den Bergbau in der Umgebung nahm die Stadt schnell wirtschaftlichen Aufschwung und erhielt bald Municipalrechte (römisches Stadtrecht). Während der Völkerwanderung kam es zu zahlreichen Überfällen auf die Stadt, welche im Jahr 472 durch die Eroberung durch den Ostgotenkönig Theoderich ihren vorläufigen traurigen Höhepunkt erreichte. Ein Erdbeben im Jahr 518 zerstörte zahlreiche dardanische Städte und verschonte auch Ulpiana nicht. Kaiser Iustinianus I. (Justinian), der im makedonischen Tauresium geboren war, ließ sie im 6. Jahrhundert im Rahmen seiner Bestrebungen, das Imperium Romanum in seinen alten Grenzen wieder herzustellen, erneut aufbauen. Danach erhielt die Stadt den Namen „Justiniana secunda". Kaiser Justinian führte einen harten Abwehrkampf gegen die vordrängenden Slawen und Vandalen und ließ nahe der Stadt eine Garnison stationieren.

Eine besondere Bedeutung spielte Ulpiana aber bei der Verbreitung des Christentums in Dardanien. Hier sollen die aus Byzanz stammenden Märtyrer, die Zwillinge Florus und Laurus, als Steinmetze gewirkt und als Missionare und Wohltäter aufgetreten sein. Nachdem sie gemeinsam mit anderen zum Christentum Übergetretenen Götzenbilder zerstört haben sollen, wurden sie in einen tiefen Brunnen geworfen und mit Erde zugeschüttet – so die Legende. Vermutlich wurden sie im Altarraum einer frühchristlichen Kirche aus dem 6. Jahrhundert in Ulpiana beigesetzt und hier als Märtyrer verehrt. Diese Verehrung ist auch durch zwei Ikonen in orthodoxen Klöstern des Kosovo bekannt. Ulpiana wurde schon früh Bischofssitz. Bereits 343 wird in den Akten einer Synode der Bischof „Machedonius a Dardania de Ulpianis" genannt.

Der Untergang der Stadt wurde mit der Eroberung durch Awaren- und Slawenstämme endgültig besiegelt. Die Überreste der Stadt zeigen immer noch beeindruckend ihre ehemalige Größe.

Fährt man zurück auf die Straße Richtung Gjilan, kommt man zunächst an dem Stausee des Flusses Gracanicë vorbei. Bald erreicht man den Abzweig links nach

Novobërda (Novo Brdo)

Nach wenigen Kilometern sieht man auf einem 1124 m hohen Berg die Ruinen einer der bedeutendsten und reichsten Städte des Mittelalters: Novo Brdo. Ihren Reichtum verdankte sie großen Vorkommen an Silber von außerordentlicher Qualität, mit Gold versetzten Silbers sowie an Blei und Zink.

Da in Novo Brdo römische Münzen, Bergbaugerät sowie irdenes Geschirr aus dem 3. Jahrhundert gefunden wurden, dürfte schon in der Spätantike Bergbau betrieben worden sein. Ihre Blütezeit erlebte die Stadt aber ab Ende des 13. Jahrhunderts mit Ankunft der Sächsischen Bergleute, den Spezialisten für den Silberabbau, die durch König Uroš I. gerufen wurden oder selbst kamen. Schon 1326 wurde Novo Brdo als Bergbau- und Handelszentrum erwähnt. Schmelzhütten wurden in unmittelbarer Nähe der Gruben errichtet, so dass eine effiziente Produktion gewährleistet war. Der wirtschaftliche Aufschwung zog auch deutsche Handwerker sowie Ragusaner, Albaner, Türken, Kotoraner, Juden, Venezianer und Griechen an. Rasch entwickelten sich Handel und Gewerbe: Kaufleute kamen aus vielen Orten der Balkanhalbinsel, aber auch aus Italien, Ungarn, Österreich und aus den Küstenstädten, um hier Handel zu treiben, denn die Erzeugnisse aus Novo Brdo waren in Europa weithin bekannt. Die Bedeutung der Stadt wird durch eine lange Zeit existierende Münzstätte unterstrichen. In ihrer Blütezeit im 14. und 15. Jahrhundert sollen hier ca. 30.000 Menschen gelebt haben, darunter 3000 Juden. Damit gehörte sie zu den großen Städten Europas.

Das deutsche Element war in Novo Brdo besonders stark ausgeprägt. So wird der Ort in einem Reisebericht des Franzosen Bertrandou de la Brocquiere von 1432 mit dem deutschen Namen „Nyeuberghe" erwähnt. Die Stadt hatte ein eigenes Gesetz. Es wurde 1412 verabschiedet. In ihm finden sich ebenfalls Hinweise auf deutsche Handwerker, so werden „snajdar" und „suster" erwähnt. Ein Stadttor hieß „porta dei susteri".

Nach 40 Tagen Belagerung und Beschuss nahmen die Türken am 1. Juni 1455 die Stadt Novo Brdo endgültig ein. Die Bewohner hatten sich kampflos ergeben. Sultan Mehmed II. der Eroberer zog siegreich ein.

Sogleich kümmerten sich die Türken um den Wiederaufbau von Festung und Stadt, um eine reibungslose Arbeit in den Gruben, Schmelzhütten und der Münzstätte sowie um Handel und Gewerbe. Sie bauten Bäder, Wohnhäuser und Moscheen, pflasterten die alten Straßen, legten neue an und führten Wasser heran.

Der Niedergang Novo Brdos hatte seinen hauptsächlichen Grund in der Wirtschaftskrise. Der Bergbau wurde 1690 ganz eingestellt. Damit erloschen auch Handel und Handwerk. Die Stadt verfiel immer mehr, und die Einwohnerzahl schrumpfte ständig. So lebten 1858 nur noch 16 Familien hier. Die Türken nutzten 1892 abgetragene Steine aus Novo Brdo für den Bau einer Kaserne in Prishtina.

Novo Brdo war eine befestigte Stadt, umgeben von Mauern und Türmen. In ihrem Zentrum lag eine Burg in Form eines ungleichmäßigen Fünfecks. Zu sehen sind noch die Reste der Burg sowie der Stadtbefestigung, eine Moschee, die früher eine Kirche war, dahinter die Ruinen der Sächsischen Kirche, die der Gottesmutter geweiht war, Reste eines Wohnhauses aus der Türkenzeit sowie risige Steinmengen ehemaliger Wohnhäuser und Verwaltungseinrichtungen.

Alle Sehenswürdigkeiten sind gut ausgeschildert!

Touristische Möglichkeiten in Novo Brdo: Im Rahmen eines Landtourismus-Projektes mit Tourismusbüro in Bostane (Tel. 0377-44-465 471) gibt es geführte Touren, Mountenbike-Verleih (10 Euro/Tag), landestypisches Essen in der Vila Kalaja oder bei Familien sowie Privatunterkünfte. Informationen bei Rural Tourism Novo Brdo – Tourist Information, Bostane /Novo Brdo, Tel. 0377-44-465471, E-Mail: rural.tourism.nb@gmail.com

In Ulpiana, Kloster Gračanica, Novo Brdo, Ikonostase der Kirche in Bostane

Fresken in der Kirche von Pasjane und Blick auf Gjilan

Restaurant:
Kulla Vllasaliu
Tel. 377-44-605506

Noch vor dem Weg nach Novo Brdo führt rechts die Asphaltstraße nach

Bostan (Bostane)
Die kleine serbische Ortschaft Bostan ist Sitz der Großgemeinde Novo Brdo, in der noch relativ viele Serben leben und ca. 61 % der Einwohner Albaner sind. Die kleine **orthodoxe Kirche** aus Feldsteinen in der Mitte des Ortes ist von 1868, ihre Ikonostase aus dem 18. Jahrhundert. Auf dem Hügel oberhalb des Gemeindehauses befinden sich die Ruinen der **Sächsischen Kirche**, die der Jungfrau Maria geweiht war und die belegt, dass auch in der Umgebung von Novo Brdo Sächsische Bergleute ansässig waren. Wie in Trepça trafen westliche und östliche Stilelemente aufeinander. Noch vor einigen Jahren waren Fragmente der Fresken sichtbar. Jetzt sind lediglich die Grundmauern zu besichtigen.

Man fährt nun zurück auf die Hauptstraße Prishtina-Gjilan.

Gjilan (Gnjilane)
Die im Südosten Kosovos gelegene Stadt wurde als Ansiedlung bereits im 14. Jahrhundert urkundlich erwähnt. Zahlreiche Funde bei Ausgrabungen südlich von Gjilan belegen, dass hier bereits der illyrische Stamm der Dardaner siedelte. Der türkische Schriftsteller Evliya Çelebi (1611–1682) beschreibt in seinen zehnbändigen Reiseberichten aus dem gesamten Osmanischen Reich auch eine 17 Tage während Reise von Stambul nach Novo Brdo, die er wohl zwischen 1667 und 1670 unternahm. Darin wird auch der Ort Gjilan erwähnt.
Die jetzige Stadt wurde erst in der zweiten Hälfte des 18. Jahrhunderts durch den Beg Bahti Gjini aus der Familie der Gjinolli gegründet. Die Entstehung ist eng mit dem Niedergang von Novo Brdo verbunden.
In den achtziger Jahren des 19. Jahrhunderts errichtete der Derwischorden der Saasi (sie stachen sich während ihres Rituals mit Nadeln) hier eine Tekke. Diese ist leider zerstört. Es gibt nur noch eine Türbe (Mausoleum).
2001 wurden in Gjilan zahlreiche Gebäude durch ein Erdbeben beschädigt bzw. zerstört.

Sehenswürdigkeiten:
Ausgangspunkt ist das Hotel „Kristal" im Stadtzentrum. Folgt man vom Hotel rechts der Straße Mulla Idrizi, so erreicht man nach wenigen Metern eine neue **Moschee** in interessantem arabischen Stil und farbiger Gestaltung. Folgt man vor dem Hotel der Rr. Skenderbeu nach rechts, erreicht man an der Ecke zur Rr. Zua Shemshiu die **Basarmoschee** (Xhamia e Çarshisë) oder große Moschee, die jetzt rekonstruiert wird, nachdem die alte Moschee bei dem letzten Erdbeben zerstört wurde. Etwas weiter in der Rr. Zua Shemshiu steht links das interessante und schöne, etwas über 100 Jahre alte Gebäude der **Gemeindeverwaltung** und etwas weiter das Gebäude der Musikschule aus der ersten Hälfte des 19. Jahrhunderts. Hierbei dürfte es sich um

eines der ältesten Gebäude der Stadt handeln. Von hier aus sieht man schon auf der anderen Straßenseite die **Medrese-Moschee** (Xhamia e Medreses) von 1604. Vom Hotel Kristal aus sieht man gegenüber hinter den Häusern die orthodoxe **St. Nikolaus–Kirche**, erreichbar über die Rr. Idrizi Seferi. Die von einem griechischen Architekten 1861 gebaute Kirche wurde in byzantinischem Stil errichtet.

Unterkunft und Essen:
Hotel Kristal
Renoviertes Hotel im Stadtzentrum mit Restaurant und großer Terrasse, Parkplatz
€
Tel. 0381-280-320 466
E-Mail: info@hotelkristal.biz
www.hotelkristl.biz

Hotel Gold
auf dem Gelände des Restaurants Planet
Straße Gjilan – Bujanovac
Neuerbautes erstklassiges Hotel in sehr ruhiger Lage mit tollem Ambiente
€€
www.planet.gjilan.com,
E-Mail: info@planet.gjilan.com

Restaurant Bujana
Das in Form eines Kastells gestaltete interessante Restaurant mit großem Garten liegt etwas außerhalb des Stadtzentrums Richtung Ferizaj
Tel. 377-44-243916
E-Mail: restaurantbujana@hotmail.com

Restaurant Luxor

Lidhhhja e Prizrenit
Tel. 377-45-483 482

Restaurant Oda
Dëshmorët e Kombit
Tel. 377-44-154304

Restaurant Planeti,
Ausflugsrestaurant an der Straße Richtung Grenze/Bujanoc – sehr interessantes Objekt auf großem Gelände mit Gastgarten und verschiedenen Restaurants sowie einem Hotel. Hier gibt es auch traditionelle albanische Küche, hergestellt von zwei Köchinnen in der Tracht dieser Gegend, hergestellt in einem der Gast -räume.
Tel. 377- 44/ 134-073
E-Mail: info@planet-gjilan.com
Internet: planet-gjilan.com (ohne www.!)

Umgebung von Gjilan

Pogradje (Podgradje)
Liegt 17 km östlich von Gjilan. Hier wurden zahlreiche antike und spätantike Funde gemacht. Hoch oben über dem Tal thront eine mittelalterliche Burg, die von allen Festungen Kosovos am besten erhalten ist. Ihre Wehrmauern haben stellenweise noch eine Höhe von vier Metern, die dazugehörigen drei kleineren und ein großer viereckiger Turm sind noch bis zu einer Höhe von 10 m erhalten, ebenso die Ruinen einer Kirche.

Pasjane
Das südlich von Gjilan liegende serbische Dorf, das man erreicht, wenn

man in Gjilan der Ausschilderung Richtung Preshevë/Preševo folgt, hat eine sehenswerte alte Kirche. Für einen Besuch biegt man ca. 500 m vor dem Ortseingangsschild links den Feldweg ein. Von der Hauptstraße aus sieht man bereits den separaten Glockenturm, der 1861 errichtet wurde,und auf dem sich ein Storchenpaar ein Zuhause einrichtete. Das Baujahr der Kirche konnte ich bisher nicht ermitteln, aber die wunderschönen Ikonen, die auch die hölzerne Empore zieren, lassen auf ein ehrwürdiges Alter schließen.

Stanišor
Von der Umgehungsstraße in Gjilan führt ein Schild in die 6 km nördlich liegende Ortschaft Stanišor. Von der auf einem Berg liegenden Kirche des Heiligen Georg bietet sich dem Besucher ein fantastischer Blick auf Gjilan und Umgebung. Die Kirche ist reich mit Fresken geschmückt. Neben der Kirche finden sich Überreste einer alten Festung.

Weiter östlich Richtung Bujanovac erreicht man über einen Abzweig Richtung Norden

Kamenica (Kosovska Kamenica)
In der Großgemeinde im Südosten Kosovos leben 82 % Albaner, 17 % Serben und eine kleine Minderheit Roma.
Erste schriftliche Erwähnung fand der Ort in einem Schuldbuch aus dem 15. Jahrhundert als „Chamenitza". Die Schreibweise und zahlreiche andere Belege weisen darauf hin, dass auch in dieser Gegend Sächsische Bergleute lebten.

Oberhalb der Stadt befinden sich die Ruinen einer alten Festung.
In der Umgebung gibt es große Vorkommen an Magnesit, und es werden weiterhin Granit, Marmor und Kaolin abgebaut. Nach dem 2. Weltkrieg entwickelte sich die Stadt zu einem wichtigen Zentrum der Keramikindustrie.
Jetzt gibt es ein Projekt zum Anbau von Safran.
Auch wenn die Stadt als Sehenswürdigkeit nur die orthodoxe Kirche St. Nikolaus von 1862 zu bieten hat (sie befindet sich am Ende der Hauptstraße auf der linken Seite – schräg gegenüber beginnt das Roma-Viertel), so lädt doch die schöne Umgebung mit einigen Sehenswürdigkeiten zu einem Besuch ein.

Restaurant:
Pellumbi Deluxe
Rr. Nënë Tereza
Tel. 377-44-133476

Umgebung von Kamenica
Noch vor Kamenica befindet sich rechts die serbische Ortschaft
Berijvoce mit einer Kirche aus dem 14. Jahrhundert.

Fährt man in Kamenica am Ende der Hauptstraße links vorbei an der Kirche weiter der Hauptstraße nach, erreicht man nach wenigen Kilometern das links auf einem Hügel liegende ehemalige

Kloster Tamnica
mit einer gut restaurierten einschiffigen Kirche aus dem 14. Jahrhundert, einem massiven Turm sowie den Fundamenten einer älteren Kirche,

deren Grundriss die Form eines griechischen Kreuzes hatte. Diese Kirche wurde auf den Überresten einer viel älteren Basilika errichtet, vermutlich aus dem 8. oder 9. Jahrhundert. Etwas weiter erreicht man den Ort

Hajnoc (Ajnovce)
Der Ortsname dürfte auf den deutschen Namen "Heinrich – Heinz – Heine" zurückgehen. Die orthodoxe Kirche liegt auf einer Anhöhe und bietet einen schönen Blick auf die Ortschaft.
An der Stelle, wo an der rechten Seite starker Abbau betrieben wird, führt ein Weg in die kleine, nur noch von wenigen Menschen bewohnte serbische Ortschaft

Vaganeš (alb. Vaganesh).
Der Ort ist nur mit geländegängigem Fahrzeug erreichbar!! Hier befindet sich eine einschiffige Kirche mit einem Narthex, der in einen Glockenturm übergeht. Es handelt sich um eine Stiftung des Edelmanns Dabeživ und seiner Eltern sowie Brüder aus der Zeit Kaiser Dušans. Die erhaltenen Fresken stammen aus dem Jahr 1335 sowie aus dem 16. Jahrhundert.
Fährt man im Tal die Hauptstraße weiter, sieht man nach wenigen Kilometern links der Straße die kleine Moschee mit gedrungenem Minarett aus dem Jahre 1885, die zu dem Ort Krilevë gehört.

Klosterruine Ubozac (Foto S. 51)
Die Ruinen des Klosters Ubozac erreicht man, wenn man in Kamenica am Ende der Hauptstraße rechts fährt, und dann nach der Brücke links der Hauptstraße folgt. Direkt am Ortseingangsschild „Strelicë – Strelica" nimmt man rechts den Feldweg und erreicht nach ca. 1500 m den ehemaligen Klosterkomplex. Man findet hier einen Ort der Ruhe und der Meditation inmitten einer wunderbaren Natur.
Der Klosterkomplex zeigt mehrere Baustufen: Der Bau wurde an der Wende vom 13. zum 14. Jahrhundert begonnen und in der zweiten Hälfte des 14. Jahrhunderts sowie im 15. Jahrhundert fortgesetzt. Es handelte sich um ein befestigtes Kloster, das von Mauern und zwei Türmen umgeben war, und in dessen Zentrum die Muttergotteskirche stand. Sie ähnelt den Kirchen auf dem Berg Athos in Griechenland und gehört mit zu den ersten Bauten der sog. Morava-Schule. Die Grundmauern des Refektoriums, der Bäckerei, der Küche, der Ställe sowie ein Keller wurden während archäologischer Ausgrabungen zwischen 1963 und 1966 freigelegt. Das Kloster wurde durch die Migration der Serben in Richtung Norden unter dem Patriarchen Arsenije Carnojevic 1690 aufgegeben. Zwei wertvolle Handschriften aus der ersten Hälfte des 15. Jahrhunderts aus dem Besitz des Klosters befinden sich jetzt im Patriarchen-Kloster In Peja.

Auf dem Rückweg folgt man in Gjilan der Straße Richtung Ferizaj. Nach wenigen Kilometern liegt der Kurort

Kllokot (Klokot Banja)
Der Ort Kllokot, an der Straße zwischen Ferizaj und Gjilan gelegen, hat eine heilkräftige Thermalquelle von 16 – 32°, die sowohl äußerlich als

Köchin im Restaurant Planet
Kloster Tamnica

Alte Moschee in Krilevë
Kirche in Vaganesh
Kirche in Hajnoc

auch als Trinkwasser Verwendung findet. Im Ort befinden sich ein altes und ein neues Therapiezentrum, die hauptsächlich der Heilung rheumatischer Erkrankungen dienen. Das Bad wird von zahlreichen Kurgästen besucht, ist aber durch Vernachlässigung weit vom Flair eines Kurortes entfernt.
Der Ort hat eine orthodoxe Kirche aus der Mitte des 19. Jahrhunderts.

Die Gegend war bereits im Neolithikum von verschiedenen Kulturgruppen besiedelt. Die Dardaner der frühen Eisenzeit gehörten zu dem sog. Flachlandtyp, später errichteten sie befestigte Burganlagen. Hier entdeckte man auch eine der größten Siedlungen aus der Römerzeit im Kosovo. Aus dem Frühmittelalter gibt es zahlreiche archäologische Funde zu einer regen Siedlungstätigkeit, so einige Überreste von Kirchen und Funde einer frühslawischen Kultur.

Unterkunft und Essen:
Hotel Niti
RR. Isa Kastrati
€

Restaurant Villa Bossi
Tel. 377 44 381 302

In Kllokot biegt man an der Kirche links ein, um nach Viti zu gelangen.

Viti (Vitina)
Die Großgemeinde Viti im Südosten des Kosovo hat eine sehr gemischte Bevölkerung. Hier leben Albaner, Serben und Kroaten. Viti ist ein Zentrum der Katholiken Kosovos. Die Stadt mit dem Charme einer sozialistischen Kleinstadt bietet keine Sehenswürdigkeiten, dafür lohnt aber ein Abstecher in die Umgebung.

Unterkunft und Essen:
Motel Cufa
Rr. Hoxhe Januzi
€

Umgebung von Viti:

Man folgt in Viti von der Hauptstraße der Ausschilderung nach Letnice. Am Ende der Einbahnstraße neben dem Fluss Morava fährt man links über die Brücke und dann die Straße geradeaus.
Die erste Ortschaft, die man erreicht ist das serbische

Vrbovac
Rechts der Straße steht die orthodoxe Kirche aus dem 19. Jahrhundert mit einem Pfarrhof, alles von einer Mauer umgeben. Der Pfarrhof hat einen interessanten alten Kornspeicher sowie einen typischen alten Speicher für Mais. Im ehemaligen Pfarrhaus befindet sich eine moderne Großküche. Von hier aus werden täglich 150 Bedürftige der Umgebung mit Essen versorgt.
In der Ortsmitte findet man rechts eine alte Wassermühle mit interessanter erhaltener Technik im Inneren.

Noch vor Letnice weist ein Schild nach links zum Ort

Stublla e Eperme
Die von katholischen Albanern bewohnte Ortschaft ist auf jeden Fall einen Besuch wert – nicht nur wegen

Unten:
Alte Kirche in Stublla e Eperme

Die Wallfahrt in Letnice

des schönen Restaurants mit großer Terrasse und Blick auf die Kirche. An vielen Stellen des Ortes eröffnet sich dem Besucher ein schöner Blick auf die Berge und Ortschaften der Umgebung. Die große Kirche des Hl. Jozef wurde zu Beginn des 20. Jahrhunderts errichtet. Auf den kegelförmigen Berg oberhalb des Ortes führt ein Kreuzweg, den die Gemeinde in mühevoller Arbeit angelegt hat. Außerdem unterhält die Gemeinde eine Gemeindeschwesternstation, die Kranke und Pflegebedürftige versorgt. Besonders sehenswert aber ist die alte kleine Kirche oberhalb der Ortschaft, die früher auch als Schule genutzt wurde.

Restaurant Jozefi
Tel. 377 44 323 025
in der Ortsmitte

Letnicë (Letnica)
und die Wallfahrtskirche der Gottesmutter Černogore
Der Ort liegt im Süden des Kosovo an der mazedonischen Grenze. Früher hieß der Ort Crna Gora (= Schwarzer Berg in verschiedenen Variationen) bzw. es wurde die italienische Version „Monte Negro" verwendet. Er wurde – wie Janjevo – als Bergbausiedlung von den Sachsen gegründet. Sie bildeten hier eine kompakte deutsche Kolonie, worauf noch Flur- und Ortsnamen hinweisen. So geht der Name „Shashare", einer Ortschaftschaft oberhalb Letnices, auf die sächsischen Bewohner zurück. Auch gibt es in dieser Gegend einen Obstbaum, „Sachsenbirne" genannt, den es sonst im Kosovo nicht gibt. Zur katholischen Gemeinde gehörten

– wie in den anderen Bergbau-Orten auch – die Ragusaner, auf die es zahlreiche Hinweise in lateinischen Schriften gibt, sowie Albaner. Noch immer leben eine handvoll Kroaten (Janjevci) im Ort, meist alte Menschen, da die jungen nach Kroatien abgewandert sind. Die erste schriftliche Erwähnung findet die Pfarrei 1511. Sie dürfte aber erheblich älter sein. Im Jahre 1584 werden 500 Gemeindemitglieder angegeben. Ihre Kirche fiel mehrfach kriegerischen Auseinandersetzungen zum Opfer. 1886 begann man mit dem Bau einer größeren und schöneren Kirche, doch wurde diese noch vor der Fertigstellung durch einen Bergrutsch zerstört. Mit dem Bau einer neuen Kirche wurde dann an anderer Stelle 1928 begonnen. Ihre Einweihung fand am 14. 8. 1934 statt. Sie beherbergt eine wundertätige Statue der Muttergottes mit dem Kinde (Schwarze Madonna) aus Holz, deren Entstehungszeit Ende des 16. /Anfang des 17. Jahrhunderts liegt und die wahrscheinlich in Dalmatien gefertigt wurde. An Kirchenfeiertagen erhält die Statue eine kostbare festliche Bekleidung mit Krone von 1872. Sehenswert ist weiterhin die Statue des Hl. Rochus aus dem 17. Jahrhundert. Die Pfarrei gehört zum Bistum Skopje-Prizren.
Jährlich findet an Mariä Himmelfahrt (15. August) eine Wallfahrt statt, an der bis zu 30.000 Gläubige teilnehmen. In Letnice beschloß Mutter Teresa 1927, den Weg Gottes zu gehen und in ein Kloster einzutreten.
Restaurant Trofta (rechts unterhalb der Kirche hinter der alten Wassermühle) Tel. 044 262 502

Von Viti aus führt eine Straße nach dem südlich liegenden

Binaq (Binač)

Hier gibt es die Ruinen einer mittelalterlichen Burgbefestigung, die 1019 erstmals in einer goldenen Bulle des byzantinischen Kaisers Basileios II. unter dem Namen Binices erwähnt wird. An der Quelle des Flüsschens Susica befand sich das 1999 weitgehend zerstörte kleine Kloster des Heiligen Erzengel Gabriel aus dem 16. Jahrhundert. Von der St. Nikolaus-Kirche stehen noch die Ruinen.
Im Ort gibt es ein katholisches Gemeindezentrum mit einer neuen 6-eckigen Kirche. Im Inneren befinden sich ringsherum riesige Wandbilder mit biblischen Szenen sowie Szenen aus der Geschichte der katholischen Albaner (s. Foto S. 55)

Von Prishtina aus in den Süden

Man folgt in Prishtina der Hauptstraße Richtung Skopje. Schon nach wenigen Kilometern liegt rechts der Straße der Ort

Lipjan (Lipljan)

Auf dem Gebiet dieser Ortschaft befand sich schon die spätantike und frühbyzantinische Siedlung Lipenion, deren Name im heutigen Ortsnamen erhalten blieb und die bereits im 4. Jahrhundert in der Überlieferung vorkam. In einem griechischen Text wird sie 1018 als Lypenion erwähnt. Eine kleine Kirche wurde im 14. Jahrhundert auf den Fundamenten einer alten Kirche, die noch aus frühchristlicher Zeit stammte, errichtet. In ihr wurden mehrere Steine der alten Kirche mit lateinischen Inschriften verbaut. Ihre beachtenswerten Fresken sind aus dem 14., 16. und 17. Jahrhundert, von denen die Porträts des Heiligen Nikolaus sowie die Vision des Heiligen Petros von Alexandrien und die Himmelfahrt Christi besondere Beachtung verdienen. Neben der alten befindet sich eine jüngere orthodoxe Kirche, in der Ikonen und sakrale Gegenstände aus den bei Unruhen im März 2004 zerstörten orthodoxen Kirchen aufbewahrt werden.

Restaurant Centrum
Rr. Fehmi Agani
Tel. 377-45-456565

Auf der anderen Seite der Hauptstraße führt eine Straße (Ausschilderung) nach

Janjevë (Janjevo)

Die alte Bergwerkssiedlung Janjevë ist mit dem Abbau von Erz seit altersher verbunden und wurde schon von den Dardanern bewohnt. Auf der Kuppe des oberhalb vom Ort liegenden Berges Veletin befinden sich Reste einer Befestigung aus vorgeschichtlicher, illyrischer, römischer und spätantiker Zeit. Münzfunde mit der Aufschrift „Münzstätte Veletin" bezeugen die Bedeutung des Ortes. Bereits in der Antike wurde hier Erz abgebaut. Eine Blüte erlebte der Ort mit der Ankunft Sächsischer Bergleute im 13. Jahrhundert. Auf sie gibt es zahlreiche Hinweise. Die erste urkundliche Erwähnung des Ortes stammt aus dem Jahre 1303 durch Papst Benedikt XII., der Janjevo als

Zentrum der katholischen St. Nikolaus Gemeinde erwähnt. Auch die Sachsen werden durch den Papst benannt. Aus einer gotischen Inschrift auf einer 1368 gegossenen kleinen Glocke geht eindeutig hervorgeht, dass es damals Sachsen gab, ebenso lassen die Namen zweier Siedlungen (z.B. Shashkovac) in der Umgebung auf sie schließen. Mit den Bergleuten kamen auch die handelnden Ragusaner sowie Kotoraner, Baraner, Spliter, Albaner, Venezianer, Serben u.a. Vieles spricht dafür, dass die jetzt noch hier lebende Minderheit der Kroaten (Janjevci) Nachfahren der Sächsischen Bergleute und der Ragusaner sind. Noch immer gibt es eine katholische Gemeinde. Leider sind in den letzten Jahren zahlreiche Janjevci nach Kroatien abgewandert. Die neuere **katholische Kirche** wurde in den letzten Jahren umfangreich restauriert. Einige Elemente stammen noch aus einem alten Bau.

Aus Janjevo stammt der Franziskanerpater Shtjefën Gjeçovi (s. Persönlichkeiten).

Einige Kilomter weiter führt links von der Hauptstraße Richtung Skopje eine Straße nach

Gadime (Gornje Gadimlje)

Hier gab es bereits eine vorgeschichtliche Siedlung. Bei Grabungen fand man Häuser mit Öfen sowie Keramik aus der beginnenden Eisenzeit. Aus dem 8. Jahrhundert v. Chr. stammen einige Grubenwohnungen und auch oberirdische Wohnhäuser. Die Siedlung war mit einem Erdwall umgeben. Während der jüngeren Eisenzeit (ab dem 4. Jahrhundert v. Chr.) erweiterte man die Siedlung um künstlich angelegte Terrassen. In Gadime gibt es ein seltenes Naturphänomen, eine Marmorhöhle, zu besichtigen (Shpëlla e mermerit). Sie entstand in der Erdneuzeit im Känozoikum. Der Eingang zur Höhle befindet sich in der Ortsmitte am Ende der Asphaltstraße. Während einer Führung sind ca. 1400 m zu besichtigen. Das lohnt sich in jedem Fall! Die Stalagtiten und Stalagmiten aus Marmorkristallen bilden viele interessante Formen. Eine konstante Temperatur von 16° macht den Besuch besonders im Sommer sehr angenehm!

Ferizaj (Uroševac)

Die Stadt entwickelte sich erst durch den Bau der Eisenbahnlinie Skopje – Mitrovica nach 1873. Sie hat keine besonderen Sehenswürdigkeiten und war und ist ein wichtiges Industriezentrum.

Unterkunft und Essen:

Hotel Lybeten
Dëshmorët e Kombit
Tel.: 386 49 304 000
€
E-Mail: info@hotel-lybeten.com

Restaurant Orchide
Rr. Ahmet Kaqiku No. 35
Tel. 386 49 106 060

Von Ferizaj aus erreicht man 5 km westwärts das im Tal liegende

Nerodime (Gornje Nerodimlje)

Der Ort war einst Residenzstadt der Nemanjiden. Hier befinden sich die

Ruinen des einstiges **Palastes** sowie eines ehemaligen Klosters (**St. Uroš– Kloster**). Osmanische Quellen vermerken, dass das Kloster bereits 1487 von den Mönchen aufgegeben wurde. 1584 wurde die Kirche restauriert, 1705 brachte ein Mönch Christopher die Reliquien des Kaisers Uroš in ein Kloster im Norden Serbiens. 1854 wurde noch einmal versucht, das Kloster wieder zu beleben, ebenso zwischen 1995 – 1996.
Am Ende des Tales befinden sich auf einem Berg die Ruinen der **Festung Petrič**. Sie bestand aus einer großen und einer kleinen Festung. Letztere ist total zerstört, aber von der großen Festung sind noch bis zu vier m hohe Mauern zu sehen.

Kaçanik (Kačanik)
Kaçanik liegt am Anfang der Kaçanik-Schlucht, von altersher ein wichtiger Verbindungsweg der Nord-Süd-Achse. Durch sie erreicht man Mazedonien mit dem fruchtbaren Becken von Skopje. Hier fanden erbitterte Kämpfe der Dardaner mit den Makedonen und später den Römern statt, die diese Schlucht als Vormarschweg nutzten. Es drangen hier aber auch hellenistische Kultureinflüsse ins Kosovo. Die Römer unterhielten am rechten Ufer des Flusses Lepenci eine Straße. Es gibt zahlreiche archäologische Funde dazu, darunter Meilensteine.
Im 14. Jahrhundert wurde in Kaçanik eine **Festung** zur Absicherung der Handelswege und zur Abwehr von Feinden errichtet. Die Grundfläche hat die Form eines unregelmäßigen Vierecks, in den Ecken befanden sich Rundtürme. Als Baumaterial fanden sowohl Haustein als auch durch Mörtel gebundene Kieselsteine Verwendung. Umgeben war die Festung von einer mächtigen Wehrmauer. Im 16. Jahrhundert wurde die Anlage durch die Türken erneuert. Reste sind noch gut sichtbar.
Die **Sinan-Pascha-Moschee** wurde in den Jahren 1594/95 errichtet. Der Bau ist ein schönes Beispiel islamischer Architektur und lohnt auf jeden Fall einen Besuch!

Entlang der E 65 Richtung Mazedonien befinden sich zahlreiche **Restaurants**!!

Von Kaçanik führt man zurück Richtung Prishtina und nimmt nach wenigen Kilometern die Straße links Richtung Tetovo/Brezovica/Prizren. Es beginnt eine wunderschöne Fahrt in die Berge des Malet e Sharrit (Šar-Planina-Gebirge) mit vielen atemberaubenden Ausblicken. Hier oben leben überwiegend Serben

Donja Bitinja
Der Ort Donja Bitinja hat zwei Kirchen, die beide direkt an der Hauptstraße liegen. Die größere weist dekorative dörfliche Malereien auf und besitzt wertvolle Ikonen von 1635-36. Im nur ca. 3 km entfernten Gornja Bitinja, auf dem Berg gelegen, hat die Kirche wertvolle Fresken und Inschriften von 1592.

Štrpce (Shtërpca)
Die Großgemeinde wird mehrheitlich von Serben bewohnt. Von 13.600 Einwohnern sind 9.100 Serben, 4.500 Albaner und 30 Roma. Die Kir-

Kirche in Drajkovce
Marmorhöhle Gadime
Kirche in Novo Selo

Blick über Janjevo auf den Berg Veletin
Das Erzengel-Kloster

che St. Nikolaus wurde 1576 -1577 errichtet. Aus dieser Zeit sind noch einige Fresken vorhanden. Im 19. Jahrhundert wurde die Kirche restauriert und durch weitere Fresken sowie Ikonen ergänzt.

Restaurant Lipa in der Nähe der Polizeistation mit schöner Terrasse.

Brezovica
Auf 940 m ü. NN liegt der Wintersportort Brezovica. Umgeben ist er von bis zu 2500 Meter hohen Bergen.. Die Skipisten erreichen eine Länge von bis zu 3500 Metern. Neben einem Skilift gibt es auch einen Skiverleih. Schöne Ausblicke und eine herrliche Natur machen die Fahrt hierher zu einem besonderen Erlebnis. Das Skigebiet erreicht man von der Ortsmitte aus, indem man nach links abbiegt . Es ist darüber hinaus ein ausgezeichnetes Freeride-Terrain. Tiefschneesüchtige kommen hier voll auf ihre Kosten. Da die Skilifte nicht regelmäßig in Betrieb sind, betreibt eine private Firma eine umgebaute Pistenwalze (Schneekatze), in der 12 Skifahrer Platz finden.

Pauschalangebote nach Brezovica bietet www.mountain-action.de aus Kempten an.

Unterkunft und Essen:

An den Skiliften:
Hotel Molika mit 100 Zimmern Sozialistischer Prachtbau mit entsprechendem Ambiente
€
Tel. 355 42235688

Woodland-Hotel
im Ski-Centrum
Tel. 377 (0) 44 444 448
€€ - €€€
http://woodlandhotel-ks.com
E-Mail: mail@woodlandhotel-ks.com

Motel Ljuboten
Im Ort gelegenes kleines Motel mit hervorragendem Restaurant, Terrasse (Kreuzung Richtung Skigebiet Sharri)
€
Tel. 381- 638556843

An der Straße Brezovica – Prizren in Prevalë:
Hotel Sharri
Neuerbautes Hotel mit herrlicher Aussicht und Restaurant
€€
Tel. 355-42235 688

Man fährt nun weiter Richtung Prizren durch den Nationalpark, in dem seltene Pflanzen und Tiere beheimatet sind. Bald erreicht man den Prevalac-Pass.

Gornje Selo
In das Dorf fährt man direkt aus einer Haarnadelkurve. Hier lebt eine gemischte Bevölkerung aus Albanern, Torbeschen und Serben. Die Häuser, zum Teil in alter Bauweise, liegen links und rechts eines Baches. Eine schmale Straße, die man an der ersten Brücke rechts nehmen sollte und an der Kirche über die Brücke auf der anderen Bachseite wieder zurück (Gegenverkehr ist hier nicht vorgesehen!) führt durch den Ort. Die auf dem Friedhof liegende St.

Georgs-Kirche, am Ende der rechten Bachseite gelegen und mit einem kleinen Parkplatz ausgestattet, wurde in drei Bauphasen errichtet, die noch deutlich sichtbar sind. Der östliche Teil ist der älteste und stammt mit seinen bedeutenden Fresken aus den Jahren um 1570. Durch Ausbau des ursprünglichen Narthex entstand der mittlere Teil. Bei diesem Ausbau entstand auch der südliche Eingang mit einem Relief, das ein Steinkreuz, Blütenranken und zwei Vögel zeigt. Während der dritten Bauphase entstand ein hölzerner Vorbau mit einem Glockenturm.

In den folgenden Dörfern wohnt überwiegend die Minderheit der Torbeschen. Drei km vor Prizren liegen links der Straße

Das Erzengelkloster und die Burg Višegrad
In der Schlucht der Bistrica liegt im Schutz der ehemaligen mächtigen Burg Višegrad, deren Überreste noch gut sichtbar sind, das orthodoxe Erzengelkloster. Zwischen 1348 und 1352 ließ Zar Dušan das Kloster errichten. Zum Komplex gehörten die Erzengelkirche mit einem eindrucksvollen Bodenmosaik, das sich mit anderen Fragmenten der Kirche im Archäologischen Museum von Skopje befindet, die Nikolauskirche, ein Refektorium, ein Dormitorium, eine Bibliothek und ein Hospital. Die auf einer früheren Kirche errichtete Erzengelkirche bestimmte König Dušan zu seiner Grabeskirche. Sie war eine dreischiffige Basilika. Das Erzengelkloster war eine Synthese westlicher und östlicher Einflüsse. Schon im 15. Jahrhundert verzeichnete ein unbekannter Besucher in einer Schrift: Die Schönheit der Kirche sei „der Zerstörung nahe". 1615 verwendete man die geschliffenen Steine der Klosterkirche für den Bau der Sinan-Pascha-Moschee in Prizren. Von 1927 bis 1998 war das Kloster unbewohnt. 1965 verlegte man die sterblichen Überreste von Zar Dušan nach Belgrad. 1998 wurde das Kloster wieder eingerichtet. Seither leben dort mehrere Mönche. Während der Märzunruhen 2004 steckten aufgebrachte Albaner die Gebäude des Klosters in Brand. Sie konnten aber z.T. schon wieder aufgebaut werden.

Das Technische Museum „Wasserkraftwerk"
Kurz nach dem Erzengelkloster befindet sich über der Bistrica das Gebäude des ersten Wasserkraftwerks im Kosovo, das 1929 von einer Wiener Firma errichtet wurde. Man kann es jetzt als Technisches Museum besichtigen.

Essen:
Im Bistrica-Tal gibt es mehrere Ausflug-Restaurants

Vila Park
in Sredskë
Tel. 377-44-295973
www.vilapark-ks.com

Natyra
Tel. 377 45 688 625
Mullini Pintollit
Rr. Vatra Shqiptare
Prizren
Tel. 0677542

Blick auf die Erlöserkirche Sveti Spas mit der Burg Ribnik, Hamam und Blick auf die Stadt

Prizren

Prizren

Die Stadt liegt im Südwesten des Kosovo und hat ca. 170 000 Einwohner. Sie ist eine alte Handels- und Handwerkerstadt. Hier befindet sich das Feldlager der deutschen KFOR-Soldaten (s. auch Kapitel über den Einsatz der Bundeswehr im Rahmen der KFOR). Prizren ist Sitz der katholischen Apostolischen Administratur, der Verwaltung der katholischen Gläubigen im Kosovo, sowie des serbisch-orthodoxen Bischofs von Raszien-Prizren.

Geschichte

Eine kontinuierliche Besiedlung des Raumes Prizren ist seit dem 8. Jahrhundert v. Chr. zu verfolgen. Im Becken von Prizren ließ sich der illyrische Stamm der Dardaner nieder. Das belegen zahlreiche archäologische Funde (Nekropolen und Hügelgräber) in der Umgebung.

In der Römerzeit lag die Stadt, die zu jener Zeit Theranda hieß, am wichtigen Handelsweg von der Adria nach Skopje und weiter nach Süden. Aus dieser Epoche gibt es zahlreiche Funde, so einen Opferaltar, Reste von Thermen sowie Stelen mit griechischen und lateinischen Aufschriften. Sie belegen, dass im 1.–3. Jahrhundert schon städtisches Leben mit einer hellenisch-illyrischen Kultur herrschte. Nach dem Zerfall des Römischen Reiches ging Prizren im byzantinischen Reich auf. In dieser Zeit bekam die Stadt den Namen Prizdiana oder auch Prizrenum. Auf Grundmauern aus dieser Zeit wurden später einige Bauwerke errichtet (s. Sehenswürdigkeiten).Dazu gehört auch die Festung Kalaja über der Stadt.

Nach dem Tod des byzantinischen Kaisers Manuel Komnenos 1180 nutzte der serbische Groß-Zupan Nemanja die schwere innere Krise des byzantinischen Reiches und eroberte Prizren; doch noch einmal konnten die Byzantiner es zurückgewinnen. Erst unter König Stefan dem Erstgekrönten festigten die Serben ihre Macht in Prizren. Einige Zeit war Prizren Hauptstadt des serbischen Reiches und erlebte eine wirtschaftliche Blüte. Die Ragusaner trieben hier Handel, und es entstand eine größere Ragusaner Kolonie.

Am 21. Juni 1455 eroberten die Türken die Stadt. Zunächst versank sie in der Bedeutungslosigkeit. Erst als die Türken ihre Macht gefestigt hatten, erlebte sie wieder einen Aufschwung und entwickelte sich zu einem politischen, wirtschaftlichen und kulturellen Zentrum eines Verwaltungsbezirks (Sandzak).

Zu Beginn des 17. Jahrhunderts war Prizren eine der größten Städte auf dem Balkan. Es gab hier 12 000 Häuser, zahlreiche verschiedene Handwerks- und Handelsbetriebe, und die Kultur blühte. In dieser Zeit wurden auch einflussreiche Derwischklöster verschiedener Orden gegründet.

Diese Blütezeit nahm aber durch die Eroberung der Stadt durch das österreichische Heer unter General Piccolomini 1689 ein jähes Ende. Prizren wurde schwer zerstört, und das Heer brachte die Cholera mit in die Stadt, an der zahlreiche Einwohner starben. Nach dem Tod Piccolominis wurde er hier in der Kirche der Gottesmutter von Ljeviska beigesetzt.

Erst nach der Rückeroberung durch die Türken erlebte die Stadt unter-Mahmud Pascha Rotul eine erneute Blüte. Er ließ neue Wohn- und das Basarviertel bauen. Für das Jahr 1893 weist ein türkisches Register 1348 Handwerksgeschäfte mit 124 verschiedenen Gewerken aus. Insbesondere die Silberschmiede und die Büchsenmacher aus Prizren wurden weit über den Balkan hinaus bekannt.

Wie in anderen Städten auch, ließen die Türken Straßen befestigen und legten zahlreiche Wassersysteme, Brunnen und Fontänen an.

Große Bedeutung errang die Stadt für die albanische Bevölkerung mit der Liga von Prizren, die hier 1878 gegründet wurde und bis 1881 wirkte. Erstmals forderten Delegierte aus allen albanisch besiedelten Gebieten Rechte für die Albaner und beschlossen ein gemeinsames Vorgehen.

Während des ersten Balkankrieges marschierten serbische Truppen am 21. Oktober 1912 in die Stadt ein. Damit war die Herrschaft der Türken endgültig vorbei. Von 1915-1918 war Prizren von Bulgarien besetzt, und ab 1918 wurde sie mit den anderen Gebieten Kosovos – wie auf der Botschafterkonferenz in London 1913 beschlossen – dem Serbischen Königreich zugesprochen.

Während der Märzunruhen 2004 wurden das Serbische Viertel und die orthodoxen Kirchen weitgehend zerstört.

Sehenswürdigkeiten

Besucher werden vor allem durch das orientalische Flair, das Prizren nahezu in seiner Gesamtheit bis heute bewahren konnte, fasziniert.

Sinan–Pascha–Moschee (1) Die von dem Sufi Sinan Pascha aus Lumë (Albanien) gestiftete und 1615 erbaute Moschee beherrscht das Stadtbild. Über dem quadratischen Bau aus sorgfältig bearbeiteten Quadersteinen, die vom Erzengelkloster bei Prizren stammen sollen, spannt sich eine Kuppel mit einem Durchmesser von ca. 14 m. Im Innenraum spenden 44 Fenster in vier Ebenen sowie eine Rosette an der Südostwand Licht. Die Moschee hat ein überaus schlankes Minarett von 49 m Höhe, das bei starkem Wind sichtbar hin und her schwankt. Eine Besichtigung empfiehlt sich vor oder nach dem Mittags- oder Abendgebet.

Die Festung Kalaja (2) Oberhalb der Stadt liegt die Festung Kalaja. Von hier hat man eine schöne Aussicht auf Stadt und Umgebung. Die obere Festung ist der älteste Teil der Anlage. Sie wurde im 11. Jahrhundert auf einem noch früheren Bau errichtet. Den unteren Festungsteil bauten die Türken ab 1455, und der weitere Ausbau fand kontinuierlich zu militärischen Zwecken statt. Später ließ Mahmud Pascha Rotul die Anlage mit neuen Schutzmauern umgeben und die Kasematten anlegen. Weiterhin erhielt die Anlage einen Uhrturm, und an die Stelle der Kirche der Hl. Anastasia kam eine Moschee.

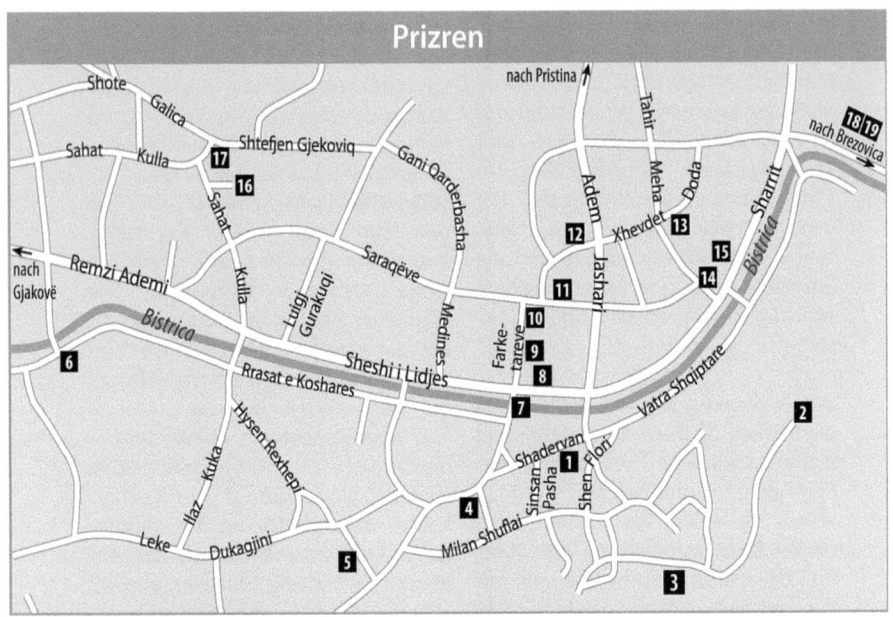

Die Erlöserkirche (Sveti Spas) und die Burgruine Ribnik (3) liegen oberhalb des ehemaligen Serbenviertels und unterhalb der Festung. Hier befindet sich ein KFOR-Stützpunkt.
Die Kirche ist eine Stiftung des Magnaten Mladen Vladejevic und wurde in den Jahren 1331-35 erbaut. In die Fassade wurden zwischen die Ziegelsteine kleine Keramikkreuze gesetzt. Die wertvollen Fresken, die zwischen 1335 und 1348 entstanden, wurden 2004 durch Brandschatzung fast vollständig zerstört. Daneben befinden sich die Überreste der ehemaligen Residenz von König Dušan aus dem 14. Jahrhundert

St.Georgs–Kathedrale (4)
Diese Kirche aus dem Jahre 1856 war Sitz des orthodoxen Bischofs von Raszien und Prizren. Zum Gebäudekomplex gehörte auch die 1348 erbaute Kapelle Sveti Nikole Rajkovca, die 1999 gesprengt wurde, sowie das 1871 eingeweihte Priesterseminar. Während der Unruhen im März 2004 wurden die Gebäude fast vollständig zerstört, konnten aber in den letzten Jahren wieder aufgebaut werden.

Katholische Kathedrale und Apostolische Administratur (5)
Folgt man weiter der Straße nach der St. Georgskathedrale, so befindet sich in der 3. Querstraße rechts die Katholische Kathedrale aus dem 19. Jahrhundert.

Suza Çelebi-Moschee (6)
Sie steht ebenfalls auf der linken Seite der Bistrica und wird von kleinen Wohn- und Geschäftshäusern umringt. Der bekannte Dichter und Historiker Suza Çelebi (1455-1524) aus

Prizren ließ sie als Gebetshaus 1513 errichten. Erst später wurde es in eine Moschee umgewandelt. Er wurde in der Türbe bei der Moschee neben seinem Bruder Nehari, der ebenfalls ein Dichter war, beigesetzt.

Die Steinbrücke über die Bistrica (7) ist ein beliebtes Fotomotiv. Sie wurde im 14/15. Jahrhundert aus Steinen des Flusses errichtet und durch ein Hochwasser im November 1979 zerstört. Anschließend baute man sie originalgetreu wieder auf.

Scheich–Hasan–Haus (8)
Zwischen dem Hotel Theranda und der Farketareve-Straße liegt das noch ganz im orientalischen Stil gehaltene Haus der Familie Hasan, das zur Wende vom 18. zum 19. Jahrhundert errichtet und in den letzten Jahren originalgetreu restauriert wurde. Hier sieht man noch die typischen Holzverzierungen.

Tekke des Halveti Derwisch–Ordens (9)
Biegt man von der Ringstraße gegenüber der Steinbrücke in die Seitenstraße Farketareve ein, erreicht man nach wenigen Metern auf der rechten Seite die Tekke der Halveti mit einem überwältigend schönen Gebets- und Kultraum. Sie ist das spirituelle Zentrum der Halveti Kosovos und Albaniens. In einem teils überdachten Innenhof befindet sich ein duftender Rosengarten mit zwei Brunnen. Das über 350 Jahre alte Gebäude wurde nach den Beschädigungen 1999 sehr schön restauriert. Zur Tekke gehört die
Saraçhan–Moschee (10)
die sich gleich am Ende der Farketareve Straße befindet. Gestiftet hat sie 1534 der reiche Bürger Prizrens Beg Hajredin Kukli. Diese Moschee konnte ihr altes Flair weitgehend bewahren.

Das Türkische Badehaus (Hamam) (11)
ließ Gazi Mehmed Pascha in der Nähe der Moschee 1561-1564 errichten. Es gehört zu den bedeutendsten Bauwerken seiner Art im ehemaligen Jugoslawien und bestand aus zwei getrennten Abteilungen für Männer und Frauen mit Wasserbecken, Fontänen und Ruhezonen.

Emin–Pascha–Moschee (12)
In der Seitenstraße hinter dem Hamam liegt die Emin-Pascha-Moschee. Sie wurde in der wirtschaftlichen Blütezeit Prizrens 1831 errichtet. Ihr Stifter Emin Pascha bereiste weite Teile des Osmanischen Reiches. Die Moschee ist reich ausgestaltet und unbedingt einen Besuch wert!

Bajrakli (Gazi–Mehmed–Pascha)-Moschee (13)
Die Moschee liegt hinter dem Museumskomplex. Gazi Mehmed Pascha ließ sie 1573 zusammen mit einer Koranschule, einer Türbe (Kuppelgrab) und einer Bibliothek Mitte des 16. Jahrhunderts errichten. Sie ist eine der schönsten Moscheen Prizrens mit einer reichen Ausstattung an ornamentaler Malerei und Holz-Schnitzwerk. Im Inneren sieht man zwei große Uhren. Die Bibliothek hat einen Bestand von über zweitausend handschriftlichen und gedruckten Werken, von denen 77 Handschriften wegen ihrer großen kulturgeschichtlichen Bedeutung besonderer Erwähnung bedürfen. Darunter sind – neben theologischen Büchern –

Alte Steinbrücke über die Bistrica
Museum der Lige von Prizren und Kath.
Kathedrale u. Apost. Administratur

Emin-Pascha-Moschee
Kirche der Gottesmutter
von Ljeviska

Werke der Philosophie, Mathematik, Geometrie, Astronomie, Geschichte, Medizin und anderen wissenschaftlichen Disziplinen aus Saudi Arabien, dem Iran, Afghanistan, der Türkei, dem Irak, aus Griechenland, Ungarn, Bulgarien u.a..

Museum der Liga von Prizren (14)
Das Museum befindet sich im ehemaligen Wohnhaus von Abdyl Frashëri, einem der führenden Köpfe der Liga. Es wurde 1999 durch serbische Truppen vollständig zerstört und originalgetreu wieder aufgebaut. Die Ausstellung gibt einen Einblick in die Arbeit der Liga und das Leben der Familie Frashëri. Zu sehen sind meist Kopien der zerstörten Originale.

Das Landeskundliche Museum (15) liegt hinter dem Museum der Liga von Prizren und gibt mit seiner Exposition Einblick in das Leben der Menschen dieser Region sowie in Kunst und Kultur des Kosovo.

Öffnungszeiten beider Museen: 9–16.30 Uhr – im Sommer auch länger

Das Archäologische Museum mit dem Uhrturm (16)
Die Türken bauten in allen Städten Uhrtürme, um den Gläubigen die Gebetszeiten anzuzeigen. Der Uhrturm in Prizren wurde 1870 in der Mitte eines türkischen Dampfbades (Hammam) von 1498 errichtet. Das Museum beherbergt archäologische Fundstücke aus Prizren und Umgebung, so aus Nekropolen und Hügelgräbern der Illyrer, aus der Römerzeit, von der Festung Kalaja sowie aus dem nahe gelegenen Erzengel-Kloster.

Die Kirche der Gottesmutter von Ljeviska (17)
Sie ist die einzige erhaltene mittelalterliche serbische Stadtkathedrale und wurde vom 9.–11. Jahrhundert auf den Grundmauern eines frühchristlichen Gotteshauses als dreischiffige Basilika errichtet. Erste Erwähnung findet sie 1019 in einer Urkunde des byzantinischen Kaisers Basileios II. als bischöfliche Hauptkirche. König Milutin ließ die Kirche 1307 von Grund auf erneuern. Dabei entstand ein fünfschiffiger Kuppelbau mit einem Innen– und einem Außennarthex. Zum Bau wurden wechselweise Ziegel und Stein verwendet, z.T. auch Keramikschmuck. Schon 1596 wurde sie von den Türken in eine Moschee umgewandelt und 1756 in einer Schrift des Prizrener Erzpriesters als solche erwähnt. Erst 1912 bekam die orthodoxe Kirche das Gotteshaus zurück. Die ursprünglichen wertvollen Wandmalereien wurden von den Türken mit Kalkverputz versehen und erst bei Restaurierungsarbeiten 1951-54 wiederentdeckt. Sie zeigen deutliche Spuren von Hammer und Meißel. In den Fresken werden große Zyklen dargestellt: Die 12 Kirchenfeste, die Wunder und Leiden des Herrn und das Leben des Heiligen Nikolaus. Neben biblischen Szenen gibt es Darstellungen des Stifters und weiterer Nemanjiden, der orthodoxen Erzbischöfe von Prizren u.a. Die Kirche hat einen massiven Glockenturm. Während der Märzunruhen 2004 wurde sie schwer beschädigt.

Unterkunft und Essen:

Hotel Alvida
Rr. Ibrahim Lutfiu 48
€
Tel. 0377-44-183-084

E-Mail reservation@hotel.al

Hotel Centrum
Bujtinat 1
Tel. 381 29 230 530
€€
E-Mail: hotelcentrumprizren@gmail.com
Internet: centrumprizren.com (ohne www)

Hotel Prizreni
Rr. Shen Flori Nr.2 (Shatërvan)
Tel. 381 (0) 29 22 52 00
€€
E-Mail: info@hotelprizreni.com
https://hotelprizreni.com/

Hotel Residence
Neuerbautes Hotel im Zentrum von Prizren
€€
Tel. Mobil 044 670 690
E-Mail residence_pz@hotmail.com

Hotel Theranda
im Stadtzentrum
€€
Tel. 381-0- 29242442
E-Mail: info@hoteltheranda.com
www.hoteltheranda.com

Motel und Restaurant Mena
An der Straße nach Prishtina, 15 Zimmer
€
Tel. 381-49-611178
E-Mail: mena@hotmail.com

Restaurants:

Alhambra
Rr. Sejdi Begu

Tel. 381 29 231763

Ambient Restaurant
Vatra Shqiptare (Zentrum)

Besimi-Beska,
Shesi i Shadërvanit 56 (Zentrum)
Tel. 381 29 233668

Marashi
Vatrat Shqiptare P.N
Tel. 386-4-5225985

Ausflüge in die Umgebung

Stausee Vërmicë

Richtung Grenzübergang Morina zu Albanien befindet sich ein beliebtes Ausflugsziel, der Stausee des Drin, genannt „Vërmicë", dessen größter Teil in Albanien liegt. Hier ist ein ideales Angelgebiet. Sowohl an der Straße Richtung Grenze als auch am See selbst gibt es mehrere interessante Restaurants, z. T. mit eigener Fischzucht.

Restaurant Mifabeli
Tel. 0377- 44 500 650

Wenige Kilometer vor dem Grenzübergang führt eine Straße über Zhur ins Dragash-Gebiet.

Dragash – Sharri (Dragaš)

Hier, im südlichsten Zipfel des Kosovo, trifft man auf eine überwältigend schöne Natur. Schon die Fahrt mit den vielen schönen Ausblicken auf die Bergwelt mit ihren saftigen Almweiden und auf winzige wie Schwalbennester an Berghängen liegende

Im Dragash-Gebiet

Motel Arxhena bei Brod
Klause des Heiligen Petar
In Kabash

Dörfer ist ein Erlebnis. Hier lebt – neben den Albanern – noch die Minderheit der Goranen. Viele von ihnen kann man in ihren Trachten bewundern. In dieser Gegend wird noch heute Kuhdung getrocknet und zum Heizen verwendet. Zahlreiche Dörfer sind weiterhin nur auf schwierigen Wegen zu erreichen und im Winter häufig abgeschnitten. Kürzlich wurde eine Asphaltstraße bis Brod, einem kleinen Ort mit schmalen Gassen und typischen Häusern aus osmanischer Zeit – bisher „am Ende der Welt" gelegen - eingeweiht. Kurz nach Brod (ca. 2 km Schotterpiste) entsteht ein neues Skigebiet mit einem sehr guten Hotel, Gästehaus, Restaurant und Skiliften. Die Gegend wurde in den letzten Jahren zu einem beliebten Ausflugsziel.

Unterkunft und Restaurant:

Meka Hotel
Sheshi i Dëshmorëve PN
Dragas
Tel. 381 29 281281

Motel Arxhena
(nach Brod)
Neuerbautes Hotel inmitten einer phantastischen Landschaft mit Restaurant, Gastgarten, Skilift, Skiverleih
€
Tel. 381 29 285170

Korishë (Koriša) und Kabash
10 km nordöstlich von Prizren liegt an der Straße Richtung Prishtina der Ort Korishë. Oberhalb des Ortes, in der Nähe des ehemaligen und jetzt verlassenen Dorfes Kabash befindet sich die Klause des Heiligen Petar Koriša. Der Mönch Petar zog sich im frühen 13. Jahrhundert hierher zurück und wurde schon zu seinen Lebzeiten verehrt, so dass sich zahlreiche weitere Einsiedler in der Umgebung niederließen. Die Höhle diente ihm als Kapelle. Reste der aus dem 13. Jahrhundert stammenden Wandmalereien sind noch zu sehen. Aus der Ehrerbietung wurde bald ein Kult. So reiste der Mönch und Schriftsteller Teodosije rund 100 Jahre später vom Kloster Chilandar auf dem Berge Athos (Griechenland) nach Koriša, um das Leben des Heiligen Petar in der „Vita des Heiligen Petar Koriša" in Verse zu fassen. Dieses Werk gehört zu den schönsten mittelalterlichen serbischen Dichtungen. Neben der Einsiedelei wurde ein Kloster errichtet, das im 14. Jahrhundert seine Blütezeit erlebte. Die Einsiedelei und die Überreste des Klosters sind nur mit einem einheimischen Führer erreichbar!
Der ehemalige Ort Kabash diente der UÇK als Kommandozentrale. Hier sind noch das Hauptquartier, das ehemalige Lazarett und das Gefängnis zu sehen. Einige Gedenksteine erinnern an Gebäude des Ortes Kabash, so am ehemaligen Standort der Schule und am Quell-Brunnen. Auch sind die Grundmauern der ehemaligen Kirche und der Friedhof mit einigen Grabsteinen noch vorhanden.

Unterkunft und Essen:

Hotel Albes
5 km von Prizren an der Straße Prizren-Prishtina in Korishë

Neuerbautes Hotel mit 18 komfortablen Zimmern, Klimaanlage, Internet, TV, Whirlpool, Restaurant
Tel.381 – 0 – 29247381 oder 0377-44-484-104,
E-Mai:l info@hotelalbes.com
www.hotelalbes.com

Von Prishtina aus in den Norden

Man verlässt Prishtina in Richtung Mitrovica und erreicht bald das

Amselfeld (Kosovo Polje)

Das geschichtsträchtige Amselfeld ist vom Blut zahlreicher Schlachten getränkt. Hier erkämpfte sich 1169 Fürst Nemanja die Vorherrschaft. Am 28. Juni 1389 schlug das türkische Heer in der denkwürdigen Schlacht auf dem Amselfeld die Serben und ihre Verbündeten vernichtend. Daran erinnert ein 1953 von den Serben errichtetes 25 m hohes **Denkmal** , das sich ca. 10 km nach dem Ortsausgang Prishtina auf der rechten Seite befindet. Es ist wohl das einzige Denkmal, das an eine Niederlage erinnert.

Nicht weit von dem Denkmal steht die Türbe **Gazimestan**, in dem der türkische Heerführer, der Fahnenträger und dessen Schildträger beigesetzt wurden.

Ebenso erinnert daran die

Türbe (Mausoleum) des Sultans Murad I.

Man erreicht sie, wenn man die erste Straße nach dem Hotel „Beni" links einbiegt. Die Türbe ließ unmittelbar nach der Schlacht auf dem Amselfeld 1389 der Thronfolger Bajëzit an der Stelle errichten, an der Sultan Murad gefallen oder ermordet worden sein soll. Der Sarkophag enthält die Eingeweide des Sultans, seine Gebeine wurden nach Bursa in der Türkei überführt. Im Laufe der Jahrhunderte wurde das Mausoleum mehrfach beschädigt, zerstört, geplündert und wieder aufgebaut. Sultan Abd ül-Medschid ließ die Türbe 1845 von Grund auf umbauen, ebenso noch einmal Sultan Abd ül-Asis 1866. Das heutige Aussehen erhielt sie 1909 unter Sultan Raschid. Sie hat eine große bleigedeckte Kuppel und weist Elemente des türkischen Barock auf.

Öffnungszeiten: Dienstag–Sonntag 10–16 Uhr

Erneut Schauplatz einer Schlacht wurde das Amselfeld 1448. Hier errangen die Türken unter Sultan Murad II. einen Sieg über die ungarischen Truppen unter Führung von János Hunyadi.

Im 17. Jahrhundert drangen im Österreichisch-Türkischen Krieg die österreichischen Truppen unter General Piccolomini über das Amselfeld bis Skopje vor.

Als nächste Stadt erreicht man

Vushtrri (Vučitrn)

Schon die Römer hatten hier ihre Siedlung Vicianum, die bereits damals ein wichtiges Wirtschafts- und Handelszentrum war. Hier führte die wichtige Handelsstraße von Niš nach Skopje entlang. Auch im mittelalterlichen Serbien sowie ab 1439 unter osmanischer Herrschaft behielt die Stadt ihre wichtige Rolle und wurde

Sitz eines Verwaltungsbezirks. Einen großen wirtschaftlichen Aufschwung erlangte die Stadt mit dem Bau der Eisenbahnlinie Mitrovica-Skopje 1874. In der Stadtmitte befindet sich auf einer Anhöhe (Rr. Deshmoret e Kombit) die **Festung** der Brüder Vojinović (Kulla e vojnoviqevë). Es gibt noch einige Bauten aus der Türkenzeit, so die **Gazi–Ali–Beg–Moschee** und ein **Hamam** (Rr. M. Sokolli). Eine Besonderheit stellt die am Stadtrand liegende **Brücke** aus dem 14. Jahrhundert dar. Sie ist die älteste erhaltene Steinbrücke des Mittelalters im Kosovo. Mit neun Bögen misst ihre Länge 135 m und ihre Breite 10,5 m. Heute hat sie keine Funktion mehr, da der Fluss Sitnica seinen Lauf geändert hat. Sie ragt nicht einmal mehr zur Hälfte aus dem Erdboden heraus.

Unterkunft und Essen:

Hotel Kalaja
Rr. 2 MajiDas im Jahre 2003 erbautes Hotel verfügt über 17 Zimmer und 2 Appartements sowie ein Restaurant.
€€
Tel. 0381-28-72120 Mobil 0377-44-292 859 FAX 0381-28-72 092
E-Mail: Info@hotelkalaja.com oder contact@hotelkalaja.com

Hotel Ura e Gurit
Das 2005 erbaute Hotel im Stil deutscher Fachwerkhäuser liegt an der Hauptstraße Prishtina – Mitrovica im Ortsteil Muxhunaj, Restaurant, sehr schöner Gastgarten
€
Tel. 0381-28-572750
E-Mai: info@uraegurit.com

www.bajraktari-ks.com
Pizza Passion
Rruga Tiranës
Tel. 377 44 198 340

Mitrovica (Kosovska Mitrovica)
Die Gegend um Mitrovica ist schon seit Jahrtausenden besiedelt wie zahlreiche Funde aus dem Neolithikum belegen. Auch die illyrischen Dardaner hinterließen hier ihre Spuren ab etwa 1000 v. Chr. Aus dieser Zeit fand man Reste von Metallschlacke – die älteste Spur des Bergbaus im Kosovo. Aus späterer Zeit stammen Reste einer römischen Siedlung. Die Stadt wird erstmals Mitte des 15. Jahrhunderts erwähnt und entwickelte sich um die St. Demetrioskirche. Deshalb war ihr ursprünglicher Name Dimitrovica.
Mitrovica war ein wichtiger Handelsplatz an der Straße nach Konstantinopel.
Nach der Zerstörung durch österreichische Truppen unter General Piccolomini 1689 verlor die Stadt zusehends an Bedeutung. Erst mit dem Bau der Eisenbahnlinie Mitrovica – Skopje 1873 kam erneuter wirtschaftlicher Aufschwung, der mit der Erneuerung des Bergbaus in Trepça durch englische Bergleute 1929 fortgeführt wurde. Die Eisenbahnlinie machte die Stadt zu einem wichtigen Umschlagplatz für Fleisch, Vieh, Wolle, Teer, Zucker, Salz und Textilien in und aus Richtung Griechenland. Mit Trepça wurde Mitrovica nach 1945 zu einem großen Bergbau- und Industriegebiet ausgebaut. Jetzt liegt die Wirtschaft nahezu brach.

Die Stadt erlangte in den letzten Jahren traurige Berühmtheit durch zahlreiche Auseinandersetzungen zwischen Albanern und Serben sowie die katastrophale Unterbringung von Roma- und Ashkaliflüchtlingen auf einem verseuchten Gelände. Die Brücke über den Fluss Ibar ist Symbol für die Trennung der Stadt in einen nördlichen serbischen und einen südlichen albanischen Teil. Lediglich im Stadtteil „Tri solitera" gibt es noch eine gemischte Bevölkerung. Die Serben werden massiv aus Belgrad in jeder Hinsicht unterstützt. Die Währung im serbischen Stadtteil ist immer noch der Serbische Dinar, aber man kann natürlich auch überall in Euro bezahlen.

Sehenswürdigkeiten:
In Mitrovica gibt es noch einige wenige Häuser aus dem 19. Jahrhundert, die sich rund um das alte Basarviertel befinden, sowie ein sehr gut erhaltenes **altes türkisches Badehaus (Hamam)** aus Naturstein mit sieben blei- und zinkgedeckten Kuppeln. Jetzt befindet sich in diesem Gebäude das **Regionalmuseum** Rr. Muharrem Bektashi Nr. 21 – Richtung Prishtina)
Öffnungszeiten: Montag–Freitag 9–16 Uhr

Oberhalb des serbischen Stadtteils liegt auf einem 797 m hohen Vulkankegel die
Burgruine Zvečan
Sie wurde an der Wende vom 9. zum 10. Jahrhundert auf den Grundmauern einer älteren Anlage, die bereits eine römische und frühbyzantinische Befestigung zum Schutz der Wege durch das Ibartal war, von Zar Simeon errichtet. Die Festung spielte eine bedeutende Rolle in der serbischen Geschichte ab dem 9. Jahrhundert bis zur Eroberung durch die Türken 1396. „Sie diente dem altserbischen Reich als ausbruchsicheres Staatsgefängnis für abgesetzte Herrscher, ein Bruder steckte den anderen hinein, Söhne den Vater – man ging nicht zart miteinander um: Zar Dušan ließ hier 1331 seinen Vater Stefan Dečanski erdrosseln" (Polyglott Reiseführer 1974).
Die unregelmäßige Anlage wurde genau auf das Gelände abgestimmt und besteht aus drei Teilen: Der oberen Burg auf der Bergkuppe (hier wurden bei Ausgrabungen ein Bergfried, eine dem Heiligen Georg geweihte Kirche, eine Zitadelle mit fünf Wehrtürmen sowie zwei Zisternen freigelegt), der unteren Burg mit Schutzmauern und Wehrtürmen und der Vorstadt mit einem Wehrturm sowie Brunnen und Hohlgängen, die zum Ibar-Ufer führten und im Belagerungsfall die Wasserversorgung sicherten. Darüber hinaus gab es eine kleinere Befestigung südlich der oberen Burg (Maly Zvečan), in der Wachen und Soldaten untergebracht waren, die Vorstadt und Markt schützen sollten.
Nach der Eroberung durch die Türken 1396 wurde die Burganlage bis ins 18. Jahrhundert hinein weiter zu einer Festung ausgebaut und schließlich aufgegeben.

Unterkunft und Essen:

Im Südteil:
Hotel Palace

38220 Shupkovc-Mitrovicë (Straße Richtung Prishtina)
2001 erbautes Hotel mit 42 Zimmern und 3 Appartements, Sauna, Whirlpool, Solarium, Massage, Restaurant, Diskothek
€€
Tel. 377 44 214000
E-Mail: info@hotelpalace.org
www.hotelpalace.org

Im serbischen Nordteil der Stadt:
North City Hotel No I
Čika Jovina 3
38220 Kosovska Mitrovica
€
Tel. 028 – 425359
E-Mail recepcija@northcity.rs
www.northcity.rs

Restaurant Ura
Shtegu Trepça '89
Tel. 386 49 401 093

Restaurant Ibri
mit eigener Fischzucht und eigenem Gemüseanbau
Mahalla Asmanoviq 1
Tel. 377 44 196399

Im Nordteil:
No I, ulica Sutjeska, Tel. 028–424 903

An der Straße Richtung Novi Pazar entlang des Flusses Ibar gibt es mehrere interessante Ausflugslokale, alle auf großzügigem Gelände mit Spielplätzen.

Ausflüge in die Umgebung

Trepça (Trepča) und Stantërg (Stari Trg)

Nordöstlich von Mitrovica gelegen (Ausschilderung), war Trepça schon im Mittelalter eine bedeutende Bergbaustadt. Hier wurden Gold und Silber geschürft, und an der Entwicklung des Bergbaus hatten Sächsische Bergleute erheblichen Anteil (s. auch Kapitel über die Sächsischen Bergleute). Erwähnung finden die Sachsen schon Anfang des 14. Jahrhunderts, und bereits 1303 (erste schriftliche Erwähnung des Ortes) gab es eine katholische kirchliche Organisation. Die deutsche Gemeinde erhielt bald darauf eine eigene Kirche, die **Peterskirche,** an der das Zusammentreffen westlicher und östlicher Stilelemente sichtbar wird. Eine gotische Kirche wurde reich mit Fresken in byzantinischem Stil ausgestattet. Die Ruinen sind im Ortsteil Stantërg noch zu sehen. Sie wird auch heute noch „**Sachsenkirche**" (kisha e saseve) genannt.
1929 wurde der Ort noch einmal durch englische Bergleute und die Förderung von Zink und Blei wiederbelebt. Derzeit liegt der gesamte Bergbau nahezu brach.
In der Ortsmitte von Stantërg befindet sich in einem unscheinbaren und etwas verfallenen flachen Gebäude das sehenswerte **Kristallmuseum** mit einer umfangreichen Mineraliensammlung. Hierbei handelt es sich überwiegend um Funde aus dem Bergwerk Trepça. Fährt man weiter auf der Hauptstraße geradeaus, bieten sich dem Besucher zahlreiche schöne Ausblicke auf das Kopaonik-Gebirge. Kurz vor dem Abzweig zum Dorf Rashan steht rechts der Straße die Ruine der **ältesten Moschee** Kosovos (Moschee von Mazic).

Türbe von Sultan Murad I.
Maria mit   dem Kinde aus Sokolica
die Sachsenkirche in Stantërg

Hamam in Vushtrri,
Kloster Banjska
Ruinen der antiken Stadt **Soçanicë**

Nimmt man nach dieser Moschee den Abzweig zum Dorf **Rashan**, sieht man von den letzten Häusern aus einen Vulkankegel vor sich. Auf ihm liegen die **Ruinen der mittelalterlichen Festung Çutet (Shkretirat e Cytetit)** aus dem 13. Jahrhundert. Vorhanden sind noch Reste des runden Bergfrieds, eines Turmes sowie der Zisterne. Die Wanderung dorthin ist sehr angenehm und nimmt nur ca. 20 Minuten in Anspruch. Von hier aus hat man eine wunderschöne Aussicht auf das Amselfeld – bei gutem Wetter sogar bis Prishtina.

Fährt man von Mitrovica weiter in Richtung Belgrad, führt bald rechts eine Straße in den **von Albanern besiedelten Ort**

Boletin (Boljetin)

Er ist bekannt als Geburtsort von Isa Boletini (s. berühmte Persönlichkeiten), dessen Kulla sich hier befindet.

Kulla von Isa Boletini
Der Gebäudekomplex, den Isa Boletini zwischen 1897 und 1898 errichten ließ, befindet sich unterhalb des Klosters auf einem Hügel oberhalb des Dorfes. Er konnte in den letzten Jahren umfangreich restauriert werden. Von hier führt eine Treppe zum

Kloster Sokolica, das nach dem Hügel, an dessen Fuß es sich befindet, benannt wurde. Seine Kirche des Maphorions der Jungfrau stammt aus dem 14./15. Jahrhundert. Das Maphorion bezeichnet den Schleier, den Maria auf Kopf und Schultern trägt, und der ein fester Bestandteil christlicher Ikonographie, besonders in der Ostkirche, ist. Berühmt wurde die Kirche durch die wunderschöne Skulptur Marias mit dem Kinde aus dem 14. Jahrhundert, die vom Kloster Banjska hierher gebracht wurde, um sie vor der Zerstörung durch die Türken zu retten. Wahrscheinlich trug die Skulptur zur Gründung des Klosters bei. Noch heute pilgern zahlreiche Gläubige hierher, um Hilfe, besonders bei Kinderlosigkeit, zu erbitten. Die Wände haben Fresken, von denen einige noch aus der Gründungsphase stammen, obwohl sie während der osmanischen Herrschaft schwer beschädigt wurden. Das Kloster ist Zentrum und Ausbildungsort der Ikonen- und Freskenmalerei, und Mutter Macania gilt derzeit als eine der besten Malerinnen Serbiens. Ikonen aus dem Kloster Sokolica kann man in zahlreichen Kirchen Serbiens und auch im Ausland finden. Besucher sind – außer samstags - von 10-16 Uhr willkommen.

Weiter nördlich Richtung Belgrad, führt bald ein Schild zum Kloster Banjska

Banjska
16 km nördlich von Mitrovica liegt der Ort Banjska, der mit seinen schwefelhaltigen Quellen von 46 bis 56 ° C ein bekanntes Heilbad ist. Etwas außerhalb des Ortes befindet sich das Kloster des Heiligen Stefan. Es handelt sich um eine Stiftung des serbischen Königs Milutin, der es zwischen 1313 und 1317 erbauen ließ. Schon vorher gab es hier ein Kloster, das sogar Bischofssitz war.

Der Baumeister Djordje, der schon erster Baumeister des Klosters Deçani war, sowie seine Brüder Dobroslav und Nikola waren auch hier tätig. Die einschiffige Kirche wurde aus geschliffenen Marmorsteinen in rot, grünblau und graugelb errichtet. Hier bestattete man die Königin Teodora, Mutter des Zaren Stefan Dušan. Während der osmanischen Herrschaft bauten die Türken den Ort zu einer Grenzbefestigung aus und nutzten dazu als Baumaterial die zerstörten Wohn- und Wirtschaftsgebäude des Klosters. Aus der Kirche machten sie eine Moschee, und es wurde ein Minarett errichtet, das heute zerstört ist.

Ursprünglich hatte die Kirche reiche Freskenmalereien mit üppigen Goldverzierungen aus dem 13./14. Jahrhundert. Das Kloster besaß eine Schatzkammer mit wertvollem Kirchengerät. Eine mittelalterliche Skulptur der Gottesmutter mit Christus auf dem Schoß aus der Zeit 1313-1318, die vermutlich das Hauptportal zierte, befindet sich heute im Kloster Sokolica.

In der Nationalbibliothek von Paris wird ein Menäum (Monatsbuch) vom Januar 1419 aufbewahrt, in dem der Mönch Antonije berichtet, dass das Kloster Banjska in Brand gesetzt wurde, und alle Bücher der beachtlichen Bibliothek ein Opfer der Flammen wurden.

Seit 2004 wird das Kloster restauriert, und es leben hier drei Mönche.

Noch ein paar Kilometer weiter liegt

Soçanicë (Sočanice)

In der Ortsmitte führt eine Asphaltstraße links ins Tal zu den etwa 200 m entfernt liegenden Ruinen einer antiken Bergbaustadt, von deren Namen nur die Initialen „DD" geblieben sind. Sie hatte bestimmte Municipalrechte, weshalb die Siedlung auch „Municipium DD" genannt wird. Anfang des 2. Jahrhunderts entwickelte sich die kleine Ortschaft zu einer etwa 30 ha großen Stadtsiedlung. Am Ende des 2. Jahrhunderts fand eine große Erneuerung statt, und die Siedlung überlebte bis zu Beginn des 4. Jahrhunderts.

In den 50er und 60er Jahren des vorigen Jahrhunderts wurden bei archäologischen Grabungen das Forum sowie mehrere Bauwerke, darunter eine Basilika und Thermen, ausgegraben. Außerdem fand man Nekropolen mit verschiedenen Grabkonstruktionen, die über mehrere Jahrhunderte entstanden sind. Durch die gut erhaltenen Ruinen führt eine Bahnlinie.

Folgt man in Mitrovica der Ausschilderung Richtung Novi Pazar, so findet man in der Großgemeinde

Zubin Potok das

Kloster Duboki Potok
Die Straße dorthin ist ausgeschildert. Die Kirche des Klosters ist der Gottesgebärerin (Theotokos) geweiht und stammt aus dem 14. Jahrhundert. Im 16. Jahrhundert wurde sie rekonstruiert. In ihr befinden sich wertvolle Ikonen aus dem 19. Jahrhundert. Das Kloster war immer spirituelles Zentrum der orthodoxen Serben dieser Gegend, insbesondere

auch während der Osmanischen Herrschaft und seiner zunehmenden Islamisierung. Im 18. Jahrhundert fand eine Restaurierung statt, und zu dieser Zeit brachte ein Mönch aus dem Patriarchat in Pec die jetzt hier bewahrte Reliquie, ein Teil der Hand des Heiligen Nicetas, nach Dubuki Potok. Weitere hier aufbewahrte Reliquien sind von den Heiligen Cosmas und Damian.
Das Kloster verstand sich immer als Missions- und Bildungszentrum. So wurde hier 1891 die erste serbische Schule in der gesamten Region eröffnet. Ihr Gebäude wurde während des 2. Weltkrieges zerstört. Das jetzige Dormatorium errichtete man 1951. Das Kloster besitzt wertvolle Handschriften aus dem 14. – 16. Jahrhundert.

Fährt man noch weiter Richtung Novi Pazar, erreicht man bald den

Stausee Gazivoda

Der Stausee Ibar-Lepenac, genannt Gazivoda, ist eingebettet in eine malerische Landschaft. Er ist mit einer Länge von 24 km der größte Stausee Kosovos, dessen weiterer westlicher Teil in Serbien liegt. Er dient vor allem zur Trinkwasserversorgung und der Bewässerung. Hier kann man baden und angeln. Kurz vor der Grenze befindet sich das Hotel Aleksandrija in Zubin Potok wo auch Boote gemietet werden können und neben dem ein kleiner Strand liegt.

Unterkunft und Essen:
Hotel Aleksandrija
Zubin Potok

Von Mitrovica nach Peja

Ca. 20 km nach Mitrovica erreicht man den Abzweig nach Skenderaj (Srbica), das nur wenig südlich der Straße liegt. Etwas außerhalb liegt die Ortschaft

Prekaz

mit ihrer Gedenkstätte für Adem Jashari. (Man folgt der Ausschilderung). Adem Jashari (s. auch Persönlichkeiten) wurde 1998 zusammen mit 57 Familienmitgliedern durch serbische Einheiten getötet. Sein zerstörtes Wohnhaus sowie die Gräber mit weißen Sarkophagen wurden zu einer Pilgerstätte, die jährlich zahlreiche Albaner besuchen.

Dević – Kloster

Das Kloster Dević liegt 5 km südlich der Stadt Skenderaj. Um es zu erreichen, biegt man von der Hauptstraße Richtung Klinë hinter dem Wasserwerk links ein, fährt dann nach der Brücke rechts und hält sich anschließend links bergauf.
Ältester Teil des häufig umgebauten Komplexes ist die Kirche Marias Vavedenje. Vavedenje ist das Fest „Einzug der Allerheiligsten Gottesgebärerin in den Tempel", das auf der Legende beruht, dass Maria im Alter von drei Jahren in den Tempel von Jerusalem gebracht und dort unter Tempeljungfrauen erzogen wurde. Es ist ein hoher Mariengedenktag der orthodoxen Kirche. In der Kirche befindet sich das Grab des lokalen Heiligen Joanikije Devićki von 1430, dessen Verehrung zu dem Bau des Klosters führte. 1578 fand eine

Restaurierung der Kirche statt, wobei auch die Fresken entstanden. Neben der Verehrung der Reliquien des Heiligen Joanikije konnte das Kloster im 16. und 17. Jahrhundert durch seine Transkriptions-Schule große Bedeutung erlangen. Während des Zweiten Weltkrieges wurde das Kloster schwer beschädigt. Der Wiederaufbau begann 1947. Jetzt leben im Kloster mehrere Nonnen.

Unterkunft und Essen

Hotel ARS
(an der Straße Mitrovica-Peja) in Klinë e Epërme
Tel. 377 44 423 883

Zurück auf der Hauptstraße Mitrovica – Peja, biegt man zwischen den Ortschaften Citak und Rakosh direkt auf der Anhöhe rechts den Weg ein (Schild „Diamant"), der nach 3,5 km in das Dorf

Cërkolez (Crkolez)

führt. Hier befindet sich auf dem alten Friedhof die sehenswerte Kirche des Heiligen Johannes von 1355. Das Gebäude ist eine typische Dorfkirche. Die Fresken aus dem 14. Jahrhundert wurden 1672/73 durch die berühmtesten serbischen Maler des 17. Jahrhunderts erneuert. Ihre Inschriften sind in volkstümlicher Sprache gehalten. Besonders interessant ist die detaillierte Darstellung des Jüngsten Gerichts. Die Sünder und Gläubigen sind in einem dörflichen Umfeld dieser Gegend dargestellt. Teile der alten Ikonostase sind noch vorhanden. In der Kirche befinden sich zahlreiche Grabsteine, darunter der Schrein des Patrons Radoslav. Eine Sammlung wertvoller Handschriften aus dem 13. bis 16. Jahrhundert wurde ins Kloster Deçani verbracht.

Zurück auf der Hauptstraße, biegt man nach einigen Kilometern rechts Richtung Istog ab.

Istog (Istok)

Die Gegend von Istog (nordöstlich von Peja) ist bereits seit der Antike besiedelt. Während der Türkenzeit gab es hier zahlreiche Getreide- und Walzmühlen. Auch hier findet sich noch die albanische „Kulla".

Ein beliebtes Ziel von Touristen ist der Erholungskomplex des Hotels Trofta mit seiner Forellenzucht und einer großzügigen Anlage mit Restaurants.

Unterkunft und Essen:

Hotel Trofta
mit Restaurant, Fischzucht sowie mehreren neuen Ferienhäusern (Bungalows) für je 2 Personen auf großzügigem Gelände.
€€
Tel. 381 39 451015
E-Mail: hotel@trofta.eu
www.trofta.eu

In der Umgebung gibt es mehrere orthodoxe Kirchen und Klöster.

Das Kloster Gorioc

befindet sich oberhalb des nördlichen Teiles der Stadt auf einem Berg. Der Legende nach wurde es in der ersten Hälfte des 14. Jahrhunderts von König Stefan Dečanski

Auf den Ruinen des Klosters Studenica Hvostanska

Orthodoxe Kirche in Banja e Pejës Gräber der Familie Adem Jashari in Prekaz und die Dorfkirche in Cërkolez

aus Dankbarkeit für die Heilung seiner Augen an diesem Ort gestiftet. Deshalb ist dieses Kloster auch eine Dependance des Klosters Visoki Dečani. Die im 14. Jahrhundert errichtete Kirche wurde dem Heiligen Nikolaus geweiht. Erneuerungen fanden im 16., 18. und 20. Jahrhundert statt. Es handelt sich um eine kleine einschiffige Kirche ohne Wandmalereien. Die 11 Ikonen stammen aus dem 16., 17. und 18. Jahrhundert. Das Kloster besaß eine wertvolle Bibliothek mittelalterlicher serbischer Bücher, darunter Handschriften aus dem 14. und 15. Jahrhundert. Der einer nach Moskau ausgewanderten deutschen Familie entstammende Historiker und russische Konsul Alexander Fjodorowitsch Hilferding (1831-1872), Mitglied der St. Petersburger Akademie, reiste Mitte des 19. Jahrhunderts durch Serbien und verfasste seinen Reisebericht „Von Novi Pazar nach Peć ". Er besuchte auch das Kloster Gorioc, das wohl zu dieser Zeit unbewohnt war. Er nahm die wertvollen serbischen Handschriften mit. Sie befinden sich heute in der Bibliothek von St. Petersburg.

Von Istog fährt man weiter Richtung **Vrellë/Peja/Rozhaje** und kommt nach dem Dorf Vrellë in die Ortschaft

Studenicë
Ziemlich am Ende des liegt links ein kleines Geschäft, gegenüber führt eine Straße zur Moschee, wo die Asphaltstraße endet. Hier sollte man sein Auto stehenlassen und zu Fuß ca 300-400 m bergan gehen (an der Weggabelung rechts!) Schon bald sieht man links die Ruinen vom

Kloster Studenica Hvostanska
Von hier hat man eine wunderbare Sicht auf die Ebene von Dukagjini und die umliegenden Berge. Das Kloster wurde etwa Anfang des 13. Jahrhundert auf den Ruinen eines Sakralbaus aus dem 6. Jahrhundert errichtet. Dieser alte Sakralbau war eine dreischiffige Basilika und lag im Zentrum eines Castrums. Auf ihren Überresten wurde die neue Kathedrale der Heiligen Jungfrau errichtet. Sie hatte ein Langschiff sowie ein kleines Querschiff und war mit reicher plastischer Dekoration ausgestattet. Später erhielt sie zahlreiche Fresken. An die Südseite dieser Kirche wurde im 14. Jahrhundert eine kleine einschiffige Kirche angebaut. Ab 1221 war das Kloster auch Bischofssitz, ab 1381 Sitz des Metropoliten. Seine geistige und kulturelle Blüte erlebte das Kloster in der zweiten Hälfte des 16. Jahrhunderts. Der letzte Metropolit Victor übernahm sein Amt 1635. Der Zerfall des Klosters hängt wahrscheinlich mit der Abwanderung der Serben 1690 nach dem Abzug der Österreichischen Truppen zusammen, so dass von diesem Kloster seit langem nur noch die Grundmauern vorhanden sind. Bei archäologischen Grabungen fand man zwei kleine Kirchen, ein Refektorium, ein Dormitorium und eine Zisterne. In der Nähe des Klosters befinden sich die Ruinen einer Festung.

Von Studenicë fährt man zurück nach Vrellë und biegt rechts Richtung Hauptstraße Mitrovica-Peja ab. Noch vor der Hauptstraße liegt der Kurort

Banja e Pejës (Pećska Banja)
Schon zur Römerzeit wurde die 45 Grad heiße schwefelhaltige Thermalquelle des Ortes genutzt. Erste Angaben über den Fund eines spätantiken Totenhauses veröffentlichte der Engländer Sir Arthur Evans Ende des 19. Jahrhunderts. 1967 wurden archäologische Grabungen durchgeführt, bei denen man ein langgestrecktes Bauwerk mit einer spätantiken Gruft sowie einer größeren und einer kleineren Krypta entdeckte. Weiterhin fand man zwei römische Denkmäler, einen dem Gott Silvanus geweihten Altar aus dem 2./3. Jahrhundert, eine Münze Kaiser Konstantios II. sowie Keramikfunde aus dem 4. bis 6. Jahrhundert.
In den 50er und 60er Jahren des vorigen Jahrhunderts fand hier ein mondänes Kurleben statt. Obwohl als Kurort genutzt, führt der Ort ein trauriges Dasein mit veralteten Kureinrichtungen und einem verwahrlosten Kurpark.

Unterkunft und Essen:

Hotel Kosova Park
mit 12 Zimmern, Restaurant
€
Tel. 044–640 008

Peja (Peć)

Die Stadt mit 96450 Einwohnern (inklusive der zur Großgemeinde gehörenden Dörfer) lag früher an der wichtigen Handelsstraße Scutari – Konstantinopel. Jetzt führt durch sie die einzige Straßenverbindung von Kosovo nach Montenegro. Umgeben ist sie von einem malerischen Panorama, das von bis zu 2500 m hohen Bergen gebildet wird. In den Höhlen der Umgebung finden sich zahlreiche ehemalige Einsiedeleien, die eine typische Erscheinung östlichen Mönchtums sind.
In der Stadt gibt es eine Brauerei, eine Ziegelei sowie zahlreiche kleine Handwerksbetriebe.
Das Zentrum hat weitgehend sein orientalisches Aussehen bewahrt.

Geschichte

Peja ist bei Ptolomäus das dardanische Siperant, später hieß es im römischen Reich Picaria, und die Türken nannten es Ipek. Die erste urkundliche Erwähnung ist von 1202.
Zahlreiche archäologische Funde aus der Antike in der näheren Umgebung, darunter Münzen aus Apollonia (Albanien) und Bronzemünzen Kaiser Konstantins und seiner Nachfolger lassen den Schluss zu, dass im 3. und 4. Jahrhundert hier schon ein reges Leben herrschte.
Peja war vom Ende des 13. Jahrhunderts bis 1760 das Zentrum der serbisch-orthodoxen Kirche, anfangs als Sitz des serbischen Erzbistums, das 1346 zum Patriarchat erhoben wurde.
Seit der endgültigen Herrschaft der Türken im Kosovo Anfang des 15. Jahrhunderts gab es auch in Peja zahlreiche Kultureinflüsse der Osmanen. Die Türken pflasterten die Straßen, legten zahlreiche Gräben zur Bewässerung der Gärten und zur Reinigung der Straßen an und bauten Moscheen. Im 16. Jahrhundert zerstörte eine Feuersbrunst die Altstadt. Im Januar 1895 wurde in Peja

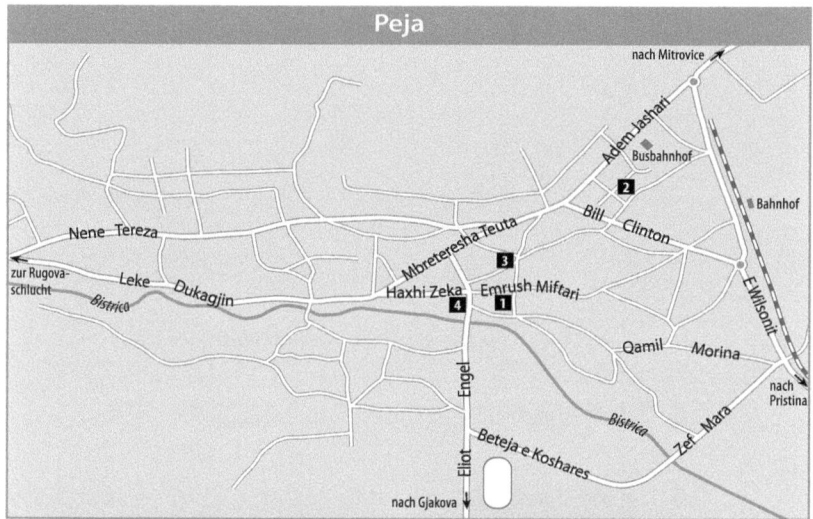

nach der Zerschlagung der Liga von Prizren noch einmal unter der Leitung von Haxhi Zeka (1832-1902) in der „Liga von Peja" versucht, den albanischen Forderungen nach Selbständigkeit durch Kampf gegen die Türkenmacht Ausdruck zu verleihen. Wichtige Beschlüsse wurden auf dem Hof seiner Kulla im Stadtzentrum gefasst.

Sehenswürdigkeiten

In der Stadt gibt es zahlreiche Turmhäuser **(Kulla)**, die hier sowohl dem Schutz der Bewohner als auch der Repräsentation dienten, darunter die des **Haxhi Zeka (1)** gegenüber vom Kaufhaus, die eines der schönsten Beispiele nationaler Architektur des Kosovo ist. Diese Häuser besaßen meist geschnitzte Zimmerdecken und verzierte Wandschränke. Das alte öffentliche **Badehaus (Hamam) stammt aus dem 16. Jahrhundert, die erste albanische Schule** gegenüber vom Hamam wurde Ende des 19. Jahrhunderts erbaut.

Haxhi–Zeka–Mühle (2)
(in der Nähe des Busbahnhofs) Die Mühle wurde umfangreich restauriert und beherbergt jetzt eine Ausstellung und eine Galerie. Öffnungszeiten: 7–16 Uhr

Die Bajrakli–Moschee (3)
ist ein sehenswertes Denkmal islamischer Architektur aus der zweiten Hälfte des 15. Jahrhunderts. Die einräumige Kuppelmoschee hat eine offene, von kleineren Kuppeln bedeckte Eingangshalle. Ihr reicher Wandschmuck im Inneren ist in Secco-Technik gearbeitet und weist Pflanzenornamente, geometrische Figuren und architektonische Motive auf. Sie besitzt filigranartiges Schnitzwerk aus Marmor an Mimbar und Nischen. Neben der Moschee befindet sich die **Türbe Gjyl Fatimja**, in der eine Frau als Heilige verehrt wird. Auf dem Friedhof neben der Moschee ist das Grab Haxhi Zekas. Die

Von links oben: Das Patriarchenkloster in der Rugova-Schlucht, die Bajrakli-Moschee, Am Korzo, im Zentrum, *Das Kloster Visoki Dečani.*

Moschee stand im Zentrum des Basars. Auch heute finden sich in der Umgebung noch zahlreiche kleine Läden, und viele Handwerker sind hier zu Hause.

Das Museum der Region Peja (4) wurde in einem städtischen Wohnhaus des 19. Jahrhunderts im Zentrum gegenüber vom Kaufhaus eingerichtet. Hier gibt es eine interessante Ausstellung zu Volkskunst und Lebensweise der Albaner in dieser Region.
Öffnungszeiten: Montag–Samstag 8– 15.30 Uhr

Folgende Agentur in Peja bietet geführte Touren zu Kulturgütern, Bergtouren, Ski- und Mountenbike-Touren sowie eine kulinarische Tour zur regionalen Küche in der Umgebung an:
Rugova Experience Haus der Stadtverwaltung, Peja, Tel. 0377-44 267498 und 377-44-137734, E-Mail: rugovatour@gmail.com, Internet: www.rugovaexperience.org

Unterkunft und Essen :

Hotel Dona
Rr. Besnik Laiqi (in Bahnhofsnähe)
Tel. 377 44 183 084
€€
E-Mail reservation@hotel.al

Hotel Dukagjini
 "Sheshi i Dëshmorëve" - 2
Tel.381(0)38-771177
€€
E-Mail: info@hoteldukagjini.com
www.Hoteldukagjini.com

Hotel Çardak
Rruga Mbretëresha Teutë
Nr. 101
Tel: +386 49 801 108
038 731 017
€€
E-Mail: reservations@hotelcardak.com
www.hotelcardak.com

Hotel Gold
Rr.Eliot Engel (im Zentrum der Stadt)
€
Tel. 039 – 434 571
E-Mail: hotel_gold@hotmail.com

Hotel Jusaj
Rr. Papa klimenti I Nr. 48
€
Tel. 039–427 631 oder 044-139 043

In der Rugova-Schlucht:

Motel Gryka
10 Zimmer, Restaurant, Terrasse
€
Tel. 044–148 348
Website: http://www.facebook.com/pages/Restaurantryka/415938858514230?fref=ts

Restaurants:
Aroma
Mbretresha Teute (am Korso)

Art Design
Rr.Adem Jashari
Tel. 377-044-222 254

New Time
Rr. Lekë Dukagjini 170
377 44 505 145

Nositi
Rr. Mulla Idrizi (im Komplex Fitorja)
Tel. 386 49 138 500

Restaurant im Semitronix Centre, Ecke Rr. Bill Clinton/Rr. Mbretresha Teuta, das sich um die eigene Achse dreht und einen schönen Blick auf Stadt und Berge bietet

Ausflüge in die Umgebung

Die Rugova–Schlucht und das Patriarchenkloster von Peć
Die wild-romantische Rugova-Schlucht, umgeben von bis zu 2.500 m aufragenden Gipfeln, beginnt gleich am Stadtrand von Peja. Die Rugova-Schlucht verfügt über ein einzigartiges Mikro-Klima, das seltenen Pflanzen und Tieren Lebensraum bietet. Die Gegend wurde aber vor allem durch die hier lebenden Bewohner mit ihren Trachten und Tänzen zum Schlag der großen Trommel weltweit bekannt.
Gleich zu Beginn der Schlucht befindet sich links der Straße das **Patriarchenkloster** von Peć.
Es wurde im Juli 2006 in die Liste des UNESCO-Weltkulturerbes aufgenommen. Jetzt leben hier in einem neuen Gebäude noch einige Nonnen. Zwischen den alten Klosterruinen befinden sich Blumenrabatten, in der Mitte des Gartens spendet ein uralter Maulbeerbaum Schatten, unter dem wichtige Entscheidungen der serbischen Geschichte getroffen wurden. Vom ursprünglichen Kloster ist nur noch der Kirchenkomplex vorhanden. Etwa 1345 gab Bischof Arsenije den Auftrag, das Serbische Erzbistum von Žica - wegen seiner Nähe zur damaligen ungarischen Grenze - nach Peć zu verlegen. 1346 wurde das Erzbistum in den Rang eines Patriarchats erhoben. Unter den Türken hob man das Patriarchat erstmals Mitte des 16. Jahrhunderts auf. 1557 konnte es auf Betreiben des zum einflussreichen Großwesir aufgestiegenen und einst bei der „Knabenlese" nach Stambul entführten Serben Mehmed Paša Sokolivić wieder eingerichtet werden. Sein Bruder Makarius, der Christ geblieben war, wurde zum Patriarchen ernannt. 1766 unterstellten die Türken - nach blutigen Aufständen und der Abwanderung zahlreicher Serben aus dem Gebiet Kosovos - das Pećer Patriarchat endgültig dem Patriarchen von Konstantinopel. Erst 1920 wurde das serbische Patriarchat in Belgrad neu begründet.
Älteste Kirche des Komplexes ist die Apostelkirche von 1253, wohl eine Stiftung des Bischofs Arsenije. Ihre monumentale Wandmalerei kommt den Idealen des asketischen Mönchtums ganz nahe. Die Kuppel ziert die gewaltige Komposition „Christi Himmelfahrt" aus dem 13. Jahrhundert. Aus dieser Zeit stammen ebenfalls die Fresken in der Apsis. Im Jahre 1324 errichtete Erzbischof Nikodim die Demetrioskirche an der Nordmauer der Apostelkirche. An die Südseite baute Erzbischof Danilo II. um 1330 eine der Gottesmutter Hodegetria geweihte einschiffige Kirche, später erfolgte an die Muttergotteskirche noch der Anbau der Nikolauskapelle. Die drei Kirchen wurden durch eine Vorhalle (Narthex) verbunden. Dem Äußeren der Bau-

werke fehlen architektonisches Zierwerk und Bildhauerarbeiten, da man eine an den byzantinischen Stil anklingende Bauweise durch wechselweise Verwendung von Stein und Ziegeln bevorzugte. Die Demetrioskirche und die Muttergotteskirche sind ganz mit Fresken des erzählenden Stils aus dem 14. Jahrhundert ausgeschmückt. Die Fresken der Kirche des Heiligen Demetrius bilden in künstlerischer Hinsicht ein geschlossenes Ganzes. Bei aufmerksamer Betrachtung lassen sich dennoch Handschriften mehrerer Maler unterscheiden. Einer dieser Meister schrieb neben die Figur der Muttergottes in der Altar-Apsis: „Gottesgabe aus der Hand Jovans" in griechischer Sprache. War dieser Maler Grieche?

Im Narthex sieht man einen Stammbaum der Nemanjiden-Dynastie von Stefan Nemanja bis Zar Dušan, eine Darstellung des Jüngsten Gerichts sowie einen interessanten Kalenderzyklus, der für jeden Tag des Jahres ein Bild hat. Zum Entsetzen auch serbischer Denkmalschützer und ungeachtet der Tatsache, dass das Kloster auf der UNESCO-Liste des Weltkulturerbes steht, ließ der orthodoxe Bischof Artemije, der inzwischen seines Amtes enthoben wurde, in einer Nacht- und Nebelaktion Anfang 2009 durch seine eigene Baufirma die Kirchen verputzen und rot anstreichen. Einfach unfassbar!!

Weit oben in den Bergen befindet sich ein neues Skigebiet in **Bogë** mit Skilift und Skiverleih, Skischule sowie Restaurants und Unterkünften

Unterkunft und Essen:

Hotel Magra Austria
Öko-Hotel mit Angeboten von Familienzimmern bis zur Suite
€€
www.hotelmagra.com
E-Mail:infor@hotelmagra.com

Villa Kodra
Tel: 377 (44) 695 488
Tel: 386 (49) 552 054
€
E-Mail: invo.vilakodr@gmail.com
www.vilakodra.com

Wasserfall des Drin
Ca. 7 km nördlich von Peja Richtung Montenegro liegt die Quelle des Drin. Hier schießt das Wasser aus 25 m Höhe aus einem Felsen ins Tal hinab und bildet ein beeindruckendes Schauspiel. Zahlreiche Wanderwege führen in die Umgebung. Für einen Besuch parkt man am Restaurant Të Arrat und nimmt den Weg gegenüber zu Fuß.

Unterkunft und Essen:

Restaurant und Motel Të Arrat
Radac
Tel. 044-206 813

Restaurant Ujvara e Drinit
Radac
Tel. 377-44-219-402

Gorazhdec (Goraždevac)
Im nur wenige Kilometer südöstlich von Peja gelegenen Ort mit serbischer Bevölkerung gibt es auf dem Friedhof eine kleine Holzkirche aus

dem 17. oder beginnenden 18. Jahrhundert. Sie ist dem Heiligen Jeremias geweiht und misst nur siebeneinhalb mal dreieinhalb Meter. Sie ist die einzige Kirche in Holzblockbauweise im Kosovo. Nach der Überlieferung wurde sie von der serbischen Siedlungsgruppe der „Srbljaci", die sich um 1737/38 am Oberlauf des Lim niederließ, errichtet. Die Kirche wurde 1968 detailgetreu restauriert.

Von Peja nach Prizren

Man verläßt Peja in Richtung Süden. Nach wenigen Kilometern, noch vor Deçan, führt nach Wegweiser nach

Isniq (Istinić)

Der Ort lohnt einen Besuch wegen seiner zahlreichen Kulla. Davon konnten zwei mit Hilfe internationaler Organisationen originalgetreu restauriert werden. Es handelt sich um die Osdautaj Kulla sowie um die Kukleci Kulla, die beide besichtigt werden können. Hier kann man sich über die traditionelle Lebensweise der Albaner informieren (s. auch Kapitel über die Kulla und Fotos S. 82/83). Die Osdautaj Kulla hat einen quadratischen Grundriss, ein niedriges Dach und winzige Rundbogenfenster sowie viele Schießscharten. Die Kanten wurden mit behauenen Steinblöcken verstärkt. Als 1909 die Jungtürken anordneten, die Schießscharten aller Kullas zuzumauern und dieses mit Waffengewalt durchsetzten, wurde auch der Ort Isniq beschossen. Lediglich die Osdautaj Kulla, dessen Besitzer ein wohlhabender und angesehener Mann war, konnte ihr ursprüngliches Aussehen bewahren, da die Türken es nicht wagten, dieses Haus anzugreifen. Gleich am Ortseingang befindet sich links eine Wassermühle.

Deçan (Dečani)

15 km südlich von Peja liegt der Ort Deçan. Zwei Kilometer außerhalb des Ortes (erreichbar vom Kreisverkehr aus) befindet sich das **Kloster Visoki Dečani**. Es gehörte mit zu den bedeutenden Klöstern seiner Zeit und ist der größte erhaltene Sakralbau des mittelalterlichen Serbien. Unter Kunstliebhabern hat es Kosovo weltweit bekannt gemacht. 1327 wurde das Kloster von König Stefan Uroš III., später Dečanski genannt, gegründet und zu seiner Grabstätte bestimmt. Sohn Dušan ließ den Gründer auf der Burg Zvečan erdrosseln. Als Baumeister wird zwischen 1327 und 1335 ein katholischer Mönch Vita aus Kotor genannt. Wahrscheinlich stammte er aber aus Ravenna, da ein Mönch Vita aus Ravenna zu dieser Zeit zur Abfassung von Dokumenten am serbischen Hof weilte. So könnten sich auch die großen Ähnlichkeiten der Baupläne mit der Kirche Portonuovo bei Ancona erklären.
Unverkennbar ist der westliche Einfluss der Romanik und beginnenden Gotik aus dem Adriaraum. Das Kloster wurde zum Schutz vor wilden Tieren, Räubern und Eroberern befestigt und ist von einer großen Mauer umgeben. Die Kirche hat den Grundriss einer fünfschiffigen Basilika mit einer Kuppel und einem dreischiffigen Narthex (Vorhalle). Das Äußere ist mit Marmor in den Far-

ben weiß, grau und blassrosa verkleidet. Die vier Portale, 33 Fenster sowie die Kapitelle haben Marmorverzierungen in Form menschlicher Figuren, Pflanzenornamenten sowie Fabeltieren. Sie bilden eine harmonische Synthese aus byzantinischen, romanischen und gotischen Elementen. Über dem Westportal findet sich die Darstellung Christi zwischen zwei Engeln, über dem Südportal die Taufe Christi. Beide Themen sind in der Ostkirche sonst nicht üblich und geben Hinweis auf den westlichen Baumeister, der hier auch seinen Namenszug in kyrillischen Buchstaben hinterließ.
Im Kircheninneren finden sich zwei getrennte Altäre, von denen der nördliche dem Hl. Demetrius und der südliche dem Hl. Nikolaus geweiht ist. Die alte steinerne Ikonostase wurde im 19. Jahrhundert mit einer hölzernen verdeckt. Weiterhin findet man den königlichen Marmorthron, ein Marmortaufbecken sowie zwei Marmorsärge, von denen der Sarkophag des Heiligen Stefan Dečanski an hohen Kirchenfeiertagen geöffnet wird. Alle Wände sind mit eindrucksvollen Fresken bedeckt. Es gibt etwa zwanzig Zyklen mit Szenen aus dem Alten und Neuen Testament, einen Kalenderzyklus mit 365 Einzelszenen, Darstellungen aus dem Leben Heiliger, den Stammbaum der Nemanjiden sowie Porträts von Heiligen und Herrschern. Insgesamt finden sich über 10 000 dargestellte Figuren, die eine bildhafte Enzyklopädie der Orthodoxie sind. „In Dečani findet man mehr an lyrischen und sogar intimen Darstellungen als in irgendeiner anderen mit Fresken ausgemalten serbischen Kirche. Die naturalistische Darstellung von Kains Empfängnis, die Innigkeit zwischen dem Apostel Philipp und dem Eunuchen, die Vertraulichkeit des Pilatus und seiner Frau, die volkstümliche Darstellung der Feldarbeiten, die Echtheit der Volkstänze und des Hofzeremoniells lassen glauben, die Maler hätten für einen Augenblick aus dem Sinn verloren, dass vor ihnen die Aufgabe stand, die Offenbarungen der Allmacht Gottes und seiner Alleinherrschaft über den Menschen zu verewigen" (aus einer Broschüre von 1963 über die Fresken des Klosters Dečani). In der Kirche hängt ein bronzener Kronleuchter aus der ersten Einrichtung, der ein Geschenk König Dušans war.
Das Kloster besitzt noch fünf ursprüngliche Altarikonen von 1348, eine Ikone der sich erbarmenden Gottesmutter, eine Ikone von König Stefan Dečanski mit einer Darstellung der Schlacht bei Velbuzd sowie eine wertvolle Sammlung weiterer Ikonen.
In der Schatzkammer werden 160 wertvolle Handschriften, von denen einige Initialen und Ornamente der Goldenen Bulle von Dečani von 1330 und 1336 aufweisen, Stiftungsurkunden und 17 frühe Druckwerke aufbewahrt. Die Urkunden zählen zu den umfangreichsten juristischen Quellen dieser Art. In der Schatzkammer befindet sich weiterhin eine wertvolle Sammlung von Metall- und Holzgegenständen.
Die Mönche betreiben eine große Landwirtschaft, eine Ikonenmalerei und Holzschnitzerei. Ihre Produkte kann man im Klosterladen erwerben.

Das Kloster Visoki Deçani steht auf der Liste des UNESCO-Weltkulturerbes!

Unterkunft und Restaurants:

Hotel Jerina
Rr. Sali Çeku
Mit 21 Zimmern, Restaurant, Terrasse
€
Tel. 377 44 700 609

Hotel Eliza (an der Straße nach Peja – Nähe Abzweig Isniq)
Neues Hotel mit Restaurant
€
Tel. 049/639 831

Restaurant Iliria
Rr. Luan Haradinaj
(Str. Richtung Peja)
Tel. 044 – 131 143

Gryka e Deçenit
(an der Straße Richtung Kloster)

Dranoc (Drenovac)
Der 4 km südlich von Deçani liegende Ort besitzt ein denkmalgeschütztes Viertel mit der typischen albanischen Kulla, von denen einige auch an Touristen vermietet werden.
Ein Besuch lohnt sich auf jeden Fall!!!
Das denkmalgeschützte Viertel von Dranoc erreicht man am besten, wenn man von der Hauptstraße an dem internationalen Zeichen für „Denkmal" den Weg rechts hineinfährt.

Vom denkmalgeschützten Viertel fährt man zur Hauptstraße des Ortes, die dann links Richtung Junik führt.

Junik
ist das größte Dorf Kosovos. Der Ort blickt auf eine reiche Vergangenheit. Im 15. Jahrhundert hieß er Allton-Ili und war größer und bedeutender als die Städte Peja oder Djakova.
Hier lebten und versammelten sich Menschen, die sich für einen albanischen Nationalstaat nach Zerschlagung der Liga von Prizren und der Liga von Peja einsetzten wie Isa Boletini, Hasan Prishtina, Bajram Curri und weitere. Sie gründeten den Bund von Junik, der militärischen Widerstand organisierte und 1912 zunächst die türkischen Truppen besiegte. Die Truppen des Bundes konnten bis Skopje vordringen und die Stadt besetzen. Den Türken konnten sogar Zugeständnisse abgerungen werden. Durch den weiteren Verlauf des Balkankrieges und das Vordringen der Truppen des Balkanbundes wurden diese Erfolge jedoch wieder zunichte gemacht. Auch 1999 war der Ort ein Zentrum des Widerstandes.
Malerische Berge im Hintergrund bilden eine schöne Kulisse für zahlreiche Gebäude der albanischen Kulla, die sich hier noch befinden. Mit internationaler Hilfe konnten die Kulla **Oda e Junikut und weitere** (S. S. 82/83) restauriert werden. Man kann sie auch besichtigen.
Aus Junik stammt der Boxer Luan Krasniqi.

Unterkunft und Essen:

Motel und Restaurant Oda e Junikut

Mit 7 Zimmern
€
Tel. 377 44 182 912
www.odaejunikut.com

Restaurant Moronica
Junik Nr. 109

Restaurant Iliria
Rr. Luan Haradinaj
Tel. 377 44 131 143

Gjakova (Djakovica)
Die Stadt Gjakova mit ca. 60.000 Einwohnern liegt an der Straße von Prizren nach Peja. Hier führte einst der wichtige Handelsweg von Scutari nach Konstantinopel vorbei. Die fruchtbare Gegend war schon in der Jungsteinzeit besiedelt - wie Ausgrabungen belegen. Auch sind hier mehrere Siedlungen des illyrischen Stammes der Dardaner nachgewiesen. In seltenen illyrischen Hügelgräbern aus der Bronzezeit fand man Bronzenadeln und Armbänder mit stempelförmigen Enden. Weitere Siedlungen nördlich von Gjakova geben Aufschluss über das intensiver werdende Leben in der Eisenzeit. Es wurden in der Umgebung zahlreiche Nekropolen, Hügelgräber und Gräberfelder gefunden, die auf einen weiteren illyrischen Stamm im Gebiet der Dardaner schließen lassen.

Darüber hinaus wurden Spuren der Römerzeit sowie Überreste der byzantinischen und spätmittelalterlichen Kultur gefunden. Aus der Anfangszeit der osmanischen Herrschaft wird der Ort in Quellen als Dorf erwähnt. Als Mittelpunkt der Markthändler dieser Gegend erscheint er in einer Urkunde von 1485. Zur Stadt entwickelte sich Gjakova an der Wende vom 16. zum 17. Jahrhundert, die 1622 als Jakovo erwähnt wird. Der türkische Schriftsteller Evliya Çelebi beschreibt, dass die Stadt damals 2000 Häuser, Moscheen, Hamams, Herbergen und 300 Läden hatte. Zahlreiche Handwerker betrieben hier ihr Gewerbe. Bereits 1782 soll niemand mehr Serbisch verstanden haben. Auch heute noch ist Djakova die Stadt der Handwerker. Mehrere Derwisch-Orden haben hier ihre Tekken.

Sehenswürdigkeiten:
Einen Rundgang durch die Altstadt beginnt man am besten in der Rr. Ismail Qemali (1. Str. hinter dem Einkaufszentrum Center Mall)
Kulla von Abdullah Dreni m. Historischem Museum - Gleich zu Beginn der Straße steht diese Kulla, die eine kleine Ausstellung zur Geschichte von Stadt und Umgebung beherbergt. Daneben ist das
Scheich-Emin-Derwischkloster (Tekke des Derwischordens der Rufai)
Die Tekke stammt aus dem 19. Jahrhundert. Das Gebäude in seiner Art stellt ein seltenes Beispiel islamischer Sakralarchitektur dar. Es ist asymmetrisch und hat einen Repräsentationsraum, dem sich auf der einen Seite mehrere kleine Räume anschließen. Im Obergeschoss haben die Räume Wandschränke, die Fenster sind mit hölzernen Fensterläden ausgestattet. Am Kloster befinden sich eine Türbe und ein Brunnen.
Die Altstadt, die nach ihrer Zerstörung 1999 wieder aufgebaut wurde,

Hadum-Moschee
Schneiderbrücke
In Gjakova

Restaurant <u>Hani Haraçise</u>
Katholische Kirche Gjakova
Schlucht des Drin bei Xërxë

bildet ein einmaliges Ensemble im Kosovo. Ihre typisch orientalischen Bauten sind mit autochthonen Elementen versehen. Hier finden sich zahlreiche kleine Läden und Handwerksbetriebe. Der kleine Platz am Ende wird von einer städtischen Kulla begrenzt und hat einen Brunnen. **Die Hadum-Moschee** ist eine Stiftung des Hadum Aga Suleiman Efendi und wurde ab ca. 1590 errichtet. Die Kuppel hat einen Durchmesser von 13,5 m und ruht auf 8 Wandpfeilern. Um den Gebetsraum zu vergrößern, wurde er später um die mit kleinen Kuppeln bedeckte Vorhalle erweitert. Die Hauptfassade und das Innere der Moschee sind ganz mit Secco-Malereien verziert. Es handelt sich um stilisierte Landschaften mit Zypressen und Pflanzenornamenten, geometrische Figuren sowie Koranverse. Auch die Gebetsnische (Mihrab), die Kanzel (Mimbar) und Teile des Gebetsraumes sind verziert. In den vergangenen Jahren wurde die Moschee umfangreich restauriert. **Die Gerberbrücke** am Südrand der Stadt über den Fluss Erenik wurde vermutlich Mitte des 18. Jahrhunderts von der Gerberinnung erbaut.

Unterkunft und Essen:

Hotel Amsterdam
M9-1 (liegt an der Straße Richtung Prishtina)
Tel. 0377-44-123 003
€€
E-Mail: info@hotelamsterdam-ks.info
Internet: hotelamsterdam-ks.com
Hotel Çarshia e Jupave

Rr. Ismail Qemaili 9 (Stadtzentrum) z.t. aus einer alten Kulla, z. T. aus einem der traditionellen Bauweise nachempfundenen Neubau bestehend, mit Restaurant, Bar, Parkgarage
€€
Tel. 0381-390 330 444
www.qarshiaejupave.com
E-Mail: info@qarshiaejupave.com

Hotel Jakova
Rruga Migjeni
Tel. 377-44-248075
€
www.hoteljakova.com
E-Mail: hoteljakova@hotmail.com

Hotel Metropol
Rr. Nënë Tereza
Tel. 377 44 526 427
€€
E-Mail: info@metropol-gjk.com
Internet: metropol-gjk.com

Restaurant Illyricum-Tradita, Kodra e Cabratit (auf dem Berg mit toller Sicht auf die Stadt und Umgebung – neben einem großen sozialistischen 2. Weltkrieg-Denkmal)

Hani Haraçise - schräg gegenüber von der Hadum-Moschee – tolles Restaurant in einem alten, schön restaurierten Gebäude mit Gastgarten

Jaki Grill
Rruga Gjon Nikolle Kazazi
(Balkanspezialitäten)

Restaurant Kalaja
M 9-1 (an der Straße Richtung Prishtina)

Tel. 044 – 626513

Restaurant Oita 4
Rr. Skënderbeu

Bar und Restaurant Oxygen
Rruga, Mazllom Mejzini St
Tel. 386 49 404 730

Ausflüge in die Umgebung

Stausee Radoniqit
15 km nördlich von Gjakova liegt der Stausee Radoniqi, ein beliebtes Ausflugsziel. Hier kann man Baden und Angeln.

Die Schneiderbrücke
liegt 7 km Richtung Prizren und überspannt ebenfalls den Fluss Erenik. Ende des 15. Jahrhunderts wurde sie von den Türken errichtet und im 17. Jahrhundert von der Schneiderinnung instand gesetzt. Jetzt wird sie nicht mehr benutzt, da neben ihr eine neue Brücke errichtet wurde. Etwas weiter sieht man ein interessantes Naturschauspiel:

Die Schlucht des Drin
bei Xërxë liegt auf der linken Seite, rechts ergießt sich der Fluß ins weite Tal.

Route durch Zentral-Kosovo

Man fährt von Prishtina aus Richtung Peja. Nach ca. 20 Kilometern werden rechts der Straße verschiedene Natursteine aus der Gegend verkauft – meist für Dekorationszwecke. Das sollte man sich unbedingt ansehen!

Klinë (Klina)
In Klina und Umgebung gibt es große katholische Gemeinden. Schon von weitem sieht man die aus roten Steinen gebaute katholische Kirche auf einer Anhöhe. Noch vor Erreichen des Zentrums sieht man links eine alte Brücke aus der Türkenzeit.

Unterkunft und Essen:

Hotel Nora
Zajm

Ausflüge in die Umgebung:

Budisalci (Budisavci)
Der katholische Ort Budisafc, 17 km östlich von Peja, hat eine neue katholische Kirche. Etwas außerhalb des Ortes befindet sich das orthodoxe Kloster mit der **Kirche der Verklärung Christi** aus dem frühen 14. Jahrhundert, die aus Stein und Ziegeln erbaut wurde. Im 15. Jahrhundert wurde das Kloster zerstört und die Kirche schwer beschädigt. 1568 erneuerte man das Kloster und restaurierte die Kirche. Ihre Fresken aus dieser Zeit gehören zu den schönsten Serbiens. Ein Narthex wurde im 19. Jahrhundert angebaut. Derzeit befindet sich hier ein KFOR-Lager, und eine Besichtigung ist spontan leider nicht möglich.
Man fährt zurück auf die Hauptstraße Prishtina-Peja, dort links und nach ca. 500 m rechts Richtung Gjakova.
Der Besuch der
Wasserfälle von Mirusha gehört mit zu den Höhepunkten einer Reise durch das durch das Land. (s. S.35)

Alte Steinbrücke in Klinë
Altes Speicherhaus in Rahovec
Klostergut in Velika Hoča

Kath. Kirche in Klinë , Kloster und
Kirche St. Johannes in Velika Hoča,
Tekke der Halveti in Rahovec

Das kleine Flüsschen Mirusha fällt hier in 11 Stufen durch eine enge Schlucht, jeweils auf den Stufen einen kleinen See bildend. Über dem sich anschließenden Tal befindet sich rechts oben eine ehemalige Einsiedelei mit einer kleinen Felskapelle, die Reste einer Bemalung zeigt. Im 12. und 13. Jahrhundert gab es in den Bergen Kosovos zahlreiche Einsiedeleien. Sie sind eine typische Erscheinung östlichen Mönchtums. Die Einsiedelei ist nur für geübte Bergsteiger erreichbar!! Für eine Wanderung entlang der Wasserfälle sollte man unbedingt feste Wanderschuhe tragen! Man erreicht die Wasserfälle, wenn man – von Klinë kommend Richtung Gjakova – entweder an den beiden **Motels Guri i Zi und Drini** (sehr zur Stärkung empfohlen!) die Straße links nach Dush nimmt und dort ca. 100 m nach dem letzten linken Haus den sehr ausgefahrenen Weg rechts durch die wilde Müllkippe ins Tal nimmt. Das ist nur mit einem geländegängigen Fahrzeug möglich!!! Ansonsten kann man an dem **Restaurant „Ujvarat e Mirushës"**, das ein Stück nach den beiden o. g. Motels liegt, oder an der Tankstelle parken und den Fußweg entlang des Flüßchens Mirusha nehmen (15 – 20 Minuten).
Man fährt dann weiter nach Gjakova und von hier Richtung Prizren. Bei dem Ort Xërxë biegt man links nach Rahovec ein.

Rahovec (Orahovac)

Die Gegend um Rahovec ist schon seit dem Neolithikum besiedelt. In der Eisenzeit gab es in der Umgebung mehrere Burganlagen. Eine wirtschaftliche Blüte erlebte diese Gegend in der Antike mit Acker- und Weinbau. Auch jetzt gehört der Ort zu den Wein-Zentren des Landes. Der Ort hat einen von Serben bewohnten Stadtteil.
In Rahovec gibt es vier Klöster verschiedener Derwischorden, von denen die über 350 Jahre alte **Tekke** der Halveti in der Ortsmitte besonders sehenswert ist. Die anderen Tekken sind alle aus dem 19. Jahrhundert.
In der Stadt gibt es weiterhin mehrere **Speicher** aus dem 19. Jahrhundert in interessanter Bauweise sowie einen **Uhrturm** aus der Türkenzeit.

Unterkunft und Essen:

Hotel und Restaurant Park
Im Stadtzentrum gelegenes renoviertes Hotel mit 12 Zimmern
€
Tel. 044–114 159

In Rahovec nimmt man die Straße Richtung Suhareka, von der es schon bald nach Ortsende rechts nach

Velika Hoča (Hoça e Madhe)
geht. Die serbische Enklave hat ca. 600 Einwohnern. 1198 schenkte Stefan Nemanja dem Kloster Hilandar hier zwei Weinberge. Im Mittelalter entwickelte sich der Ort zu einem spirituellen und wirtschaftlichen Zentrum mit 13 Kirchen aus dem 14., 16. und der Mitte des 19. Jahrhunderts, von denen jetzt noch drei aktiv sind.

Sehenswürdigkeiten :
Kloster und Kirche St. Johannes

Gleich am Ortseingang auf dem linken Hügel liegt ein kleines Kloster mit einer Johannes dem Täufer geweihten Kirche aus dem 14. Jahrhundert. Mit ihrem Bau wurde Ende des 13. Jahrhunderts begonnen. Aus dieser Zeit gibt es lediglich einige Fresken-Fragmente.
Die jetzigen wertvollen Fresken wurden 1580 von den Meistern der Schule von Peć gemalt. Besonders die Darstellung der Jungfrau Maria im Altarraum, der Zyklus der großen Kirchenfeste, das Jüngste Gericht, Christi Himmelfahrt, Maria mit Johannes dem Täufer sowie die Darstellung des Johannes über dem Eingang sind sehenswerte Kompositionen. Konservierungsarbeiten wurden 1975 durchgeführt.

St. Nikolaus–Kirche
Die kleine einschiffige Kirche von 1345 befindet sich auf dem Friedhof. Aus der Bauzeit gibt es noch einige Original-Fresken auf der Westseite. Zur Zeit König Dušans entstanden der Zyklus des Heiligen Nikolaus sowie die Abbildungen der Heiligen Sava und Simeon Nemanja und von Maria mit Christus. Im 16. Jahrhundert wurden die Fresken restauriert. Danach kamen noch weitere Darstellungen, z.B. die der großen Kirchenfeste, hinzu.

St. Stephans-Kirche
Die Kirche aus dem 14. Jahrhundert befindet sich auf dem Grundstück des Priesters, das von großen Mauern umgeben ist.
Im Ort gibt es mehrere unter Denkmalschutz stehende **Wohnhäuser** aus dem 19. Jahrhundert, teils mit Weinkellern sowie das **Klostergut** des Klosters Dečani aus dem 14. Jahrhundert mit einem riesigen Weinkeller. Hier wird schon seit über 800 Jahren Klosterwein produziert. Dieses Gebäude von 1851 wurde in den letzten Jahren mit internationaler Hilfe restauriert.
In Velika Hoča lohnt sich ein Besuch bei den Brüdern Ivan und Negovan Manitasević. Dort gibt es wunderbaren hausgebrannten Schnaps in den Variationen Trauben, Kirsch und Nuss.
Zurück auf der Hauptstraße Richtung Suhareka führt die nächste Straße rechts in den Ort

Zoqisht (Zočiste)
Das Dorf liegt inmitten einer malerischen Landschaft umgeben von Weinbergen.
Auf einem Hügel rechts am Ortseingang steht das
Kloster der Heiligen Cosmas und Damian aus dem 14. Jahrhundert. Ihre Reliquien sollen wundertätige Heilungen an Kranken vollbringen und denen, die bedürftig sind, Trost spenden. Das Kloster wurde 1999 zerstört, konnte aber in den letzten Jahren originalgetreu wieder aufgebaut werden.
Die Häuser, die im Ort unterhalb des Klosters für serbische Rückkehrer gebaut wurden, stehen noch leer.

Suhareka -Theranda (Suva Reka)
Offiziell heißt die Stadt (lt. Ortsschild) Suhareka, aber von vielen wird sie auch Theranda genannt. Sie liegt 20 km nordöstlich von Prizren. Sie hat eine reiche Geschichte, aber keine Sehenswürdigkeiten. Bekannt ist der Ort jetzt vor allem durch seinen Wein und eine Getränkefabrik.
Geschichte

Hier und in der Umgebung gibt es zahlreiche Spuren alter Besiedlung bereits ab dem Neolithikum (Jungsteinzeit). So fand man in Shiroka (Široko) eine Nekropole mit 8 Hügelgräbern des illyrischen Stammes der Dardaner aus der Eisenzeit mit reichem Bronzeschmuck sowie Keramikgefäßen aus der Zeit von 800 – 700 v. Chr. und am Stadtrand die Burganlage Hisari aus der frühen Bronzezeit. Archäologische Grabungen belegen, dass hier mehrere Kulturen nebeneinander lebten. Auch in der Antike war die Umgebung kontinuierlich besiedelt. Zahlreiche Funde aus der Zeit des Römischen Reiches geben darüber Aufschluss.
Erste schriftliche Erwähnung findet der Ort 1348.

Der Geistliche Irvant Gjergj Bardhi meldete 1638 an den Vatikan, dass in Suhareka 45 Personen an der Firmung teilnahmen und sich zur katholischen Kirche 45 Häuser mit 120 Bewohnern bekennen. Nachdem ab 1650 die katholische Kirche noch einmal ihre Aktivitäten gegen die Islamisierung erhöhte, konnten 160 katholische Haushalte in Suhareka vermeldet werden. Bei einer Kirchenvisitation durch das Bistum Skopje 1761 wurden aber nur noch 20 Frauen katholischen Glaubens im Ort festgestellt. Die restlichen Bewohner waren zum Islam übergetreten. Der Österreicher F. Mihailovic benennt in seinem Reisebericht von 1783 „Dorf und Schloss Szuha Reka".

In der Umgebung gibt es Ruinen von Kirchen aus dem 14. und 15. Jahrhundert.

Unterkunft und Essen:

Hotel Rozafa
Brigada 123 (5 Minuten vom Zentrum entfernt)
Neuerbautes Hotel mit 20 Zimmern
€
Tel. 377- 44-184 235
E-Mail: hotelrozafa@hotmail.com
www.hotelrozafa.com

Restaurant Kulla
an der Hauptstraße gelegen,
Tel. 044-184 357

Von Suhareka fährt man Richtung Prishtina bis zur Anhöhe von Duhle. Hier hat man einen fantastischen Blick auf die Berge. In Duhle biegt man links Richtung Malisheva ein. Man durchfährt noch vor Malisheva den Ort
Bajë (Banja)
mit einer Thermalquelle und einem Bad.

Malisheva (Mališevo)

Hier befand sich ab der Eisenzeit eine Burganlage, die auch in der Antike noch existierte. In der Römerzeit war der Ort eine größere Siedlung. In der Umgebung wurden mehrere Nekropolen mit Hügelgräbern gefunden. Österreichische Forscher führten hier während des 1.Weltkrieges die ersten archäologischen Grabungen im Kosovo durch.
Bei dem zur Großgemeinde Malisheva gehörenden Ort **Panorc** gibt es eine größere Höhle (Schattenhöhle – Shpëlla e Flladit), die im Jahre 2000 durch deutsche Höhlenforscher mit Hilfe des THW erkundet wurde.

Kleiner Sprachführer

Die albanischen Buchstaben bzw. Laute werden folgendermaßen ausgesprochen:

c - wie ts in „Zentrum"
ç - tsch wie in „Matsch"
dh- wie engl. th (stimmhaft) in „the"
ë - betont: wie ö in „können"
gj -wie dj - am Gaumen gesprochen
q - wie tj in „tja", manchmal wie kj
sh - wie stimmloses in „schön"
th - wie engl. th (stimmlos) in „thank"
x - wie ds (stimmhaft)
xh - wie dsch in „Dschungel"
y - wie ü in „Hüter"
z - wie stimmhaftes S in „Rose"
zh - wie stimmhaftes Sch in „Journal"

Verständigung

Mirëdíta! – Guten Tag
Mirëmëngjés! - Guten Morgen
Mirëmbrëma! - Guten Abend
Nátën e mírë! – Gute Nacht
Mirupáfshim!- Auf Wiedersehen
Lamtumírë! – Tschüss
Më fálni! – Entschuldigung
Nuk kuptój!- Ich verstehe nicht
Flísni gjermanísht? -
 Sprechen Sie Deutsch?
... anglísht? - ...   Englisch?
 Frengjísht?   - Französisch?
po – ja
jo - nein
S´ka problém!- Kein Problem!
falemindérit – danke
ju lutem – bitte
A kéni ...? – Haben Sie...?

Më fálni, ku është ...?
 - Verzeihung, wo ist ...?
këtú – hier
atjé – dort
Kéni një dhómë të lírë?
 - Haben Sie ein freies Zimmer?
Sa kushtón një dhómë?
 - Was kostet ein Zimmer?
shtrat – Bett
dush – Dusche
peshqír – Handtuch
sapún – Seife
létër higjieníke - Toilettenpapier
Nga jéni?- Woher kommen Sie?
 Unë jam nga Gjermanía.
 - Ich komme aus Deutschland.
Si qúheni / qúhesh?
 - Wie heißen Sie / heißt du?
 Unë jam ... - Ich heiße ....
Sa vjeç jéni / je?
 - Wie alt sind Sie / bist du?
A kéni fëmíjë? - Haben Sie Kinder?
Si jéni? - *Wie geht es Ihnen?*
Si je? _ Wie geht es dir?
Gjíthe të mirat! - *Alles Gute!*
Uríme! – *Glückwunsch!*
Shëndet! – Gesundheit!
Gëzúar! – Zum Wohl!
Gëzóhem. – Es freut mich
Múa më pëlqén!- Das gefällt mir!
Nuk e di – Ich weiß nicht.
Udha e mbárë! – Gute Reise!

Unterwegs

Më fálni, ku ndódhet ...?
- Entschuldigung, wo befindet sich.?
Si mund të shkoj për në...?
 - Wie komme ich nach ...?
Kur níset tréni?
 - Wann fährt der Zug ab?
A është larg? - *Ist es weit?*
Kur do të jémi në...?
 - Wann werden wir da sein?

173

A është i lírë ky vend?
- Ist dieser Platz frei?
Edhe sa stacióne jánë déri ...?
- Noch wieviel Stationen bis...?
Ku mund të marr bagázhin tim?
- Wo erhalte ich mein Gepäck?
sportéli i bilétave – Fahrkarten-
schalter
orári i trénave – Fahrplan
sálla e prítjes – Wartesaal
ndalóhet duháni – Nichtraucher
lejóhet duháni – Raucher
fre sigurími – Notbremse
autobús – Autobus
ferribót – Fähre
aeropórt – Flughafen
avión - Flugzeug
port – Hafen
shesh parkími - Parkplatz
hípni! – einsteigen!
stacióni i fúndit – Endhaltestelle
kudó – überall (-hin)
sípër, lart – (nach) oben
përpára – (nach) vorne
brénda – drinnen
(për) në shtëpí – nach Hause
në mes – in der Mitte
në të gjáthë – rechterhand
djáthtas – (nach) rechts
në të májtë - linkerhand
májtas - links
askúnd – nirgendwo (-hin)
atjé – dort (-hin)
póshtë – (nach) unten
prápa – (nach) hinten
jáshtë – (nach) draußen
ánës – am Rande

Automobil - Auto
motór - Motor
karburánt – Benzin
fren – Bremse
gómë – Reifen
kutí shpejtésie – Getriebe

baterí – Batterie
friksijón – Kupplung
ndriçím – Beleuchtung
pjésë këmbími - Ersatzteil
Panne
Ju lútem, më ndihmóni!
- Helfen Sie mir bitte!
Njoftóni policínë!
- Verständigen Sie die Polizei!
Thírrni mjékun!
- Rufen Sie einen Arzt!
Únë nuk kam karburánt.
- Ich habe kein Benzin.
Ku mund të telefonój?
- Wo kann ich telefonieren?
Diçká nuk eshtë në rrégul.
- Etwas ist nicht in Ordnung.
Únë kam një avarí.
- Ich habe eine Panne.
Ku eshtë ofíçina tjetër?
- Wo ist die nächste Autowerkstatt?
A mund të më rimorkjoni?
- Können Sie mich abschleppen?
Déri kur mund ta riparóni vetúrën?
- Bis wann können Sie das
reparieren?

**Einrichtungen, Sehenswürdig-
keiten und Umgebung**
Qytéti i vjétër - Altstadt
farmací- Apotheke
gërmínë - Ausgrabung
stación i trénit- Bahnhof
úrë - Brücke
kështjéllë- Burg
monumént – Denkmal
fshat – Dorf
lúhm – Fluss
varrézë - Friedhof
kopsht - Garten
kufí - Grenze
íshull - Insel
kíshë – Kirche
manastír- Kloster

spitál – Krankenhaus
pazár – Markt
det - Meer
xhamí - Moschee
muzé – Museum
pallát - Palast
shésh – Platz
zýrë postare - Postamt
rrënójë - Ruine
liqén - See
qytét – Stadt
plazh - Strand
rrúgë – Straße
lugín - Tal
teátër– Theater
kullë – Turm
breg - Ufer
pyll – Wald

Hinweise
hyrje – Eingang
dálje – Ausgang
djáthtas – rechts
májtas - links
hápur - geöffnet
i mbyllur - geschlossen
Ndalohet pirja e duhanit! - Rauchen
　　　　　　　　　　　　verboten

Im Geschäft
çmim - Preis
kinkarerí - Kiosk
ushqimóre- Lebensmittelladen
frúta dhe períme
　　　　Obst- und Gemüseladen
pazár - Markt
dyqán - Geschäft
librarí – Buchhandlung
pagúan – bezahlen

Çfarë dëshiróni?
　　- Was wünschen Sie?
A keni...? - Haben Sie...?

S´ka. – Gibt es nicht.
S´kemi. – Haben wir nicht.
Vétëm dúa të shoh.
- Ich möchte mich nur umsehen.
Ùne dëshirój të blej...
　　　　- Ich möchte gern ...
A ku ka...? - Wo gibt es...?
Sa kushtón kjo / ky?
　　　　- Was kostet das?

Im Restaurant
mëngjés – Frühstück
drékë – Mittagessen
dárkë - Abendessen
restoránt- Restaurant
Kafé - Café
menýnë – die Speisekarte
góté – Glas
filxhán – Tasse
shíshe – Flasche
komplét – Besteck
Dúa të pagúaj! –
　　　　- Ich möchte zahlen!
Llogarínë, ju lútem!
　　　　- Die Rechnung, bitte
pjátë - Teller
períme - Gemüse
patáte – Kartoffel
makaróna - Nudeln
mish - Fleisch
mish derri- Schweinefleisch
púlë - Huhn
fileto peshku- Fischfilet
sallám - Wurst
súpë me períme - Gemüsesuppe
sallátë – Salat
domáte – Tomaten
kastravéc – Gurke
fasúle – weiße Bohnen
spináq – Spinat
patëllxhan – Auberginen
spéca – Paprika
qépë - Zwiebeln
búkë e bárdhe – Weißbrot

búkë e zéz búkë – Schwarzbrot
djáthë – Käse
mjáltë – Honig
marmelátë – Marmelade
omëlétë – Omelett
gjálpë – Butter
kos – Joghurt
akullore – Speiseeis
krípë – Salz
pipér – Pfeffer
sheqér – Zucker
Getränke
bírrë – Bier
kafé – Kaffee
caj – Tee
raki shtëpje – hausgem. Raki
qúmësht – Milch
lëng – Saft
újë mineral – Mineralwasser
limonádë – Limonade
vérë e bárdhë – Weißwein
vérë e kúqe – Rotwein

Zeitbegriffe
pranvérë – Frühling
vérë – Sommer
vjeshtë – Herbst
dimër – Winter
e hëne – Montag
e mártë – Dienstag
e mërkúrë – Mittwoch
e énjte – Donnerstag
e prémte – Freitag
e shtúnë – Samstag
e díel – Sonntag
në mëngjés -am Morgen
në drékë – Mittag
në mbrëmje – Abend
nátën – nachts
sot – heute
dje – gestern
nésër – morgen
pasnésër – übermorgen
párdje – vorgestern

janár – Januar
shkurt – Februar
mars – März
prill – April
maj – Mai
quershór – Juni
korrík – Juli
gusht – August
shtatór – September
tetór – Oktober
nëntór – November
dhjetór – Dezember

Zahlen
zéro – null
një – eins
dy – zwei
tre – drei
kátër – vier
pésë – fünf
gjáshtë – sechs
shtátë – sieben
tétë – acht
nëntë – neun
ghjëte – zehn
njëmbëdhjétë – elf
gymbëdhjétë – zwölf
trembëdhjétë – dreizehn
kátërbëdhjétë – vierzehn
pésëmbëdhjétë – fünfzehn
gjáshtëmbëdhjétë – sechzehn
shtátëmbëdhjétë – siebzehn
tétëmbëdhjétë – achtzehn
nëntëmbëdhjétë – neunzehn
njëzet – zwanzig
njëzet e një – einundzwanzig
njëzet e dy – zweiundzwanzig
tridhjétë – dreißig
dyzét – vierzig
pesëdhjétë – fünfzig
gjashtëdhjétë – sechzig
shatëdhjétë – siebzig
tétëdhjétë – achtzig
tétëdhjétë – neunzig

njëquínd - hundert
një míjë - tausend

Eigenschaften
Vorangestellter Artikel:
i = männlich
e = weiblich
i/e mírë - gut
i keq / e kéqe - schlecht
i madh / e mádhe – groß
i / e vógël – klein
i / e lártë – hoch
i / e théllë – tief
i / e ngróhtë – warm
i / e ftóhtë – kalt
plak /plákë – alt
i / e fórtë – hart
i / e bútë – weich
i / e shëndóshë– gesund
i / e sëmúrë– krank
i / e lírë – billig
i / e shtrénjtë – teuer
i / e shpéjtë – schnell
i /e ngadáltë – langsam
i / e bárdhë – weiß
i / e vérdhë – gelb
i kuq, e kúqë – rot
i / e káltër – blau
i / e gjélbër – grün
bojëkáfe – braun
gri – grau
i zi, e zézë – schwarz
ngjyrëvjóllcë – violett
bójë portokálli - orange

Register
A
Agron, König 23
Ahtisaari, Martti 33, 37
Albanische Alpen 20
Ali Pascha Tepelena von Janina 102
Amselfeld 20, 25, 145
Anjou, Helena von 53
Arsenije III. Čarnojević 26, 50
Artiku, Sinan 88
Ashkali 45
Atatürk 49
Aurelius, Kaiser 25

B
Bajë 172
Bajramaj, Fatmire 91
Banja e Pejës 156
Banjska 150
Bardhi, Irvant Gjergj 172
Basha, Eqrem 86
Basileios I. Makedon 50, 53
Batllava Stausee 116
Beqiri, Ismet 34
Beqiri, Shaip 87
Berijvoce 123
Berliner Kongress 27
Binaq 129
Bismarck, Reichskanzler 27
Bistrica e Pejës 20
Bogdani Pjetër 54
Bogë 161
Boletin 150
Boletini, Isa 92, 105, 164
Bosniaken 45
Bostan 121
Brezovica 133
Brod 144
Brovina, Flora 86
Budisalci 168
Bukowski, Bujar 37
Buzuku, Gjon 44

C
Camp Bondsteel 40
Carraleva 20
Çelebi, Evliya 121, 165
Cerkolez 153
Claudius, Kaiser 25
Crispi, Francesco 92
Cufaj, Beqë 87
Curri, Bajram 29, 100, 164

D
Deçan 162
Dečanski, Stefan 147, 162
Detroit, Karl Friedrich siehe
    Mehmed Ali Pascha 99
Dević, Kloster 152
Dino, Abedin 88
Diokletian, Kaiser 25
d'Istria, Dora s. Gjika, Elena
Donja Bitinja 131
Dragash 142
Dranoc 82, 164
Drini I Bardhe Wasserfall 35, 161
Duboki Potok, Kloster 151
Dulla, Kristo 88
Dušan, Zar 25, 76

E
Effendi, Ali 99
Engels, Friedrich 26
Erzengelkloster 134

F
Ferizaj 130
Ferri, Jakub 88
Fishta, Gjergj 92
Frashëri, Abdyl 26, 27, 49, 92, 141
Frashëri Mehdi 93
Frashëri, Naim 93
Frashëri, Sami 94
Friedenskonferenz in
    Rambouillet 32

Fush Kosovë 107, 112

G
Gadime 130
Galica, Shote 29
Garašanin, Ilja 27
Gashi, Destan 88
Gashi, Hanife 75
Gazimestan 145
Gazivoda Stausee 35, 152
Gërmia Park 113
Gjakova 165
Gjecovi, Shtjefen 67, 94
Gjeravica 20
Gjika, Elena 94
Gjilan 121
Gjini, Bahti 121
Gjinolli 112, 121
Godin, Marie Amelie Freiin von 67, 96
Goethe, Johann Wolfgang von 48
Goranen 45
Gornje Selo 133
Gorazhdec 161
Gorioc – Kloster 153
Gračanica 116

H
Hadschi Bektasch Veli 48
Hahn, Johann Georg von 42
Hajnoc 124
Halil Pascha 26
Halveti 48, 139, 170
Harff, Arnold von 44
Hasi, Pal 86
Haxhosaj, Halil 86
Haxhosaj, Mehmet 87
Hilferding, Alexander
    Fjodorowitsch 155
Hoxha, Enver 30
Hoxhaj, Enver 36
Hunyadi, Janos 98, 145

I
Illyrer 23, 41

Irinej, Patriarch 52
Isniq 82, 162
Istog 153

J
Janjevo 45, 52, 79, 129
Jashar Mehmet Pascha 111
Jashari, Adem 97, 152
Junik 82, 164

K
Kaçanik 131
Kaçaniku, Ulug 90
Kadare, Ismail 97
Kamenica 123
Kardinal Alessandro Albani 87
Kastrioti, Gjergj 97
Kelmende, Syle 90
Klinë 168
Kllokot 124
Kodra, Ibrahim 88
Kokoschka, Oskar 88
Konica, Faik 98
Konstantin der Große 49, 156
Kopaonikgebirge 20, 21, 148
Korishë 144
Kosovo-Ägypter 45
Krasniqi Luan 63, 91
Krieziu, Naim 90
Kroaten 45

L
Lazar, Fürst 25
Leibniz, Gottfried Wilhelm 42
Letnice 79, 128
Liga von Peja 28, 157, 164
Liga von Prizren 27
Lipjan 129

M
Mahidevran 98
Maksutaj, Azem 91
Malet e Sharrit 20, 21, 69
Mali i Thatë 20

Malisheva 172
Mamusha 45
Maximilian, Kaiser 25
Mehmed Ali Pascha 95, 99
Mehmeti, Din 87
Mehmeti, Sadefqar 88
Mekuli, Esad 86
Mengjiqi, Mendi 34
Methodios 50
Metohija 20
Mili, Gjon 88
Milošević, Slobodan 31, 32, 50
Milutin 107
Mirusha Wasserfälle 168
Mitrovica 146
Moissi, Alexander 99
Morina, Bekim 87
Mozart, Wolfgang Amadeus 82
Muhammad Ali Pascha 100
Murad I. 25, 145
Mutimir, Fürst 50
Mutter Teresa 101

N
Nemanja, Stephan 25, 50, 53
Nemanjiden 25, 50, 117
Nerodime 130
Nijazi, Salih 49
Noli, Fan 101
Novo Brdo 79, 118

O
Obilić, Miloš 25
Orllan 79

P
Pogradje 122
Panorc 172
Papst Gregor VII. 50
Pashku, Anton 86
Pashtrik Gebirge 20
Pašić, Nikola 29
Pasjane 120, 122
Peć Patriarchat 159, 160

Peja 92, 156ff
Pejani, Bedri 56
Petrič 131
Piccolomini, General 26, 50
Pogradje 122
Prejlep 82
Prekaz 152
Prishtina – Stadt 24, 107ff
Prishtina, Hasan 29, 100, 164
Prishtina, Zija 26
Prizren 135 ff
Prizreni, Sait 90
Prizreni, Ymer 26, 100
Probus, Kaiser 25
Ptolomäus 41, 156

Q
Qemali Bey Flora, Ismail 102

R
Radoniqit – Stausee 168
Ragusa (Dubrovnik) 80f
Rahovec 170
Rashan 150
Rilindja (Nationale Wiedergeburt) 26
Roma 45
Rufai 48, 165
Rugova, Ibrahim 31, 102
Rugova-Schlucht 160
Rushica 20
Rogozna-Gebirge 20

S
Saasi 48, 121
Saraci, Catin 88
Šar-Planina-Gebirge 20
Schleicher, August 42
Shashkovac 79
Sheqiri, Rizah 87
Shkololli, Erzen 88
Shkreli, Azem 86
Sitnica 20
Skënderbeu 97
Soçanice 149, 151

Sokolica, Kloster 150
Sokolovic, Mehmet 50
Stalin 30
Stanišor 123
Stantërg 148
Štrpce 131
Stublla e Eperme 55, 126
Studenica Hvostanska, Kloster 155
Suhareka 171
Sufismus 48, 81
Sulejmani, Hivzi 86
Szentendre 26

T
Tahsini, Hasan 102
Tamnica, Kloster 123
Tarketa, Aleks 87
Teuta, Königin 23
Thaçi, Hashim 36
Tito, Josip Broz 30
Torbeschen 45
Trepça 79, 148
Troschel, Hans 103
Trotzki, Leo 29
Tscherkessen 47
Türken 45

U
Ubozac, Kloster 51, 124
UÇK 32
Ulpiana 53, 117
UNMIK 33 ff
Uroš, Bela 25

V
Vaganesh 124
Vasa, Pashko 42, 104
Veletin 129
Velika Hoča 169, 170
Vërmicë 142
Višegrad 134
Visoki Dečani – Kloster 158, 162
Viti 126
Vlastimir 25

Vlora, Ekrem Bey 67, 109
Vlora, Ismail Qemali Bey 31, 96
Vojislav, Michail 50, 53
Vrbovac 126
Vrioni, Mehmet Ali 27, 92
Vushtrri 145

W
Wied, Prinz Wilhelm zu 28

Winckelmann, Johann J. 88

Z
Zeka, Haxhi 28, 92, 95, 157
Zogu, Ahmet 29, 105
Zoqisht 171
Zvečan 147

Nützliche Adressen

Botschaft der Republik Kosovo
Wallstr. 65, 10179 Berlin,
Tel. 030 240 47 69 11
www.ambasada-ks.net
E-Mail: consultate.berlin@rks.-gov.net
Öffnungszeiten: Mo-Fr 9 - 13 Uhr und 14 - 17 Uhr
Sprechzeiten: Montag – Donnerstag 9.30 – 12 Uhr und 14 – 16.30 Uhr

Deutsche Botschaft Prishtina
Rr. Azem Jashanica Nr. 17
Stadtteil Arbëria (Dragodan)
10 000 Pristina
Telefon: 0381 (0) 38-25 45 00
Telefax: 381 (0) 38 25 45 36
http://www.pristina.diplo.de
E-Mail: info@pris.auswaertiges-amt.de
Dienstzeiten:
Montag – Donnerstag 8.00 – 17.00 Uhr
Freitag 8.00 – 14.00 Uhr

Rechts- und Konsularabteilung (einschließlich Passstelle) und der Visastelle nur nach Terminvereinbarung. Termine sind im Internet buchbar.
Telefonsprechzeiten:
Montag – Donnerstag 8 – 12.00 und 13 – 16.40Uhr
Freitag 8 – 13.30 Uhr
Notfalltelefon außerhalb der normalen Dienstzeiten
0381 (0) 38- 25 45 00 rund um die Uhr

Zentrale Notrufnummer für Deutsche im Ausland: 0049-30-5000-2000

Österreichische Botschaft
Rr. Ahmet Krasniqi 22 (Dragodan I)
10000 Prishtina
Tel. 0381 (0) 38 – 249 284
Telefax 0381 – 38 – 249 285
E-Mail: pristina-ob@bmeia.gv.at

Schweizerische Botschaft
Rr. Adrian Krasniqi 11
10060 Prishtina
Tel. 0381 – (0) 38 – 261 261
Telefax: 0381 – 38 – 261 261 90
E-Mail: pri.vertretung@eda.admin.ch
Öffnungszeiten:
Montag – Freitag 8.30 – 12 Uhr und 13.30 – 16.30 Uhr

Loyola Gymnasium Prizren
Tel. 0377-44-434 087
www.alg-prizren.com

Frauenhaus Prishtina
Tel. 381/ (0) 38 – 500162
SOS-Tel. 039030098
E-Mail: info@womensnetwork.org
www.womensnetwork.org

SOS-Kinderdorf-Einrichtungen im Kosovo
www.sos-kinderdoerfer.de
Spendenkonto: 111 1 111 (siebenmal die Eins!)
Bei der Deutschen Bank München BLZ 700 700 10
Verwendungszweck: SOS-Kinderdorf Kosovo

Verein Lachen helfen e.V.
Hilfsprojekte der Bundeswehrsoldaten
www.lachen-helfen.de

Umfangreiche Informationen über die Eisenbahn im Kosovo von 1874 bis heute gibt es auf der deutschen Seite www.kosrail.de

Reiseveranstalter, die Reisen in das Kosovo anbieten:

IKARUS Tours Am Kaltenborn 49-51, 61462 Königstein, Tel. 06174-29020
www.ikarus.com

www.mountain-action.de aus Kempten bietet
Skireisen nach Brezovica an

Reinonline Fernweh GmbH & Co. KG, Hörselberg-Hainich
www.rundreisen.de

taz-reisen
www.taz.de

Weiterführende Literatur

Peter Bartl: Albanien. Vom Mittelalter bis zur Gegenwart, Pustet Regensburg 1995 ISBN 3791714511
Werner Daum (Hrsg.) : Albanien zwischen Kreuz und Halbmond, Staatliches Museum für Völkerkunde, München 1998
Saskia Drude: Hundert Wochen Kosovo – Alltag in einem unfertigen Land, Karin Fischer Verlag, Aachen, 2008
Saskia Drude und Wolfgang Koeth: Kosovo-Albanisch Wort für Wort, Kauderwelsch-Reihe, Reise-Know-How-Verlag 2009
Hanife Gashi: „Mein Schmerz trägt deinen Namen", Rowohlt Verlag 2005, ISBN 3 498 02499 x
Heiko Herold: KFOR – Mein Einsatz bei der Kosova-Friedenstruppe, Ozeanverlag Herold 2003, ISBN 3-8330-1174-2
Christiane und Axel Jaenicke: Albanisch Wort für Wort, Kauderwelsch-Reihe Band 65, Reise Know-How Verlag, ISBN 3894162554
Dazu gibt es auch einen Aussprachetrainer auf CD
Gjergj Rrapi: Die albanische Großfamilie im Kosovo, Böhlau Verlag 2003, ISBN 3-205-77047-1
Rizah Sheqiri: Wenn du wirklich die Wahrheit brauchst, BOTIMPEX, Tirana 2000, ISBN 99927762896
Dimitrije Tucovic: Serben und Albaner, Belgrad 1914, veröffentlicht bei www.sozialismus.net